本书的出版得到了全国重点马克思主义学院建设、
上海市高校思政课教指委建设立项资助

教育与传播·"近思"文献读本

丛书主编：肖 巍

全球化的发展问题

THE DEVELOPMENT OF GLOBALIZATION

杨寄荣———— 编

天津出版传媒集团

天津人民出版社

图书在版编目（CIP）数据

全球化的发展问题／杨寄荣编. -- 天津：天津人民出版社,2019.12
（马克思主义学院望道书系／肖巍主编. 教育与传播·"近思"文献读本）
ISBN 978 - 7 - 201 - 15796 - 2

Ⅰ.①全… Ⅱ.①杨… Ⅲ.①国际化 - 文集 Ⅳ.
①D81 - 53

中国版本图书馆 CIP 数据核字（2020）第 019351 号

全球化的发展问题
QUANQIUHUA DE FAZHAN WENTI

出　　版	天津人民出版社
出 版 人	刘　庆
地　　址	天津市和平区西康路 35 号康岳大厦
邮政编码	300051
邮购电话	（022）23332469
网　　址	http：//www.tjrmcbs.com
电子信箱	reader@ tjrmcbs.com
策划编辑	王　康
责任编辑	王佳欢
特约编辑	王　倩
封面设计	明轩文化·王烨
印　　刷	三河市华润印刷有限公司
经　　销	新华书店
开　　本	710 毫米×1000 毫米　1/16
印　　张	15.5
插　　页	2
字　　数	200 千字
版次印次	2019 年 12 月第 1 版　2019 年 12 月第 1 次印刷
定　　价	78.00 元

总　序

　　中国特色社会主义进入新时代,中国与世界的关系在已发生历史性变化的基础上又面临许多新变化新课题。中国积极推进"四个全面"战略布局,努力为促进世界可持续发展提供新动力新方案,积极推进全球治理体系和治理方式的变革。与此同时,为了保证中国发展坚持正确的方向,国家领导人发表了很有针对性也很有分量的讲话,并论证了新时代意识形态工作的极端重要性。在这些论述的指导和鼓舞下,意识形态领域出现了令人振奋的新气象。但是如何构建反映中国改革开放和现代化潮流、符合中国特色社会主义建设和发展需要的意识形态,仍然是我们要认真对待并积极做好的事情。

　　在当代中国,社会主义意识形态必须正视若干挑战:

　　一是由资本主导的现代生产生活方式的挑战。资本是这个世界上最强势的"物化"力量,科学技术的巨大成就所标榜的所谓"价值中立""工具理性"和效用(功利)主义,往往使人们丧失了对为什么要这样做的价值追问。物质日益丰富和技术更新换代、生活标准的提高、消费观念的刷新,极大地改变了人们的生活方式和消费习惯,通过各种手段刺激起来的消费欲望也在吞噬着劳动的快乐,淹没了人的审美情趣和精神向往,导致出现相当普遍的价值迷失现象。

　　二是数字技术和网络传播方式的挑战。数字技术发展和网络传播方式的增多大大拓展了人们的视野,丰富了人们的精神生活,激活了人们的参与热情,也促使人们对公共话题的思维方式和表达方式发生了很大变化。信息选择多样性和价值取向多元化,在相当程度上冲击了主流意识形态的导向和控制力,弱化了大众尤其是青年人对主流意识形态的认同。网络强大的渗透功能也为各种势力的价值观传播提供了技术条件,"互联网+"时代意识形态建设和社会主义核心价值观培育践行的难度不可低估。

三是全球化及其"逆袭"带来的外来思想挑战。冷战终结,直接导致人们对于苏联解体大相径庭的认知和解释,反映了价值观层面的严重困惑。在全球化跌宕起伏的过程中,西方价值观凭借着先进技术和话语权优势,通过各种政策主张有所表现而产生了不小的影响,但由于安全、气候、移民、核控等一系列全球治理问题陷入困境,地方性的民族认同和文化认同遭遇前所未有的危机,催生了新型民粹主义、民族主义和激进主义的思想温床,甚至出现了某些极端势力。

四是与我国发展转型改革开放不适应的各种社会思潮挑战。我国社会基本矛盾已经发生变化,发展不平衡不充分问题尤为突出,利益多元化和价值观疏离也已是不争的事实。文化保守主义刻意强调某些与现代化精神格格不入的东西,并把它们当作抑制现代病、克服人心不古的"良药";历史虚无主义否定历史进程的必然性,否定中国现代化艰难探索和中国革命的伟大意义,否定中国共产党执政的合法性;发展转型还遇到创新能力、改革动力、政策执行力不足的困扰,出现了明里暗里否定改革开放的思潮,以及令人担忧的蔓延之势。

新时代中国特色社会主义致力于解决各种"发展以后的问题",但相对于经济建设、制度建设作为国家建设的"硬件"比较"实",文化建设、意识形态建设作为国家建设的"软件"仍然比较"虚",意识形态建设能否取得实效,就要看其是否既能反映"发展以人民为中心"这个原则,又能用主流意识形态引领各种社会思潮,最大限度地满足人民群众,尤其是青年人的获得感、幸福感、安全感。实现意识形态的"最大公约数",还要靠我们一起努力。

当代中国的意识形态建设毫无疑问要坚持社会主义方向,同时要体现中国特色,弘扬中国精神,还要拥有时代情怀,开阔全球视野。

这样的意识形态建设是自主的。中国特色社会主义实践蕴涵着丰富的思想内容,包括以人为本、发展优先、社会和谐、国家富强、天下为怀。这些内涵构成了充满自信的"法宝",并以此增强主旋律思想的生命力、凝聚力、感召力,防止在与各种社会思潮的互动碰撞中随波逐流、进退失据,拥有中国特色社会主义建设者所应具备的思想素质和自信心,为实现中华民族伟大复兴提供值得期待的价值观愿景。

这样的意识形态建设是包容的。在改革开放和社会转型的过程中,各种思想思潮都有其存在的合理性,或将与主流意识形态长期共存,有交流交融也有交锋。我们必须充分了解它们的来龙去脉,以我为主、为我所用,积极加以引导,最大限度地凝聚思想共识,最大限度地发挥各方面的积极性。我们还应遵循"古为今用,洋为中用"的原则,有选择地吸纳、消化古今中外一切优秀成果,服务于意识形态建设这个目标。

这样的意识形态建设是中道的。各种社会思想思潮既有个性,又有共性。有个性,就有比较;有共性,就可以借鉴。这就要求我们在比较借鉴的基础上,取长补短,举一反三,中道取胜,同时警惕极端的、偏激的思想干扰。思想引领既要坚决,又要适度,避免"不及"与"过头"。既不能放弃原则,一味求和,害怕斗争,又不能草木皆兵,反应过度;既保持坚定的思想立场,也讲求对话交流的艺术。

这样的意识形态建设是创新的。与我国协调推进"四个全面"战略布局相适应,宣传思想工作切不能墨守成规,包括理论资源、话语体系、表达方式、传播手段等都要主动求"变",主动利用现代传播手段,打造主流思想传播的新理念、新形象、新渠道、新载体。这就对在讲好中国故事的同时提供中国方案提出了更高的创新要求,即通过教育引导、舆论宣传、文化熏陶、实践养成、制度保障,使之有机融入意识形态工作的方方面面。

新时代中国特色社会主义的伟大实践正在"给理论创造、学术繁荣提供强大动力和广阔空间"。为此,我们推出这套意识形态建设基本文献读本

（选编），并设定若干主题，包括当代国外经济、社会、政治、文化、科技、生态等理论和方法，以及与意识形态建设有关的领域的思想资源。我们尽量从二战后，特别是冷战终结以来的具有代表性的著述中选取资源，分门别类地加以筛选、整理。希望读者一卷在手，就能够比较便捷地对这些领域的观念沿革、问题聚焦和思想贡献有一个大概的了解。这套读本是复旦大学马克思主义学院学科建设的资助项目，同时也获得了上海市研究生思想政治理论课教学指导委员会的支持。这套丛书不单是关于意识形态建设的文献选编，也可以作为马克思主义理论学科建设、思想政治理论课教学、马克思主义学院研究生培养的参考用书，还可以作为人文社会科学相关学科、专业研究生教学和研究的通识教育读本。

　　是为序。

肖　巍

2019 年秋于复旦大学光华楼

目录

Contents

选编说明

本选编集中展现了全球化背景下有关发展问题的理论脉络与观念演进。

现代发展的理论源于西方，最初基本是对资本主义经济发展的解释。20世纪初，随着资本主义由自由竞争转向垄断，自由竞争时代流行的传统古典经济及新古典经济理论，也被主张政府调节的凯恩斯经济理论取代。这种发展观着眼于经济视角，发展被定义为工业化过程中的经济增长。约瑟夫·熊彼特（Joseph Alois Schumpeter）在《经济发展理论》中认为经济发展是创新的结果。在《资本主义、社会主义与民主》中，他以"创新理论"为依据，提出资本主义将活不下去，并自动进入社会主义的过渡理论。

20世纪50年代，发展中国家越来越认识到自身的落后，产生了追求经济增长的迫切愿望，发达国家面对战后物质匮乏，也想加速经济发展。西方经济发展理论对于刚刚走上经济发展道路的国家具有特别重要的意义。《经济增长理论》是第一部全面论述了经济发展问题的著作。威廉·

阿瑟·刘易斯(William Arthur Lewis)提出了发展中国家的经济结构存在着二元性,即弱小的现代资本主义部门与强大的传统农业部门,这种二元性造成了发展中国家的贫困,因此现代化的过程就是不断减少传统农业部门的重要性,建成一个发达的资本主义社会的过程。此后,新制度经济学的兴起和发展,为解释后发国家的经济发展提供了新的理论武器和分析工具,使对经济的分析更贴近了经济发展的现实。新制度经济学派的制度变迁理论,强调应该根据制度的绩效来评价制度的作用,制度的绩效表现为对生产活动的激励或促进。道格拉斯·诺斯(D. C. North)在分析第三世界发展中国家(和一些社会主义国家)经济落后的原因和其摆脱贫困的途径时,认为落后的主要原因是因为他们的制度所确立的一系列规则没有促进其政治经济发展的生产性活动,因而他们试图重建制度框架以再引导激励,从而引导经济组织向提高生产率的方向发展。

与第二次世界大战以后广大发展中国家的发展实践相适应,出现了针对后发国家的发展理论。

依附性理论认为,在世界经济体系中,发达和不发达是一个问题的两个方面,不发达国家的不发达是发达国家得以发展的条件,二者之间存在着"依存性";安德烈·冈德·弗兰克(A. G. Frank)在《依附性与不发达》中通过对世界资本进程中依附性生产关系与交换关系的分析来说明不发达的问题;劳尔·普雷维什(R. Prebisch)在《外围资本主义:危机与改造》对拉美国家的发展问题关注"中心与外围",认为外围国家必须寻找适合自身特点的发展理论,中心与外围的结构性差异造成了中心的霸权和外围的依附。按照依附性理论家的分析,在不发达国家和发达国家之间存在着一些依附性机制:宗主国通过对第三世界国家的劳动进行高额剥削、不等价交换、跨国公司转移定价、控制信贷条件、利用当地资本投资等手段,占有发展中国家的经济剩余;控制不发达国家的原料和掠夺其劳动力;占有第三世界的市场;在第三世界建立附属的生产结构;在不发达国家保留旧的经济制度或生产方式。

　　世界资本主义体系理论主要代表人物是伊曼纽尔·沃勒斯坦(I. Wallerstein)。按照世界资本主义体系理论,所有的事件、过程、利益一致的集团、阶级以及国家的计划都是按照总体的世界体系来解释的。沃勒斯坦在《变化中的世界体系》中强调世界体系的发展模式,认为资本主义经济世界构成了一种历史体系。同时,阶级的划分、政治斗争、国内外的联系,都变成了改变或维持其在世界体系内的地位的努力。

　　结构主义理论通过经济结构分析来揭示经济发展的途径。冈纳·谬尔达尔(Gunnar Myrdal)在《亚洲的戏剧》中从政治、经济和社会角度分析了南亚和东南亚国家贫困的原因和阻碍发展的症结,虽然呼吁发达国家承担帮助不发达国家发展的责任,并提出了土地关系改革、教育改革和权力关系改革等三方面建议,但是他否定市场——认为价格机制可以自然地促进不发达国家发展的观点,主张从发展经济的实际需要出发进行结构调整和制度性研究并进行相应的政治、经济改革。

　　总之,这些理论有共同的特点,即强调经济发展,如何快速实现现代化。20 世纪 60 年代的依附理论虽然提出发达国家对欠发达国家的剥削,但没有从根本上否定经济增长的重要性。即便中国改革开放之初,对国家现代化的期待中经济增长依然占主导地位。中国 20 世纪 80 年代出版的《走向现代国家之路》介绍了现代化进程中的两种趋势:一种主要探讨现代化是一个什么样的进程,它的阶段有什么不同,从传统到现代的转变中会有哪些变化,不同的传统社会在向现代转变中会产生出什么样的特点,现代化进程中的价值取向问题,等等;另一种比较注意探讨现代化的标准,或者以西方国家的经验为原型,设计出一套现代化的标准。总的来说仍是遵循着西方国家的经验。

　　在世界范围内“经济增长热”中,从 20 世纪 60 年代末开始,对于这种发展观的反思也开始了,人们注意到它虽然促进了经济增长,但却带来了经济、社会、文化方面的许多社会问题,导致出现了有增长无发展和“恶性增长”的严重后果,影响最大的是 1968 年 4 月罗马俱乐部发表的《增长的极限》报告,报告提出了高增长、高消费的全球性问题,包括人口问题、工业化的资金问题、粮食问题、不可再生的资源问题、环境污染问题五大问题。这些问题开始受到学者的持续关注,我国学者许宝强、汪晖在《发展的幻象》中批判"发展主义",揭示其只重视经济增长而忽视了为了谁和为什么发展等根本问题,忽视了改善人们的福利和生活质量的提高。吉尔贝·李斯特(G. Rist)在《发展史——从西方的起源到全球的信仰》梳理了发展的起源、理论及实践探索,同时也对发展范式进行了反思,提出超越"发展"的"后发展"论题。

20世纪70年代初,环境问题也引起了国际社会的关注。1972年联合国在瑞典的斯德哥尔摩召开了113个国家参加的联合国人类环境会议。会议讨论了保护全球环境的行动计划,通过了《人类环境宣言》。联合国世界环境与发展委员会在1987年的《我们共同的未来》研究报告中,首次清晰地表达了可持续发展观,既满足当代的需求,又不对后代满足需求能力构成危害的发展。可持续发展观的提出,源于对人的发展的地位、发展的代价和全球性环境问题的最新认识。1992年巴西里约热内卢召开的联合国环境与发展大会,通过了《里约宣言》和《21世纪议程》,提出发展中的环境治理"共同而有区别的责任",标志着可持续发展作为未来共同的发展战略,得到了与会各国政府的普遍赞同。2012年"里约+20"峰会通过《我们希望的未来》文件,提出我们的共同愿景是促进持续、包容、公平的经济增长,倡导可持续发展与消除贫穷背景下的绿色经济。

20世纪80年代后,世界多极化、经济全球化深入发展,文化多样化、社会信息化持续推进,发展逐渐被看成以人为中心的综合发展过程。弗朗索瓦·佩鲁(F. Perrour)、德尼·古莱(D. Goulet)和阿马蒂亚·森(A. Sen)等人都从不同的角度关注发展。从而改变了发展的无主体性、发展的内容和方向。发展的最终目的被看作为了人类的福祉,人的自由和解放,这是几十年发展反思的结果。弗郎索瓦·佩鲁率先阐述了这样的观点。1982年佩鲁在《新发展观》一书提出"新发展观",即"整体的""综合的""内生的"和"以人的发展为中心的";古莱侧重于发展伦理学的学理建构,其主要代表作是问世于 1995 年的《发展伦理学》,这部著作中,古莱对发展伦理学的学科属性、发展伦理的价值内容等进行了系统阐述。他提出重建"发展理想"的目标,认为发展伦理学是确认发展理想及发展目标,使发展保持人道的科学。从人性角度看,发展的目的是提升一切个人和一切社会的全面人性,取消经济、社会、政治和技术中的异化;从理性角度看,发展的目的是实现技术理性、政治理性、伦理理性的有机统一;从具体价值内容看,发展的目的是"美好生活",即"最大限度的生存、尊重与自由";从社会实在内容看,理想的发展是"整体真正发展"。森则从全球经济不平等、饥荒和欠发展问题展开研究的。他按照伦理原则确立起来的发展概念,来审视和抨击现实社会中存在的种种不平等的、欠发展的现象,并致力于将经济学和伦理学有效地结合起来以处理人类发展所面临的亟待解决的问题。他认为,以人为中心,最高的价值标准就是自由。发展可以看作扩展人们享有的真实自由的一个过程。

　　对于好的发展的标准是怎样的?阿马蒂亚·森还设计了有关发展的指标体系,即人类发展指数(Human Development Index, HDI)。它以"预期寿命、教育水准和生活质量"三项作为主要标准,这样就避免了单纯的 GDP 指标。联合国开发计划署(UNDP)自 1990 年发表了第一份《人类发展报告》,采用森的"能力分析路径"(capability approach)作为分析当代发展挑战的基本概念框架,逐渐形成了一套独特的发展理论范式——"人类发展分析方法"。人类发展指数采用综合的评价标准,是目前影响较大的衡量发展的指标,这一理论范式在许多领域的政策选择上得到了广泛运用。此外,发展经济学也扩展了经济发展的主体,发展的内涵也扩展出了包容性增长理念。为了避免发展中人与自然的两分,绿色发展观成为衡量发展的重要观点。《2014 人类绿色发展报告》在气候变化和环境恶化的情况下,为 HDI 增加了一个 G(Green/绿色)维度,被称为人类绿色发展指数(HGDI)。它把绿色发展概括为"吃饱喝净、健康卫生、教育脱贫、天蓝气爽、地绿河清、生物共存",并以此来确定 12 个人类绿色发展的指标,这些指标体现着重视环境保护、重视经济和社会发展。如果说 HDI 体现了从"物为中心"到"人为中心"的变化,那么 HGDI 则强调了从"人为中心"到"地球人为中心"的变化。绿色发展要求可持续,人类必须关注环境,在自己的能力范围内全人类共同承担起责任,以实现经济增长和环境改善的协调发展及解决代内与代际公平问题。

发展被看作人的基本权利。"人"是发展的核心,越来越成为共识。发展本质应该指向人,关涉人的权利和尊严。本质上说是对人的权利和尊严的价值关怀。康德明确提出人是目的这一命题,"任何时候都不应该把自己和他人仅仅当作工具,而应该永远看作自身就是目的"。马克思主义认为,人类社会发展既是客观历史演进的过程,又是人的价值实现的过程。"以人为本"渊源于马克思关于"人的解放和人的发展"学说。马克思就是在人的解放意义上,把人的发展归结为对人的本质力量的全面开发。1986 年《发展权利宣言》把发展权看作人的基本权利,认为所有人权和基本自由都是不可分割和相互依存的,为了促进发展,应当一视同仁地重视和紧急考虑实施、增进和保护公民、政治、经济、社会和文化等权利;1993 年《维也纳人权宣言与行动纲领》强调各国有责任促进和鼓励尊重所有人的人权和基本自由;联合国 2000 年《人类发展报告》提出发展促进人权,认为人权和人类发展都是要实现全人类的自由、幸福和尊严。人类发展是提高人的能力的过程,扩大选择和机会,使每个人都能过着受人尊重和体现自身价值的生活。

人类的发展面临着人口增长、资源短缺和环境污染等难题,越来越需要人类共同面对,《布达佩斯俱乐部全球问题最新报告:第三个 1000 年》寻求解决全球问题的途径,其活动的中心是推动"意识革命",要进化出同全球化相适应的"行星意识",以改变自己的价值和行为。《全球伦理》则寻求人道主义援助、发展援助及全球分配的公平伦理观。约瑟夫·E. 斯蒂格利茨(Joseph E. Stiglitz)在《让全球化造福全球》中认为全球化获得发展具有可能性,但不具有必然性,贫困不但没有被遏制,相反还有所上升。由于市场经济的局限,发展需要政府干预,改进政策、经济制度、游戏规则和思维方式。全球贸易和金融体制赋予了发达国家明显的优势为自身谋利,全球化应该让贫穷国家和发展中国家受益,要创造一个更加公平的竞技场,让全球化造福全球,造福更多的人。

进入21世纪,发展问题在更广阔的视域得以严肃思考和重新界定。2000年9月,189个国家在联合国千年峰会上《千年宣言》中提出包括八个目标的千年计划,这些目标涉及2015年极端贫困减半、遏制艾滋病的传播及让所有男孩和女童接受初等教育。2003年《人类发展报告》提出《千年发展公约》,通过揭示民主治理、经济稳定、公共卫生及教育等关键领域,来指导各国执行《千年宣言》。2005年《人类发展报告》着重强调国际合作的三个支柱——发展援助、国际贸易与安全,考察了全球援助、贸易和安全政策在消除极度贫困方面相互之间的联系。2014年《人类发展报告》第一次从人类发展的角度探讨脆弱性和抗逆力,报告采用"生命周期方法"探讨个人如何在人生中改变其脆弱性,从社会角度,公平有效的制度以及社会凝聚力增强社会的抵御能力;从全球的层面而言,需要国际集体行动,改善国际治理。

中国的发展问题思考不但在理论上关系重大,其落实到政策和行动上也为世人所关注。从2000年开始,国务院发展研究中心每年主办中国发展高层论坛,会议的主题牵涉中国发展中的重大问题。自2000年以来,中国政府一直坚定支持千年发展目标,2003年、2005年、2008年、2010年、2013年中国分别发布了《中国实施千年发展目标情况报告》。2015年联合国发展峰会通过《变革我们的世界——2030年可持续发展议程》,突出了全球可持续发展在经济增长、社会进步与环境保护这三个方面的相互支撑,中国随即发布了《落实2030年可持续发展议程中方立场文件》与《中国落实2030可持续发展议程国别方案》(2016年)。中国积极践行新发展理念,中国特色社会主义进入新时代,在助力世界经济、应对气候变化、完善全球治理等诸多全球性议题中展现中国担当,贡献中国智慧。

中国现在人均国内生产总值约相当于世界平均水平的八成。改革开放以来,我国人口结构已经发生很大变化、劳动力成本上升,传统竞争优势减弱;中国发展不平衡、不协调、不可持续的问题依然突出,特别是资源环境约束日益趋紧。中国始终坚持把生存权、发展权摆在首要位置,切实保障民众最关心、最直接、最现实的权益,促进经济、社会和文化权利、公民权利和政治权利全面协调发展。根据《中国实施千年发展目标进展情况报告》(2013年),中国已经提前完成了千年发展目标提出的七个发展指标,包括提前实现贫困人口减半、完成普及初级教育、消除基础教育性别歧视、降低儿童死亡率、改善孕产妇保健、与艾滋病和其他疾病做斗争、提供安全饮用水和基本环卫设施,等等,并在南南合作框架下向一百二十多个发展中国家提供了力所能及的援助,努力帮助他们增强自主发展能力。关于《2015 年后发展议程的中方立场文件》提出,期待在一是凝聚政治共识,用新型发展观指导全球发展方向,解决发展不平衡、不协调的问题,处理好经济发展、社会公平和环境保护的关系;二是推动构建全面、均衡的国际发展合作架构,完善全球发展伙伴关系,为 2015 年后发展议程的有效落实提供保障;三是推动南北合作,加强南南合作,为发展中国家创造更好条件,营造更好环境,实现共同发展这几个方面取得积极务实成果。并将"消除贫困和饥饿、促进经济增长","全面推进社会进步、维护公平正义","加强生态文明建设、促进可持续发展"作为重点领域和优先方向。①《2030 年可持续发展议程》为中国在实现高质量发展方面提供了新的契机。

本书为上海市哲社马克思主义研究专项:基于国际合作的共享发展研究(2018WLL010)的阶段性成果。

---

① 参见《2015 年后发展议程中方立场文件》,中华人民共和国外交部官网,http://www.fmprc. gov.cn/mfa_chn/zyxw_602251/t1078969.shtml。

一

发展一般理论

1. 全球化视野的发展

马克思恩格斯论发展

通过实践创造对象世界,改造无机界,人证明自己是有意识的类存在物,就是说是这样一种存在物,它把类看做自己的本质,或者说把自己看做类存在物。诚然,动物也生产。动物为自己营造巢穴或住所,如蜜蜂、海狸、蚂蚁等。但是动物只生产它自己或它的幼仔所直接需要的东西;动物的生产是片面的,而人的生产是全面的;动物只是在直接的肉体需要的支配下生产,而人甚至不受肉体需要的影响也进行生产,并且只有不受这种需要的影响才进行真正的生产;动物只生产自身,而人再生产整个自然界;动物的产品直接属于它的肉体,而人则自由地对待自己的产品。动物只是按照它所属的那个种的尺度和需要来构造,而人却懂得按照任何一个种的尺度来进行生产,并且懂得怎样处处都把固有的尺度运用于对象上去;因此,人也按照美的规律来构造。

——马克思:《1844 年经济学哲学手稿》,《马克思恩格斯文集》(第一卷),人民出版社,2009 年,第 162～163 页。

历史什么事情也没有做,它"不拥有任何惊人的丰富性",它"没有进行任何战斗"! 其实,正是人,现实的、活生生的人在创造这一切,拥有这一切并且进行战斗。并不是"历史"把人当做手段来达到自己——仿佛历史是一

个独具魅力的人——的目的。历史不过是追求着自己目的的人的活动
而已。

　　——马克思和恩格斯:《神圣家庭》,《马克思恩格斯文集》(第一卷),人
民出版社,2009 年,第 295 页。

　　人们为了能够"创造历史"必须能够生活。但是为了生活,首先就需要
吃喝住穿以及其他一些东西。因此第一个历史活动就是生产满足这些需要
的资料,即生产物质生活本身,而且这是人们从几千年前直到今天单是为了
维持生活就必须每日每时从事的历史活动,是一切历史的基本条件。

　　……

　　历史不外是各个世代的依次交替。每一代都利用以前各代遗留下来的
材料、资金和生产力;由于这个缘故,每一代一方面在完全改变了的环境下
继续从事所继承的活动,另一方面又通过完全改变了的活动来变更旧的
环境。

　　……

　　只有在共同体中,个人才能获得全面发展其才能的手段,也就是说,只
有在共同体中才可能有个人自由。

　　——马克思和恩格斯:《德意志意识形态》,《马克思恩格斯文集》(第一
卷),人民出版社,2009 年,第 531 页、第 540 页、第 571 页。

　　人们不能自由选择自己的生产力——这是他们的全部历史的基础,因
为任何生产力都是一种既得的力量,是以往的活动的产物。可见,生产力是
人们应用能力的结果,但是这种能力本身决定于人们所处的条件,决定于先
前已经获得的生产力,决定于在他们以前已经存在、不是由他们创立而是由
前一代人创立的社会形式。后来的每一代人都得到前一代人已经取得的生
产力并当做原料来为自己新的生产服务,由于这一简单的事实,就形成人们
的历史中的联系,就形成人类的历史,这个历史随着人们的生产力以及人们

的社会关系的愈益发展而愈益成为人类的历史。由此就必然得出一个结论:人们的社会历史始终只是他们的个体发展的历史,而不管他们是否意识到这一点。他们的物质关系形成他们的一切关系的基础。这种物质关系不过是他们的物质的和个体的活动所借以实现的必然形式罢了。

——马克思:《致帕·瓦·安年科夫》,《马克思恩格斯文集》(第十卷),人民出版社,2009 年,第 43 页。

资产阶级除非对生产工具,从而对生产关系,从而对全部社会关系不断地进行革命,否则就不能生存下去。反之,原封不动地保持旧的生产方式,却是过去的一切工业阶级生存的首要条件。生产的不断变革,一切社会状况不停的动荡,永远的不安定和变动,这就是资产阶级时代不同于过去一切时代的地方。一切固定的僵化的关系以及与之相适应的素被尊崇的观念和见解都被消除了,一切新形成的关系等不到固定下来就陈旧了。一切等级的和固定的东西都烟消云散了,一切神圣的东西都被亵渎了。人们终于不得不用冷静的眼光来看他们的生活地位、他们的相互关系。

不断扩大产品销路的需要,驱使资产阶级奔走于全球各地。它必须到处落户,到处开发,到处建立联系。

资产阶级,由于开拓了世界市场,使一切国家的生产和消费都成为世界性的了。使反动派大为惋惜的是,资产阶级挖掉了工业脚下的民族基础。古老的民族工业被消灭了,并且每天都还在被消灭。它们被新的工业排挤掉了,新的工业的建立已经成为一切文明民族的生命攸关的问题;这些工业所加工的,已经不是本地的原料,而是来自极其遥远的地区的原料;它们的产品不仅供本国消费,而且同时供世界各地消费。旧的、靠本国产品来满足的需要,被新的、要靠极其遥远的国家和地带的产品来满足的需要所代替了。过去那种地方的和民族的自给自足和闭关自守状态,被各民族的各方面的互相往来和各方面的互相依赖所代替了。物质的生产是如此,精神的生产也是如此。各民族的精神产品成了公共的财产。民族的片面性和局限性日益成为不可能,于是由许多种民族的和地方的文学形成了一种世界的文学。

资产阶级,由于一切生产工具的迅速改进,由于交通的极其便利,把一切民族甚至最野蛮的民族都卷到文明中来了。它的商品的低廉价格,是它用来摧毁一切万里长城、征服野蛮人最顽强的仇外心理的重炮。它迫使一切民族——如果它们不想灭亡的话——采用资产阶级的生产方式;它迫使它们在自己那里推行所谓文明,即变成资产者。一句话,它按照自己的面貌为自己创造出一个世界。

资产阶级使农村屈服于城市的统治。它创立了巨大的城市,使城市人口比农村人口大大增加起来,因而使很大一部分居民脱离了农村生活的愚昧状态。正像它使农村从属于城市一样,它使未开化和半开化的国家从属于文明的国家,使农民的民族从属于资产阶级的民族,使东方从属于西方。

……

代替那存在着阶级和阶级对立的资产阶级旧社会的,将是这样一个联合体,在那里,每个人的自由发展是一切人的自由发展的条件。

——马克思和恩格斯:《共产党宣言》,《马克思恩格斯文集》(第二卷),人民出版社,2009 年,第 34~36 页、第 53 页。

我所得到的,并且一经得到就用于指导我的研究工作的总的结果,可以简要地表述如下:人们在自己生活的社会生产中发生一定的、必然的、不以他们的意志为转移的关系,即同他们的物质生产力的一定发展阶段相适合的生产关系。这些生产关系的总和构成社会的经济结构,即有法律的和政治的上层建筑竖立其上并有一定的社会意识形式与之相适应的现实基础。物质生活的生产方式制约着整个社会生活、政治生活和精神生活的过程。不是人们的意识决定人们的存在,相反,是人们的社会存在决定人们的意识。社会的物质生产力发展到一定阶段,便同它们一直在其中运动的现存生产关系或财产关系(这只是生产关系的法律用语)发生矛盾。于是这些关系便由生产力的发展形式变成生产力的桎梏。那时社会革命的时代就到来了。随着经济基础的变更,全部庞大的上层建筑也或慢或快地发生变革。在考察这些变革时,必须时刻把下面两者区别开来:一种是生产的经济条件方面所发生的物质的、可以用自然科学的精确性指明的变革,一种是人们借以意识到这个冲突并力求把它克服的那些法律的、政治的、宗教的、艺术的或哲学的,简言之,意识形态的形式。我们判断一个人不能以他对自己的看法为根据,同样,我们判断这样一个变革时代也不能以它的意识为根据;相反,这个意识必须从物质生活的矛盾中,从社会生产力和生产关系之间的现存冲突中去解释。无论哪一个社会形态,在它所能容纳的全部生产力发挥出来以前,是决不会灭亡的;而新的更高的生产关系,在它的物质存在条件在旧社会的胎胞里成熟以前,是决不会出现的。所以人类始终只提出自己能够解决的任务,因为只要仔细考察就可以发现,任务本身,只有在解决它的物质条件已经存在或者至少是在生成过程中的时候,才会产生。大体说来,亚细亚的、古希腊罗马的、封建的和现代资产阶级的生产方式可以看做是经济的社会形态演进的几个时代。资产阶级的生产关系是社会生产过程的最后一个对抗形式,这里所说的对抗,不是指个人的对抗,而是指从个人的社会生活条件中生长出来的对抗;但是,在资产阶级社会的胎胞里发展的生产力,同时又创造着解决这种对抗的物质条件。因此,人类社会的史前时期就以这种社会形态而告终。

——马克思:《〈政治经济学批判〉序言》,《马克思恩格斯文集》(第二卷),人民出版社,2009年,第591~592页。

资产阶级历史时期负有为新世界创造物质基础的使命:一方面要造成以全人类互相依赖为基础的普遍交往,以及进行这种交往的工具;另一方面要发展人的生产力,把物质生产变成对自然力的科学支配。资产阶级的工业和商业正为新世界创造这些物质条件,正像地质变革创造了地球表层一样。只有在伟大的社会革命支配了资产阶级时代的成果,支配了世界市场和现代生产力,并且使这一切都服从于最先进的民族的共同监督的时候,人类的进步才会不再像可怕的异教神怪那样,只有用被杀害者的头颅做酒杯才能喝下甜美的酒浆。

　　——马克思:《不列颠在印度统治的未来后果》,《马克思恩格斯文集》(第二卷),人民出版社,2009 年,第 691 页。

　　人的依赖关系(起初完全是自然发生的),是最初的社会形态,在这种形态下,人的生产能力只是在狭窄的范围内和孤立的地点上发展着。以物的依赖性为基础的人的独立性,是第二大形式,在这种形式下,才形成普遍的社会物质变换、全面的关系、多方面的需要以及全面的能力的体系。建立在个人全面发展和他们共同的、社会的生产能力成为从属于他们的社会财富这一基础上的自由个性,是第三个阶段。第二个阶段为第三个阶段创造条件。

　　——马克思:《政治经济学批判(1857—1858 手稿)》,《马克思恩格斯文集》(第八卷),人民出版社,2009 年,第 52 页。

　　在共产主义社会高级阶段,在迫使个人奴隶般地服从分工的情形已经消失,从而脑力劳动和体力劳动的对立也随之消失之后;在劳动已经不仅仅是谋生的手段,而且本身成了生活的第一需要之后;在随着个人的全面发展,他们的生产力也增长起来,而集体财富的一切源泉都充分涌流之后,——只有在那个时候,才能完全超出资产阶级权利的狭隘眼界,社会才能在自己的旗帜上写上:各尽所能,按需分配!

　　——马克思:《哥达纲领批判》,《马克思恩格斯文集》(第三卷),人民出版社,2009 年,第 435～436 页。

　　同那种以天真的革命精神简单地抛弃以往的全部历史的做法相反,现代唯物主义把历史看做人类的发展过程,而它的任务就在于发现这个过程的运动规律。

......

自由不在于幻想中摆脱自然规律而独立,而在于认识这些规律,从而能够有计划地使自然规律为一定的目的服务。这无论对外部自然的规律,或对支配人本身的肉体存在和精神存在的规律来说,都是一样的。这两类规律,我们最多只能在观念中而不能在现实中把它们互相分开。因此,意志自由只是借助于对事物的认识来作出决定的能力。因此,人对一定问题的判断越是自由,这个判断的内容所具有的必然性就越大;而犹豫不决是以不知为基础的,它看来好像是在许多不同的和相互矛盾的可能的决定中任意进行选择,但恰好由此证明它的不自由,证明它被正好应该由它支配的对象所支配。因此,自由就在于根据对自然界的必然性的认识来支配我们自己和外部自然;因此它必然是历史发展的产物。最初的、从动物界分离出来的人,在一切本质方面是和动物本身一样不自由的;但是文化上的每一个进步,都是迈向自由的一步。

......

一旦社会占有了生产资料,商品生产就将被消除,而产品对生产者的统治也将随之消除。社会生产内部的无政府状态将为有计划的自觉的组织所代替。个体生存斗争停止了。于是,人在一定意义上才最终地脱离了动物界,从动物的生存条件进入真正人的生存条件。人们周围的、至今统治着人们的生活条件,现在受人们的支配和控制,人们第一次成为自然界的自觉的和真正的主人,因为他们已经成为自身的社会结合的主人了。人们自己的社会行动的规律,这些一直作为异己的、支配着人们的自然规律而同人们相对立的规律,那时就将被人们熟练地运用,因而将听从人们的支配。人们自身的社会结合一直是作为自然界和历史强加于他们的东西而同他们相对立的,现在则变成他们自己的自由行动了。至今一直统治着历史的客观的异己的力量,现在处于人们自己的控制之下了。只是从这时起,人们才完全自觉地自己创造自己的历史;只是从这时起,由人们使之起作用的社会原因才大部分并且越来越多地达到他们所预期的结果,这是人类从必然王国进入自由王国的飞跃。

——恩格斯：《反杜林论》，《马克思恩格斯文集》（第九卷），人民出版社，2009年，第28页、第120页、第300页。

无产阶级将取得公共权力，并且利用这个权力把脱离资产阶级掌握的社会化生产资料变为公共财产。通过这个行动，无产阶级使生产资料摆脱了它们迄今具有的资本属性，使它们的社会性质有充分的自由得以实现。……人终于成为自己的社会结合的主人，从而也就成为自然界的主人，成为自身的主人——自由的人。

——恩格斯：《社会主义从空想到科学的发展》，《马克思恩格斯文集》（第三卷），人民出版社，2009年，第566页。

发展的要素和动因

因此。我们将要研究的"发展"只是经济生活中的这些变化，它们不是外部强加于经济生活的，而是产生于内部，由自身引起的变化。如果在经济领域本身内并不产生这种变化，并且我们所称的经济发展的现象在实际上只是基于这样一个事实而建立的，即，数据在变化，而经济则连续不断地使自己适应这种变化；那么我们应当说，没有经济发展。说到这里，我们的意思是，经济发展并不是可以从经济的方面来解释的现象，而是被它周围世界的变化拖着走，在其本身内并没有发展；发展的原因，以及由此产生的对其的解释，必须从经济理论所描述的一组事实之外的地方去找。

仅仅是经济的增长，像由人口和财富的增长所表现的，在这里并不能被看做是发展过程。因为它没有在本质上产生新的现象，而只是同一种适应过程，就像自然数据的变化一样。因为我们希望转移我们的注意力到其他的现象，因此我们把这种增长看做是数据的变化。

每一个具体的发展过程最后都依存于以前的发展。可是为了清楚地看到事物的实质，我们将把这一点抽象掉，允许发展产生于一种没有过发展的状态。每一个发展过程为接下来的发展过程创造先决条件。因此后者的形式被改变了，事情将变得与如果在每一个发展阶段不得不首先创造自己的条件这样的情况下应该发生的状况有所不同。

……

这个概念(指发展被定义为可执行新的组合——摘者按)包括下面五种情况:①引进一种新产品——也就是消费者当前还不熟悉的产品或一种产品产生某种新的特性。②采用一种新的生产方法，也就是当前有关制造部门还没有通过经验检验的方法，这种方法的建立决不需要以科学上新的发现为基础，而且它还可以在商业上处理某种产品的新方式之中存在。③打开一个新的市场，也就是所研究的国家某一个制造部门以前没有进入过的市场，而不管这个市场是否存在。④征服或者控制原材料或半成品的某种新的供给来源，而不关心这种来源是已经存在的，还是第一次被创造出来的。⑤任何一种工业执行新的组织，比如造成一种垄断地位，或者打破一种垄断地位。

——[美]约瑟夫·阿洛伊斯·熊彼特:《经济发展理论——对利润、资本、信贷、利息和经济周期的探究》，叶华译，中国社会科学出版社，2009年，第81~82页、第85页。

我们所说的经济活动指的是直接增加既定努力或资源的产量的努力，或者减少既定产量的成本的努力。说经济活动是经济增长所必需的，无非是说，除非人们想得到更多的东西，否则他们就得不到更多的东西。增长是人类努力的结果。大自然对人并不特别仁慈；如果听天由命，人就会被杂草、洪水、流行病和其他天灾所吞没，人要用思想与行动来防止这些灾难。人能够以各种方式接受环境所提出的各种挑战，并以较少的努力从大自然中获得更多的产品。

接受大自然的挑战就是愿意进行试验，寻找机会，对机会作出反应，并普遍地运用策略。最伟大的增长发生在那些人们看到了经济机会，并愿意精神振奋地抓住这种机会的社会里。

现在各个社会在其成员寻求并利用经济机会的程度上差别很大。各个国家之间,同一国家的各个集团(例如,地区集团、宗教集团或种族集团)之间,以及同一国家不同历史阶段的行为形式之间,都存在着差别。这些差别可以追溯到三个不同的原因,即相对于获得物质产品的努力而言对物质产品的评价不同,可以获得的机会不同,以及制度通过消除障碍或保证个人得到其努力成果而对这种努力的鼓励程度不同。在努力方面所观察到的许多差别是由于制度的缺陷,而且,那些希望促进经济增长的社会改革者总是关心通过宣传或法律来使制度发生相适应的变动。但是,作出努力的愿望还存在着现实的心理差异,而且,我们首先应该分析这些差异。无需多说,态度与制度并不是相互独立的;我们把这两个问题分开只是为了分析的方便。

——[美]W.阿瑟·刘易斯:《经济增长理论》,梁小民译,上海三联书店、上海人民出版社,1994年,第20～21页。

现代化发展的进程、标准及效用

实际上,大部分研究现代化的学者在探讨问题时主要呈现为两种趋势。一种主要探讨现代化是一个什么样的进程,它的阶段有什么不同,从传统到现代的转变中会有哪些变化,不同的传统社会在向现代转变中会产生出什么样的特点,现代化过程中的价值取向问题,等等。这种对现代化过程的描述和总结,最大的意义在于对现代化道路的论证,使现代化的后来者产生出强烈的现代化意识,并有可能在思考和着手实现现代化时少走弯路。另一种比较注意探讨现代化的标准,或者以西方国家的经验为原型,设计出一套现代化的标准。尽管有许多学者在探讨标准时很注意了日本的经验,但现代化的标准总的来说仍是遵循着西方国家的经验。对标准探讨的主要好处是使现代化理论不至于太捉摸不定,使发展中国家在现代化过程中可以依据标准而制订一些分级实施的计划。不过这些标准的探讨也产生了一个问题,那就是如果所设计的标准的确是现代化的标准,并且是现代化的后来者们所必须加以实现的基本目标,那么这些标准的普遍合理性便不可靠了,因为它们是经西欧和北美最多还包括日本的经验概括而来,从意识形态的取向上来说,它们是资本主义的。总的说来,学者们主要关心的还是前者,即现代化的进程。真正富有意义的事情是学者们对这一进程所作出的不同描述和为现代化所制定的具有不同内容的标准,这些描述和标准不仅仅使得发达国家的现代化过程的历史变得清晰,而且给后来者提供了借鉴。

……

1954 年,刘易斯在英国曼彻斯特大学任教时,发表了《劳动无限供给条件下的经济发展》一文,提出发展中国家的经济结构存在着二元性,即弱小的现代资本主义部门与强大的传统农业部门,这种二元性造成了发展中国家的贫困,而根本原因在于缺乏促使经济发展的制度:资本主义制度。因此现代化的过程就是不断减少传统农业部门的重要性,建成一个发达的资本主义社会的过程。这一过程首先由英、美等发达的中心国家开始,经过了工业化得到实现,处于边缘的众多发展中国家在现代化过程中晚于中心国,这些边缘国家的现代化只有两种选择:或是模仿中心国的工业化,或通过与中心国的经济联系为工业化创造条件。

……

《从传统到现代》,书中综合西方学者的看法为现代化总结了六条标准。第一,工业化。它是传统社会进入现代社会的动力,是对传统结构与生产组织进行挑战的主角,它实际上意味着经济现代化。第二,都市化。它是现代社会生活的主要形态。第三,普遍参与。它使人民自己在社会中扮演主动的角色。第四,世俗化。它使人们的思想和行为建立于理性基础之上,以一种实效的观点作为万物评价的尺度。第五,高度的结构分殊性。即社会的每一种结构,例如政党、学校等,都在社会生活中担负起专门化的功能。第六,高度的普遍成就取向。这一点是就个人而言的,因为现代工业对专门知识与技术的需要逼迫个人产生出对知识和技术的追求,从而使得成就成为衡量的标准。

……

我们第三个方面的思考是现代化模式的效用性问题。现代化理论的兴起本来是想为落后国家提供具有可能性的发展道路,但我们注意到在被认为已实现了现代化的国家中,各国的模式是不相同的。英国的现代化是前无古人的,可谓"无"中生出来的"有";美国则是通过建立一个新国家来开始现代化进程;苏联的现代化是推翻一切旧阶级和旧制度为基础;而日本的现代化与其说是从内部产生,不如说是面对西方挑战的一次成功的应战,正像吉田茂在《激荡的百年史》中所指出的那样:"日本是在外国压力下被迫开放门户的,但一旦决定开放后,便在回敬西方的冲击中显示出敢于冒险的气魄和能力。"上述的状况使我们得到了一点启示:即对于现代化的后来者,任何一国的经验都构不成一种绝对仿效的模式。但这一点并没有使现代化模式的效用性失去意义,落后国家仍然可以从这些模式中找到许多适合于自己发展的经验。实际上,在模式的效用性方面不能不考虑三个因素。第一是意识形态问题。无论是仿效资本主义的美国或是社会主义的苏联,对于后来者来讲,总是使意识形态世界中的另一半的模式效用性大大减弱,若是自创一种混合主义的类型,两种意识形态方面的模式效用性都会减弱。摆脱意识形态很难,政治制度不仅仅是形式,而且更是一个国家的政治生活其内容本身,现代化的后来者不可能回避意识形态方面的抉择。第二是传统问题。一个社会或民族的传统是由历史和心理文化的发展积淀而成的,这一积淀与社会发展似乎存在一种力学关系:积淀越是沉厚,传统所形成的惯性就越大,改变它就越不容易。然而现代化的革命性的本质却是反传统的,由于每个社会传统的积淀层次和方式不同,因此对于后来者来说,从不同的社会背景条件下去遵循某一个模式,其结果可能会两样,关键在于怎样处理传统。西方许多学者把日本模式视为西方的政治经济特征与东方意识行为方式相结合,认为日本保持了传统,这可能是一种误解。任何民族在实现现代化时都会在形式上对传统有所保留,这是由历史发展的连续性所造成的,但这种保留实乃是基于现代化条件之上,在获得了现代性之后,对传统本身的一种超越。传统的社会绝不可能是现代化的,而现代化社会中所保留下的传统只有基于现代化之上才能得到理解。因此日本现代文明中的核心只能是现代化的,绝不会是传统的。正像东京大学社会学系富永健一所指出的那样:日本的现代与传统的对立从明治维新之后到第二次世界大战之前一直没有得到消除,以至于像佐久间象山、横井小楠、大久保利通等许多现代派的领袖们成为传统阵营实施暗杀行为的牺牲者,现代化未能得到持续和稳定,但战后的改革终于杜绝了这种传统与现代的二元结构,使日本真正实现了现代化。东方意识行为方式在日本的存在只不过说明历史发展的连续性、相对独立性和现代化模式的经验差异,说明传统在现代化过程中的被超越,而决非意味着传统与现代化可以共存下去。处理传统的方式,正像曾为日本马克思主义历史学中讲座学派的主将之一大塚久雄所主张的那样:对于亚洲,特别是对于日本,不从根本上克服亚洲的遗产——社会组织上和思想上的全部传统,则无法实现现代化。当然,也正像他所说的那样,是克服,而不是从根本上消灭。第三个因素是广义上的地理环境。这一点也是使现代化模式呈现出多样性的一个原因。一个社会的现代化会受到空间限度的制约,这就使得有些社会的现代化不一定会出现一个完整的现代化过程所具备的全部特征。例如巴列维时代的伊朗在开始现代化进程时充分利用了地理环境的优越条件,以充足的石油财富作为实现现代化的经济动力。其实当时的伊朗与其说在实现一个现代化,还不如说是在购买一个现代化。空间的限度实际上使得任何现代化模式的效用性降低。由于上述三个因素,我们认为,对于现代化的后来者来说,现代化进程绝不是能够通过刻意模仿而得以实现。一个国家在实现现代化过程中必须善于从其他模式中学习,走出自己的道路,这一点正是现代化各种模式的效用性的意义所在,同时也是我们建立一个具有中性价值和普遍性的现代化模式的意义所在。换句话说,否定具有包罗万象性质的现代化模式,并不意味着人类在实现现代化过程中没有普遍规律可循。

　　……

传统的社会结构最大的问题是它不能够适应现代化。马克思认为：资产阶级时代不同于过去一切时代的地方是"生产的不断变革，一切社会关系不停地动荡，永远的不安定和变动"。其实这也是现代化运动所具有的基本特征。毫不奇怪，现代化运动最早就是随着资产阶级的时代而来，它最早的全部特征都毫无例外地包含在资本主义社会的基本特征中，只不过它愈来愈朝着人类社会共性的方向发展。传统的社会结构根本无法承受住现代化运动的基本内容。小农经济承受不了工业化的压力，固定的等级制度承受不了社会成员高度流动的要求，万世一系的思想文化体系承受不了洪水猛兽般涌来的新的科学与文化思潮。因此现代化首先要求消除传统的结构，建立一个适应现代化文明要求的社会结构。

消除二元结构以实现政治现代化必然会引出另一个问题：为什么在第三世界国家中这一消除会引起极大的抗拒？一切现代化都是历史遗产的急剧转化，并且对于现代化的后来者接受这一过程往往具有强迫的性质。马克思尽管没有使用现代化来描述社会的大过渡，但他显然意识到了这种过渡的本质。他在写到资产阶级时代时说："一切古老的关系以及与之相适应的素被尊崇的观念和见解都被消除了，一切新形成的关系等不到固定下来就陈旧了，一切固定的东西都烟消云散了，一切神圣的东西都被亵渎了"，资产阶级"迫使一切民族——如果它们不想灭亡的话——采用资产阶级的生产方式。"从这种意义上说，从西方开始继而成为一场世界性进程的现代化运动具有侵蚀和影响一切国家制度的能力，能将人类以往传统经验的许多主要共同点化为乌有，并在这个基础上创造一种新的现代化文明。在传统向现代过渡的历史连续中，现代化必然会摧毁传统社会的恬静与安逸，带来一个动荡不息然而又是生机勃勃的新社会。而处于过渡期中的人对此往往会感到茫然，遇上价值的困窘，因为他被迫生活在传统与现代的双重价值体系中。对新的价值体系的向往常常会使得过渡期间的人感到超越时代的激动和痛苦；对旧的价值体系的留恋却又是对消除二元结构产生抵拒的精神泉源。而对新旧价值体系同时失去信仰时，过渡期间的人则又会成为无所遵循的人。美国著名的社会学家彼得·伯格尔以"漂泊的心灵"来形容向现代化过渡时期人的心境和无所适从感。在西方较早实现现代化的国家里，无论是改革或革命，现代化的过程所用时间较长，最后都经历了一个相对的政治上平稳发展的阶段，人们的价值变换在潜移默化的几百年中逐步得到了实现，消除二元结构所遇到的抵抗力越来越小。但现代化运动具有强迫性质，和加速的特点，使得一旦这个运动开始，它的发展步伐便越来越快，无情地席卷世界，这就为当代第三世界走上现代化道路带来了巨大的问题。人们难以接受似乎是突如其来的强制性，传统结构消除的过程太快使人们难以承担，特别是在这一结构的消除中要迫使人们放弃一个社会延续了甚至是上千年的基本信仰，同时还往往伴随着先进国家火与剑的殖民掠夺。旧的文化认同目标崩溃，新的文化认同目标难以建立，或者因为其打上了西方的标记而使人们感到困惑。第三世界的政治现代化进程很能说明这一点，往往是在西方受过教育的人成为现代文明的积极拥护者，但他们的人数太少。而大多数的人在文化认同上更多地表现出回归传统的倾向，使得即便是再有现代意识的领袖在政治上也往往因为社会处于严峻的国际环境和传统民族文化的巨大影响，迫使前现代化的民族常常不得不借用传统文化的形式甚至内容去激发人们民族自力的热情，以完成现代化的目标，而这种热情究其本质人们不难发现明显的反现代化倾向。

——钱乘旦、陈意新：《走向现代国家之路》，四川人民出版社，1987年，第23~24页、第25页、第36页、第48~51页、第333~336页。

不发达国家的累积因果

南亚作为一个地区，天赋资源贫乏，只有印度拥有足够的煤矿和铁矿支撑重工业。除了印度尼西亚以外，这一地区看来并没有很多石油。土地资源一般贫瘠，或者因为它们本来就那样，或者因为它们被人口过分拥挤和气候毁坏了。但也有一些例外，锡兰（今斯里兰卡）有极好（虽然有限）的土地生产茶、椰子和橡胶。马来西亚和印度尼西亚也有极好和较多的土地种植橡胶。马来(西)亚、泰国、缅甸、锡兰和菲律宾还有大面积的森林没有充分利用。

南亚的气候堪称得天独厚的资源。但是由于它也影响到劳动生产率，所以把它当作一个独立的条件更精确。尽管我们几乎不知道气候对发展的精确意义，它还是构成了南亚和西方世界之间的另一个重要差别。现代所有成功的工业化，包括日本、苏联、甚至中国，都出现在温带，这是一个事实。南亚国家位于热带或亚热带，这实际上是世界上大多数不发达国家所处的地理位置。

即使几乎尚未研究过气候条件对发展的重要性，一般地说，大多数南亚国家极端炎热和潮湿显然造成土壤和许多种物质产品的退化与变质，显然对一些作物、森林和动物的低生产力负有部分责任，显然不仅使工人不舒服，而且损害了他们的健康，降低了上工率、工作时间和效率。在一些较小的方面改变气候是可能的，但更重要的是，气候对生产力的影响能够用许多方法来改变，并且生产和消费都能更好地适合气候，但这需要支出，通常是投资型的支出。

在前工业时代，西方的人口增长比较低。相比之下，南亚的人口增长在很长时期内一直在加速，今天甚至更快。结果，人口稠密的地区现在开始发展时就比欧洲国家占有高得多的人/土地比率。其中必须加上人口"爆炸"的影响。现在的人口密度和人口迅猛增长的前景，构成了南亚和西方之间在初始条件上的一个十分重要的差别。

人们普遍认识到，出口市场的扩大在西方国家早期的发展中起了决定性的作用。自第一次世界大战结束以来，相对于世界贸易的发展而言，对南亚各国的出口需求缩小了，他们将来的出口收益前景也不十分乐观。自19世纪，即自无与伦比的自由国家贸易时代以来，通过贸易来发展的整个气候也已发生了根本的变化。西方国家实际上有自己的活动场所，它们掠夺了世界巨大的落后地区的资源和民族，并使这些地区处于政治上和经济上的依赖状态。既然这些巨大区域正努力崛起，它们就不能简单地重复发达国家的发展过程。

……

下列证据强化了不平等效应：在南亚一些国家，发展速度稍微加快的地方，少数上层和中间阶层的收入比穷人增加得更快。这里，把今天的南亚和昨天发展中的西方相比较也是不恰当的。人们一般认为，在西欧工业化早期阶段，收入分配变得更不平均，只是在后来，由于副作用的扩散和社会立法的增加，这种趋势才倒过来了。但是，南亚的情况正相反。因为由于城市化和辅助工业的相对增长，不平等程度的明显增加并没有伴随着迅速的增长。

在南亚各个国家的各个地区之间，以及城市和乡村工人之间看来也存在扩大着的不平等。例如，印度每人每月的消费支出估计是，城镇工人比乡村工人大约高1/3，城市比乡村地区多2倍多。在出口大米的泰国，一份曼谷调查表明，城市饮食远远好于乡村。城市的专业人员与工人之间在收入上也存在着巨大的差别。在西方国家，专业人员和产业工人的收入比率可能是3或4比1，在亚洲却是15或20比1。

最后，在南亚，经常存在种族界线支配的特种形式的不平等。例如在锡兰，锡兰泰米尔人和印度迁来的泰米尔人之间在平均收入上有着很大的差距。这主要是由于锡兰泰米尔人中间有大量高收入商人。在马来西亚，华人和印度人专门从事种植园工作，或者一般占据了专业工作和商业方面的最高位置，他们和马来西亚人之间存在着不可避免的收入差别，马来西亚人主要是在乡村种植稻子和做小土地上的工人，或者是低薪司机、信差和职员。但是在马来西亚、新加坡和泰国的华人中，最高收入者和苦力劳动者之间也有巨大差别。

在该地区的其他国家，情况相似，尽管印度和巴基斯坦的种姓与宗教比纯粹的种族差别更重要。由于西方人集中在企业的高薪职位，在所有前欧洲殖民地上，也存在着极端不平等的情况，尽管几个发展计划都已试图限制这些外国人集团，包括"亚洲外国人"。

前述特定的不平等现象都紧紧相连。整个不平等结构是由种姓制度、种族界线、种族歧视、族阀主义以及一整套社会和宗教禁忌支撑的。累积因果关系的恶性循环就是这样被持久化的。现在的制度结构阻碍了社会、地区和职业流动性的增强，使社会和经济生活中的分隔持久化。这就是经济增长的主要障碍。

——［瑞典］冈纳·缪尔达尔：《亚洲的戏剧——对一些国家贫困问题的研究》，谭力文、张卫东译，北京经济学院出版社，1992 年，第 44～45 页、第 76～77 页。

综观一下今天新世界里最最极端不发达的"萧条"地区——这些地区的特点，不但是格外的贫困，而且有压制性的社会体制、天主教极端教权主义或基督教原教旨主义、不自由的政治组织，等等——可以发现它们都是早先时期生产初级产品供出口的地方，在世界资本主义发展过程中它们的矿物、土壤、木材或市场枯竭以后，这些地方沦于衰微破败。这种情况不但有那些（前）矿区，如巴西的米纳斯吉拉斯、智利的"小"北方和"大"北方、玻利维亚和秘鲁的高地、墨西哥的中部，而且还有美国的西弗吉尼亚和落基山区的部分地区和加拿大的魁北克，还有加勒比的前主要农业出口区或渔业出口区、巴西的东北部、中美洲和南墨西哥的部分地区、美国南方的棉花带或"烟草路"、加拿大的海运省和盖茨贝半岛；还有和这许多出口生产区相毗连的土著劳工出口区。虽然它们当前的贫困部分地由于它们自然资源的枯竭、人口的密集和矿山区不良农田的衰蚀，可它们现在极端不发达的主要根源并不是物质的，而是它们从出口繁荣的"黄金时期"所继承的社会结构，而且仍然反映在它们的"古旧习俗"中。察看一下亚洲和非洲最贫困的地区，可以发现实质上特点相同的、格外严重的殖民地与阶级双重剥削存在于中非矿区及其劳工供应来源，存在于出口棉花的尼罗河流域，存在于孟加拉以及印度马德拉斯和克拉拉等南部种植园邦，存在于中爪哇等地。

因此，历史分析和比较分析可以得出揭示问题的、显然矛盾的情况，那是亚当·斯密所预示的,马克思所系统化的:富者变穷,穷者变富。如果我们观察了世界资本积累和资本主义发展的辩证法所强调的,这种明显的矛盾就消失了。资本主义的分工已经通过一种生产方式和不平等交换剥削了一些地区的人力资源和自然资源,使这些地区遭受不发达的发展,并使得这些地区所产生的资本和其他财富积累起来。此外,不光新英格兰、澳大利亚、新西兰的贫困,还有西欧和日本许多方面的贫困,产生了一种生产方式、工资水平和不平等交换的好处,从而推动了经济发展。所以,我们建议区分殖民地化和殖民化:殖民地化的生产方式、低工资水平和殖民地不平等交换,清楚地说明世界资本积累进程内的一种从属性依附,使它们沦为不发达的发展;殖民化则依靠输送移民,它的生产方式、相对高的工资水平以及至少局部地避免外部不平等交换使它们能获得经济发展……

——[德]安德烈·冈德·弗兰克:《依附性积累与不发达》,高铦、高戈译,译林出版社,1999年,第23~25页。

全球化与发展

跨国公司是国际商务舞台上的主角。正是它领导着全球化的潮流,并充当着地区性商业网络和集团的旗舰。跨国公司和政府间存在着互动作用,但是却没有足够的力量去寻求对世界经济的独立控制。相反,关于区域性三极力量的真实情形是,跨国公司需要为市场份额和利润竞争。其最高层管理人员需要全身心地投入到提高运作效率和成功执行战略决策上,而不是投入到对全球政治问题的关注中。

宣扬全球化的文献过于简单化。虽然存在着一些推动全球化的经济力量,但是更存在着极强的文化和政治壁垒,它们阻碍单一世界市场的形成。公司级的全球战略仅在几个产业内取得了成功,如消费电子,其同质的产品是基于价格和质量出售的。对丁大多数其他生产部门和所有的服务业而言,区域化比全球化的意义更大。三极区域以异质性而不是同质性为特征。

管理者需要改变思维,因为全球化终结的时刻已经到来。要想理解多

泽、巴特利特和戈歇尔的著作,他们必须做到"思维区域化,行动本地化"。他们应该:

a. 在部署战略时,考虑区域性贸易和投资协定(如北美自由贸易协定、欧盟统一市场以及南锥体国家联盟),而不是多边协定(如关贸总协定/世界贸易组织,多边投资协定)。

b. 设计的组织结构要能建立基于三极的内部诀窍(Know - how)能力和组织竞争力,而不是运用国际分部和不能奏效的全球组织结构。

c. 发展同区域商业网络以及基于三极的集团相关的新思想、新知识,并对基于三极的竞争者的类似特性作出评估,而不是制定所谓的全球战略。

d. 开发评价成功的区域性驱动力而非全球化驱动力的分析方法。

e. 思维区域化,行动本地化,忘掉全球化。

——[英]阿兰·鲁格曼:《全球化的终结》,常志霄、沈群红、熊义志译,生活·读书·新知三联书店,2001年,第21~22页。

那么,发展是指路明灯还是幻象?到此,我想我的回答是再清楚不过的了。今天,国家发展无论主张或采用任何办法都不过是幻想。如果我们全身心投入那方向,资本主义制度还可能像熊彼特(Schumpeter)所希望那样,为自身延长200年寿命。有了这额外的200年,地球上的特权阶层也许可过渡到一个完全不同但同样是不平等的世界体系。

不过,发展也可以是指路明灯。我们可以加快资本主义世界经济长期发展的步伐,这是资本家最害怕的。本地及局部要求更多地参与,要求提高实际收入,即生产地的生产者在全球不受控制,就是政治上动员起来,经济上要求重新分配。这样也就把维持现状的得益者的最厉害的武器解除了;这个武器就是把(国家及世界的)无产阶级与半无产阶级农户在政治上分化隔离,及呼吁个人(每个人所创造的剩余)为国家做出牺牲。

这种策略并非如想象般的那么显而易见。传统的或是过去的反体系政治运动——西方的社会民主党人、全世界的共产党、民族解放运动等都没有去认真鼓吹它,甚至没有把它看成较次要的策略。就是过去 20 至 30 年期间新兴起的反体系运动,也没有哪一个这样做,至少没有像群殴所主张的那样着意使体系负荷过重。他们仍对发展以致平等信心过大;(我认为)他们需要认真考虑的是通过争取平等以达到发展,但这种平等主义不能是否定自我实现及社会多元化的。平等与自由并不互相排斥,而是密切相连。如果像"文化大革命"那样把两个目标分开,结果就是两者皆落空。

资本主义世界经济的弱点正在于它的自我实现的问题。越商品化,不均等分配剩余的能力就越会减弱,积累就越不能集中。但如果说加速商品化是摧毁体系的途径,又绝对不够,因为让它自由发展,垄断势力就会设法减慢速度。传统的看法认为国家发展使商品化加剧,我却认为应把国家发展视为取代了其他可进一步加快商品化的策略。

生产者强调保留剩余,即强调更平等、更民主的参与,这绝不是乌托邦,而可能是极为有效的措施。今天他们的要求遭到大资本家的反对,但更大的障碍来自反体系运动本身。他们必须认清发展的由来已久含糊不清的两个概念——更多,与更平等。他们必须选择后者。这个选择并非与国家无关,国家机器可以从很多方面支持这个计划,但如果计划实施的动力是国家机器、发展就不是指路明灯,只是幻象。

——许宝强等:《发展的幻象》,中央编译出版社,2001 年,第 20~21 页。

全球化与治理

(19)的确,在联合国成立时……地球人口总数不到 25 亿,而今天有 60 亿。贸易壁垒高筑,贸易流量微不足道,资本管制严格。多数大公司在一个国家内运作,并为其国内市场生产。跨洋电话费对于一般人来说过分高昂,甚至企业都只在特殊情况下使用。钢的年产量是国家经济实力的重要象征。世界第一台计算机刚刚造出来;它填满了一个大房间,布满 18000 个电子管和 50 万个焊点,每次执行新任务都得实际重新接线。生态学只是生物学研究的课题,就连科学幻想小说都未曾提到网络空间。

（20）我们知道情况发生了多么深远的变化。世界出口自 1950 年以来增长了十倍,这已将通货膨胀的影响扣除,一直比世界国内总产值增长得快。外国投资增长得更快;多国公司销售额超过世界出口额的幅度越来越大,附属公司之间的交易是世界贸易中一个迅速扩大的部分。每天外汇流量从 1973 年固定汇率制度崩溃时的 150 亿美元猛增到超过 1.5 万亿美元。最近一次跨国电信业兼并创造了一家公司,市场价值超过近一半联合国会员国的国内总产值,可是它在世界价值最高的公司里仅排名第四。今天匆忙的大会代表可以用不到四个小时跨越大西洋,而且他们如果愿意,可以完全用互联网或电话处理国家事务。

（21）这是全球化的世界——全世界经济行动者和活动的新环境、新联系。逐渐拆除贸易壁垒和资本流动壁垒,加上根本性的技术进步和运输、通讯、计算费用的稳步下降,使全球化成为可能。全球化的综合逻辑是不可动摇的,其势头是无法抗拒的。全球化的好处显而易见:经济增长更快,生活水平更高,技术和管理技能加快革新和扩散,为个人和国家都带来新的经济机会。

（22）那么,为什么全球化已开始引起强烈反对? 去年 11 月西雅图世界贸易组织会议时发生的事件只是这种反对的最新的引人注目的表现。

（23）很少有人、团体或政府反对全球化本身。他们反对的是全球化的悬殊差异。首先,全球化的好处和机会仍然高度集中于少数国家,在这些国家内的分布也不均衡。第二,最近几十年出现了一种不平衡现象:成功地制定了促进全球市场扩展的有力规则并予以良好实施,而对同样正确的社会目标,无论是劳工标准,还是环境、人权或减少贫穷的支持却落在后面。

（24）更广义地说,全球化对许多人已经意味着更容易受到不熟悉和无法预测的力量的伤害,这些力量有时以迅雷不及掩耳的速度造成经济不稳和社会失调。1997—1998 年的亚洲金融危机就是这种力量——二十年里第五次严重的国际货币和金融危机。人们日益焦虑的是,文化完整性和国家主权可能处于危险之中。甚至在最强大的国家,人们不知道谁是主宰,为自己的工作担忧,并担心他们的呼声会被全球化的浪潮淹没。

(25)人们这些各种各样的担忧都传达一个有力的信息:全球化的含义必须超出开创更大的市场。经济领域无法与更复杂的社会和政治结构分开而单独在自己的轨道上腾飞。全球经济的生存和兴旺必须有共同价值观和机构做法作为更坚实的基础,必须促进更广泛和更包容的社会目的。

……

(41)谈到国际领域时,"治理"指什么? 如果我们的目标是顺利地从国际性世界过渡到全球性世界,治理的一些可取的要素是什么?

(42)这一术语仍然使一些人联想到世界政府的形象,联想到中央集权的官僚庞然大物践踏人民和国家的权利。没有什么比这更不可取了。今天弱国是有效治理的主要障碍之一,在国家和国际两级都是如此。为了这些国家人民的利益,也为了我们的共同目标,我们必须帮助加强这些国家的治理能力,而不是进一步损害其能力。此外,在我们今天流动性强、充满活力、广泛联网的世界上,中央集权统治概念本身与时代不符,是过时的十九世纪心态的残余。

(43)各国同样需要对其在全球性世界上的双重作用有更加深刻的认识。各国家除了各自对其社会负有责任以外,还要集体对我们所有国家的公民在这个星球上的共同生活负责。尽管全球化通常伴随着体制动乱,但目前没有任何实体能够与国家抗争或取代国家。因此,要顺利管理全球化,首先需要国家以符合其双重作用的方式行事。

(44)这又意味着实施国际治理的决策机构必须反映当代的广泛现实。联合国安全理事会是一个明显的例子。今天安理会的组成是以1945年权力分配和组合为基础的,既没有充分反映我们全球化的世界的性质,也没有充分反映其需要。一些主要经济论坛也是如此:全球化的影响波及所有国家;所有国家都必须在此进程中有较大的发言权。

(45)联合国在新的全球性时代能发挥独特的作用,这是因为我们具有普遍会籍和广泛的范围,而且因为我们的《宪章》载有共同的价值观念。我们的工作是确保所有人、而不仅仅是一些人获得全球化带来的好处;确保多数人、而不仅仅是少数人享有和平与安全;确保世界各地每一个人、而不仅仅让有特权的人利用这些机会。现在比以往任何时候都更加需要联合国作为倡导和推进人类共同事业的场所,调解各国在权力、文化、面积和利益方面的分歧。现在比以往任何野外都更加需要强有力的国际法律秩序和主义的原则与做法,以便为新兴的全球化文明制定基本规则,让世界的丰富性能在这一文明里得到充分表现。

(46)改善治理意味着更多地参与,同时承担责任。因此包括联合国在内的国际公共场所必须进一步开放,让许多行动者参与,他们的贡献对于校准全球化路线至关重要。根据手头问题的需要,这可以包括民间社会各组织、私营部门、议员、地方当局、科学协会、教育机构和许多其他实体。

(47)全球性公司在这一新格局中占据重要地位。主要是靠它们创造了我们生活的单一的经济空间;它们的决定影响到世界各地人民、甚至国家的经济前景。国际协定和国家政策大大扩大了它们在全球经营的权利,但在行使这些权利的同时,必须承担更多的责任,必须遵循全球公民的概念和做法。良好公民的标志可以因具体情况而异,这些标志的一个共同特点是:只要可能和适当,公司都愿意采用广大社区所确定的"良好做法",而不是利用东道国较弱的管制系统或不平等的谈判地位而从中取利。

(48)更加一体化的全球也需要新程度的政策协调一致,同时必须弥补重大的差距。国际金融体制需要得到加强,多边贸易制度也需要予以巩固。宏观经济政策、贸易政策、援助政策、财政政策和环境政策之间必须要有更大的一致性,使各项政策都能帮助我们达到增加全球化好处的共同目标。预防冲突、冲突后建设和平、人道主义援助和发展等政策必须达成更有效的一体化。简言之,如果政策支离破碎,缺乏统筹,互不兼容,要顺利过渡到更具全球性的世界就极其困难。

(49)正规体制安排往往可能范围不够广,速度不够快,信息能力不够强,而无法跟上迅速变化的全球议程。因此,要调动各种全球行动者的技能和其他资源,也许日益需要组成跨越国界、机构和学科的松散、临时性全球政策网络。联合国十分适合于培育这种非正式的"促成变革的联盟",其任务跨越我们的各个责任领域。许多网络可以是虚拟网络,从而克服距离和时间上惯常的限制。正式治理机构必须继续发挥必不可少的规范作用:界定目标,制定标准,监测遵守情况。

(50)对联合国而言,要成功地迎接全球化的挑战,最终意味着要满足人民的需要。《宪章》就是以人民的名义制定的;展望二十一世纪,我们的任务仍然是实现人民的愿望。

——[加纳]科菲·安南:《我们人民,角色和作用》,《联合国秘书长千年报告》,2000 年,联合国官网,http://www.un.org/chinese/aboutun/prinorgs/ga/millennium/sg/report/sg.htm。

全球化时代的人类发展

全球化,这一20 世纪最后 10 年占支配地位的力量,正在形成国家、经济、个人之间相互作用的新纪元。它使跨越国界的人们之间的联系日益增多——在经济、技术、文化和治理结构诸方面。但是,它也使生产过程、劳动力市场、政治实体和社会趋于分化。因而,全球化给人类既带来创新的和富有生气的正面影响,也带来破坏性的和排斥性的负面影响。

如今,国家之间和人们之间的相互影响比以往任何时候都更加深刻……

当今世界为人们提供了更多的机会,这在 20 年、50 年或 100 年前是难以企及的。与 1965 年比较,目前的儿童死亡率下降了 50% ,出生时预期寿命提高了 10 岁以上。在发展中国家初等和中等教育总和入学率增长了 1 倍多——小学在校生的比例从不到 1/2 上升到 3/4 多。成人识字率大幅提高,从 1970 年的 48% 上升到 1997 年的 72% 。大多数国家现在已经独立,占世界人口总数 70% 以上的人口都生活在相当多元化的民主政体之下。

世界更加繁荣富足,在过去的 50 年间,人均收入提高了 3 倍多;全球GDP 增长了 9 倍,从 3 万亿美元上升到 30 万亿美元。达到中等人类发展水平的人口比例从 1975 年的 55% 上升到 1997 年的 66%,而处于低人类发展水平的人口比例从 20% 下降到 10%。

但是这一趋势掩盖了严重的失衡现象,在一些领域有所前进,而在另一些领域却出现了新的倒退。尽管在 20 世纪取得了空前的进步,但当今世界仍面临着积重难返的剥夺和不平等,致使许多国家和地区仍存在着悬殊的贫富差距。

贫穷无处不在。以人类贫困指数(HPI - 1)衡量,发展中国家 45 亿人口中的 1/4 以上仍然缺乏某些生活中最基本的选择——寿命达到 40 岁以上,获得知识,享有最低限度的私人和公共服务。

在工业化国家,人类贫困和排斥的情况被遮掩在显示成功的统计数字中,但从中仍可发现在这些国家中巨大的贫富差距。以人类贫困指数(HPI - 2)衡量,在世界上最富的国家,每 8 人中就有 1 人在某些方面受到人类贫穷的困扰:长期失业、寿命低于 60 岁、收入低于国家的贫困线或缺乏为适应社会所需要的读写能力。

各国不同地区之间 HPI 值的相差较大的状况,也显示了广泛存在的贫富鸿沟。例如在印度,北方邦的人类贫穷指数(54%)是喀拉拉邦的两倍多。

性别差距依然很大。在发展中国家,女性文盲比男性文盲多 60%,女童的小学入学率比男童低 6%。在政治和经济领域,性别差距最为明显,妇女几乎被排斥在政治生活之外。妇女在议会中所占的席位多于 30% 的国家仅有 5 个,而低于 5% 的国家却有 31 个之多。性别赋权程度和性别发展指数表明在每一个国家都存在性别不平等。

世界业已改变。在过去的 10 年间,一些影响深远的事件导致了全球政治秩序的演变,带动了技术进步和经济政策的不断改革,确定了全球化的内涵,并极大地加速了全球化的进程。这些事件包括:冷战的结束掀起了全球政治一体化的浪潮;信息和通信技术启动了无数次的全球对话;1994 年的马拉喀什协定改变了全球贸易的规则。但是,所有这些无不获益于全球意识演变的启迪。

政治秩序。1989 年柏林墙倒塌和冷战终结,消除了政治和经济的壁垒——把东欧和独联体的 4 亿人口以及中国和越南的近 13 亿人口带进了全球对话和交流的世界之中。当各国解除了审查制度、旅行限制以及对政党和民间组织的禁令后,思想和信息开始自由流动。外商投资纷纷涌向中国、越南、波兰和俄罗斯联邦,正像麦当劳、好莱坞电影和美国有线新闻网(CNN)实时全球新闻所做的那样。

技术进步。1990 年因特网上的万维网的开通和其后于 1994 年网景的自由分销,导致一种早已创建但在科学界尚鲜为人知的技术,转变为有利于所有用户的网络。这不仅使得人们能够以非常低廉的价格广泛地获取各种信息,而且还创造了全新的通信结构,致使能够用文字、数码和图像将信息同步传输到世界各地。这一成果不仅浓缩了交流的世界,而且使得远距离的实时交互作用成为可能。

在 1960—1990 年间,处理信息的平均成本从每百万次操作需花费 75 美元降至不到 0.01 美分;每英里航线运营的价格下降了 50%。从纽约到伦敦的 3 分钟电话费用从 1930 年 245 美元(按 1990 年价格计算)下降到 1960 年不到 50 美元,1990 年的 3 美元,而 1999 年大约仅为 35 美分。通信技术的革新使社会融合成为可能,同时使人们在网络社会中遨游地球的梦想成为可能。

经济管理。《马拉喀什协定》——签订于 1994 年 4 月,并且结束了关税和贸易总协定(GATT)乌拉圭回合的谈判——大大减少了关税和其他贸易壁垒,将"基于规则"的体制纳入了全球贸易规范。它开创了使 WTO 实施该协议的典范,以其影响深远的权威性,审查各国政策和解决争端。

多边协议扩展到新的领域——诸如银行和保险服务,以及知识产权。凭借其前所未有的广泛影响和承诺,这些多边协议被吸纳进各国政府的政策选择之中,在这个极其多元化的世界中推动了政策的趋同。

——联合国开发计划署:《1999 年人类发展报告》,中国财政经济出版社,2002 年,第 25~28 页。

≫ 链接1:新中国的发展目标

　　新中国成立以后,为了改变一穷二白的现状,毛泽东提出:"我们的总目标,是为建设一个伟大的社会主义国家而奋斗。我们是一个六亿人口的大国,要实现社会主义工业化,要实现农业的社会主义化、机械化,要建成一个伟大的社会主义国家,究竟需要多少时间? 现在不讲死,大概是三个五年计划,即十五年左右,可以打下一个基础。到那时,是不是就很伟大了呢? 不一定。我看,我们要建成一个伟大的社会主义国家,大概经过五十年即十个五年计划,就差不多了,就像个样子了,就同现在大不一样了。"①这个目标的确立是建立在对基本国情的把握的基础上的,"人类的发展有了几十万年,在中国这个地方,直到现在方才取得了按照计划发展自己的经济和文化的条件。自从取得了这个条件,我国的面目就将一年一年地起变化。每一个五年将有一个较大的变化,积几个五年将有一个更大的变化"②。改革开放新时期,邓小平认为:"我们要实现的四个现代化,是中国式的四个现代化。我们的四个现代化的概念,不是像你们那样的现代化的概念,而是'小康之家'。到本世纪末,中国的四个现代化即使达到了某种目标,我们的国民生产总值人均水平也还是很低的。要达到第三世界中比较富裕一点的国家的水平,比如国民生产总值人均一千美元,也还得付出很大的努力。就算达到那样的水平,同西方来比,也还是落后的。所以,我只能说,中国到那时也还是一个小康的状态。"③

　　对于如何实现现代化这个目标,毛泽东坚信,社会主义社会同旧时代的社会制度相比,应该具有比较优势,"在社会主义社会中,基本的矛盾仍然是

---

①　毛泽东:《关于中华人民共和国宪法草案》,《毛泽东文集》(第六卷),人民出版社,1999年,第329页。

②　毛泽东:《〈中国农村的社会主义高潮〉按语》,《建国以来毛泽东文稿》(第五册),中央文献出版社,1991年,第503页。

③　邓小平:《中国本世纪的目标是实现小康》,《邓小平文选》(第二卷),人民出版社,1994年,第237页。

生产关系和生产力之间的矛盾,上层建筑和经济基础之间的矛盾。不过社会主义社会的这些矛盾,同旧社会的生产关系和生产力的矛盾、上层建筑和经济基础的矛盾,具有根本不同的性质和情况罢了。我国现在的社会制度比较旧时代的社会制度要优胜得多。如果不优胜,旧制度就不会被推翻,新制度就不可能建立。所谓社会主义生产关系比较旧时代生产关系更能够适合生产力发展的性质,就是指能够容许生产力以旧社会所没有的速度迅速发展,因而生产不断扩大,因而使人民不断增长的需要能够逐步得到满足的这样一种情况"①。邓小平认为:"社会主义同资本主义比较,它的优越性就在于能做到全国一盘棋,集中力量,保证重点。缺点在于市场运用得不好,经济搞得不活。计划与市场的关系问题如何解决? 解决得好,对经济的发展就很有利,解决不好,就会糟。"②邓小平还特别强调:"讲社会主义,首先就要使生产力发展,这是主要的。只有这样,才能表明社会主义的优越性。社会主义经济政策对不对,归根到底要看生产力是否发展,人民收入是否增加。这是压倒一切的标准。"③"社会主义财富属于人民,社会主义的致富是全民共同致富。社会主义原则,第一是发展生产,第二是共同致富。我们允许一部分人先好起来,一部分地区先好起来,目的是更快地实现共同富裕。正因为如此,所以我们的政策是不使社会导致两极分化,就是说,不会导致富的越富,贫的越贫。"④而且,"要从全人类的高度来研究发展问题。我们欢迎发达国家继续发展,但是发达国家的继续发展不能建立在众多发展中国家继续贫困的基础上。前几天我同拉美朋友讲过,不仅希望下个世纪出现太平洋时代,而且希望出现拉美时代,出现西亚时代,出现非洲时代,这样全

---

① 毛泽东:《关于正确处理人民内部矛盾的问题》,《毛泽东文集》(第七卷),人民出版社,1999年,第214页、第219~220页。

② 邓小平:《前十年为后十年做好准备》,《邓小平文选》(第三卷),人民出版社,1993年,第16~17页。

③ 邓小平:《社会主义首先要发展生产力》,《邓小平文选》(第二卷),人民出版社,1994年,第314页。

④ 邓小平:《答美国记者迈克·华莱士问》,《邓小平文选》(第三卷),人民出版社,1993年,第172页。

球就能真正稳定起来"①。

改革开放以来,中国发展的向度也在不断丰富,由强调经济发展到重视"两个文明",即"精神文明相对于物质文明而言……只有两个文明都搞好,才是有中国特色社会主义"。② 党的十六大增加了文化向度,明确提出经济、政治、文化"三位一体",党的十七大又增加了社会向度,提出经济、政治、文化、社会"四位一体",要"增强发展协调性,努力实现经济又好又快发展。"党的十八大首次将"生态文明建设"写入总布局,形成"五位一体"的总布局。到了党的十九届四中全会,增加了治理能力现代化的视角和向度,使现代化不仅仅是发展目标,也是治理目标。"把我国制度优势更好转化为国家治理效能,为实现"两个一百年"奋斗目标、实现中华民族伟大复兴的中国梦提供有力保证。"实践证明,"新中国成立七十年来,我们党领导人民创造了世所罕见的经济快速发展奇迹和社会长期稳定奇迹,中华民族迎来了从站起来、富起来到强起来的伟大飞跃"。③

① 邓小平会见美国大通·曼哈顿银行国际咨询委员会代表团时的谈话,《邓小平年谱(一九七五——一九九七)》(下),中央文献出版社,2004年,第1233页。
② 江泽民:《高举邓小平理论伟大旗帜,把建设有中国特色社会主义事业全面推向二十一世纪》,《江泽民文选》(第三卷),人民出版社,2006年,第33页。
③ 《中共中央关于坚持和完善中国特色社会主义制度 推进国家治理体系和治理能力现代化若干重大问题的决定》,人民出版社,2019年,第1页。

2. 关于发展的反思

反思经济发展

到现在为止我们的研究工作得出了下面的一些结论……

(1)如果世界人口、工业化、污染、粮食生产以及资源消耗按现在的增长趋势继续不变,这个星球上的经济增长就会在今后一百年内某一个时候达到极限。最可能的结果是人口和工业生产能力这两方面发生颇为突然的、无法控制的衰退或下降。

(2)改变这些增长趋势,确立一种可以长期保持的生态稳定和经济稳定的条件是可能的。全球均衡的状态可能计划做到,使得世界上每个人的基本物质需要得到满足,以及每个人有同等机会发挥他个人的人类潜力。

(3)如果世界上的人决定努力争取这第二种结果,而不是那第一种,那么他们愈早开始努力,取得成功的可能性就愈大。

这些结论影响如此深远,并引起这么多的问题需要进一步研究,我们很坦率地说此项工作的艰巨简直使我们不知从何着手。我们希望这本书会引起许多研究领域和许多国家中其他人们的兴趣,提高他们的眼界,扩大他们所关心的问题的空间和时间范围,和我们一起来了解一个伟大的过渡时期,并为这过渡做好准备——从增长过渡到全球均衡。

……

生产粮食,必需的首要资源是土地。晚近的研究表明,地球上最多约有

32 亿公顷的土地(78 亿 6 千万英亩)可能适宜于农业。此项土地的将近一半,即最肥沃、最方便的那一半,是今天的耕地。其余的土地将需要人们投入巨额资本去开垦、灌溉或者施肥,然后才能生产粮食。近来开发新地的费用在每公顷最低 25 美元到最高 5275 美元这个范围内多寡不等。在荒无人烟的地区开发土地的平均费用曾经是每公顷 1150 美元。根据粮食及农业组织的一项报告,开发更多的土地来耕种在经济上是行不通的,尽管今天世界上迫切需要粮食。

……

地壳含有巨大数量的原料,这些原料人们已经学会了开采,把它们变成有用的东西。然而不管数量多么巨大,总不是无限的。既然我们已经看到一个指数增长的数量怎样突然达到一种固定的最高限度,下面这种说法就不应该是出人意料的。根据现今的资源消耗率以及预计这些消耗率的增高,目前重要的不能更新的资源大多数到一百年后将极其昂贵。尽管关于尚未发现的蕴藏、技术进步、代用,或者回收利用等等有一些非常乐观的假设,只要对资源的需求继续指数地增长,上述这种说法仍然是确实的。固定储藏量最少的那些资源的价格已经开始增长。例如,汞的价格在过去二十年中已经上涨 5% ;铅的价格在过去三十年中增加了 300% 。

……

所谓人口增长和资本增长必须很快就停止这种说法,人们对它有很多不同意见。但实际上没有人会说这个星球上的物质增长能永远继续下去。在人类历史的这个阶段,上面提出的这种选择在人类活动的差不多各个领域中仍然都有。人类还能选择自己的限度,随时停止,通过削弱一些促使资本和人口增长的强大压力,或者造成反压力,或者两种方法并用。这种反压力很可能不是完全令人愉快的。它们一定包含社会结构都是经过几百年的发展深入到人类文化之中的。另一种办法是等待技术的代价增加到超过社会的负担能力,或者等到技术的副作用本身抑制增长,或者等到一些技术无法解决的问题发生。在那些时候,限度将不再由人选择。增长将由于不是人类选择的压力而被止住,那样,正如世界模型所提示,也许比社会自己选择的压力糟得多。

我们觉得有必要在这里对科学技术的分析说这么多的话,因为我们发现技术的乐观主义是我们的世界模型研究结果所引起的最普通的和最危险的反应,技术能缓和一个问题的症状,但不影响问题的根本原因。认为技术能最后解决一切问题这一信念,能使我们的注意力偏离最根本的问题——一个有限系统中的增长问题——并阻碍我们采取有效行动来解决它。

另一方面,我们当然不是想把技术说成是坏事,或者是无益的或者不必要的东西。我们自己是研究科学技术的人,在科技研究机关中工作。我们坚定相信,像我们将在下章中指出的那样,这里提到的很多技术发展——再循环、污染控制装置、避孕药物——如果和有计划的控制增长结合起来,对人类的前途是非常重要的。我们强烈反对无理性的轻率地否定科学技术的利益,和我们在这里强烈反对无理性的轻率地承认这些利益一样。也许对我们的立场最好的概括是塞拉俱乐部的格言:"不盲目反对发展,可是反对盲目的发展。"

——[美]梅多斯等:《增长的极限》,商务印书馆,1984 年,第 12 页、第 31 页、第 45 页、第 115～116 页。

新发展

这种新发展是"整体的""综合的"和"内生的"。这三个术语中,每一个都有几种含义,把它们结合在一起,也不会产生一个单一含义。此外,各种利益集团之间的不一致,也造成了彼此矛盾的解释。

在经过分析确定这些术语的含义前,不妨先指出这些外在的困难。

整体的是指这样一种观点,它在各种具体分析之外,不仅考虑人类整体的各个方面,而且在其内在的关系中考虑必须承认的各个方面的不一致。这一术语当然适用于具有不同规模和结构的各种实体,如一个国家,一个国家集团或整个世界。

　　按照数学的常规用法,内生的是指组成选择的方程系统的各种变量,它是同表示数据并可进行不同逻辑处理的外生变量相对的。但是,在各种国际组织的词汇中,这个形容词被用来表示一个国家的内部力量和资源及其合理的开发与利用。

　　至于综合的这个词,显然有多种含义。如果一定数量的国家是综合的,那就是说它们在一个更为紧密的整体中聚集在一起。就更一般的意义说,"综合的"这一术语表示各种单位和因素聚集在一起,形成一个单一整体。因此,综合的发展可以指一定数量的地域的一体化,也可以指各个部门、地域和社会阶级之间得到加强的内聚力。以适当的方式进行分析时,这两种含义是相互兼容的。

　　其中每一个术语都可能被不同的利益集团根据产生于不同前提从而得出不同界说的经济学说作出不同的解释,一开始就认识到这一点重要。国际谈判中合理的和历史的纵横捭阖产生了相反的解释,尔后,既得利益集团把这种解释应用于理论概括。于是,综合的发展招致习惯于他们自己的增长、增长衰退和增长率等指标的计量经济学家的批评;他们很想说,如果用很多指标来表示,发展就呈现不出相同的收益了。至于发展的拥护者,有的人热衷于强调外在条件,而另一些人则热衷于强调某既定集团中的内在条件。在基本需求方面,有些人对靠恩赐而恢复不发达状态的尝试深感忧虑,另一些人则担心,反对"恩赐"经济的合理扩大将意味着不能给每个人提供维持其生存所必要的财力。出于实际的原因或对自由主义的错误理解,他们都对默许潜在的身心活力的毁灭进行谴责。同样是督促处于贫困线上的人们厉行节俭,这在有些人看来是符合常识的方法,而另一些人则认为,这是向那些其志向水平构成发展动力的人们提出颇成问题的建议。

　　——[法]弗朗索瓦·佩鲁:《新发展观》,张宁、丰子义译,华夏出版社,1987 年,前言。

以自由看待发展

本书的思想与后者要远比与前者一致得多。其主旨是把发展看作是扩大人们享受的真实自由的一种过程。按照这一思想,扩展自由是发展的首要目的和主要手段。它们可以分别称作自由在发展中所起的"建构性作用"和"工具性作用"。建构性作用是关于实质自由对提升人们生活质量的重要性。实质自由包括免受困苦——诸如饥饿、营养不良、可避免的疾病、过早死亡之类——基本的可行能力,以及能够识字算数、享受政治参与等等的自由。就建构性而言,发展旨在扩展上面提到的以及其他的基本自由。按此观点,发展的过程就是扩展人类自由的过程。对发展的评价必须依据这一点。

......

必须把人类自由作为发展的至高目的的自身固有的重要性,与各种形式的自由在促进人类自由上的工具性实效性区分开来。由于上一章已重点讨论了自由固有的重要性,下面我将重点考察自由作为手段——而不是目的——的实效性。自由的工具性作用,是关于各种权利、机会和权益(entitlements)是如何为扩展人类一般自由,从而为经济发展做出贡献的。这并不单是因为发展本身可被看作是扩大人类一般自由的过程,所以扩展每一种自由必定对发展做出贡献。工具性联系比这样的建构性联系丰富得多。自由作为工具的实效性来自以下事实,即各种类型的自由相互关联,而且一种自由可以大大促进另一种自由。自由的两种作用就这样通过经验关联结合了起来,把一种自由与另一种自由联系了起来。

......

我将特别地考察以下五种类型的工具性自由:①政治自由;②经济条件;③社会机会;④透明性保证;⑤防护性保障。这些工具性自由能帮助人们更自由地生活并提高他们在这方面的整体能力,同时它们也相互补充。固然,关于发展的分析,一方面必须注意到使这些工具性自由具有重要性的目的和目标,另一方面也要注意那些经验联系,是它们把不同的工具性自由结合成一体,并加强了它们共同的重要性。实际上,这些联系对充分理解自由的工具性作用有中心意义。关于自由不仅是发展的首要目标,而且是它的主要手段的主张,尤其与这些联系有关。

让我对这些工具性自由逐一略作评述。政治自由,广义而言(包括通常所称的公民权利),指的是人们拥有的确定应该由什么人执政而且按什么原则来执政的机会,也包括监督并批评当局、拥有政治表达与出版言论不受审查的自由、能够选择不同政党的自由等等的可能性。这些自由包括人们在民主政体下所拥有的最广义的政治权益(entitlement),包括诸如政治对话,保持异见和批评当局的机会,以及投票权和参与挑选立法人员和行政人员的权利。

经济条件指的是个人分别享有的为了消费、生产、交换的目的而运用其经济资源的机会。一个人所具有的经济权益,将取决于所拥有的或可以运用的资源,以及交换条件,诸如相对价格和市场运作。就经济发展过程增加一个国家的收入和财富而言,它们会反映到人们经济权益的相应提升上。显而易见,以国民收入和国民财富为一方,个人(或家庭)的经济权益为另一方,在这两方的关系中,除了总量以外,分配的问题也是重要的。新增收入如何分配,将会明显产生影响。是否有或者能否得到金融资源,对于各经济主体实际上能获得的权益,有关键性的影响。这对所有企业来说都一样,无论它是有成千上万的人在其中工作的大企业,还是靠小额贷款运营的小企业。例如,一场信贷紧缩,会严重影响那些依赖于信贷的人的经济权益。

社会机会指的是在社会教育、医疗保健及其他方面所实行的安排,它们影响个人赖以享受更好的生活的实质自由。这些条件,不仅对个人生活(例如,享受更健康的生活、避免可防治的疾病和过早死亡),而且对更有效地参与经济和政治活动,都是重要的。例如,不识字对一个人参与那些要求按规格生产或对质量进行严格管理的经济活动(如全球化贸易所日益要求的那样)来说,是一个绝大的障碍。类似地,不会读报,或者不能与其他参加政治活动的人书面联系,对于政治参与也是一种限制。

现在来谈第四个范畴。在社会交往中,人们按照一定的假定,即其他人提供的是什么、自己预期得到的是什么,来处理相互之间的事务。就此而言,社会是在对信用的一定假设的基础上运行的。透明性保证所涉及的,是满足人们对公开性的需要:在保证信息公开和明晰的条件下自由地交易。当这种信用被严重破坏时,很多人——交往的双方以及其他人——的生活可能因为缺乏公开性而受到损害。透明性保证(包括知情权)因此构成工具性自由的一个重要范畴。这种保证对防止腐败、财务渎职和私下交易所起的工具性作用是一目了然的。

最后,无论一个经济体系运行得多么好,总会有一些人由于物质条件起了对他们的生活不利的变化,而处于受损害的边缘或实际上落入贫苦的境地。需要有防护性保障来提供社会安全网,以防止受到影响的人遭受深重痛苦,或甚至在某些情况下挨饿以至死亡。防护性保障的领域包括固定的制度性安排,例如失业救济和法定的贫困者收入补助,以及临时应需而定的安排,例如饥荒救济或者为贫困者提供可增加他们收入的紧急公共就业项目。

——[印]阿马蒂亚·森:《以自由看待发展》,任赜、于真译,中国人民大学出版社,2002年,第30~33页。

引进伦理重建发展理想

发展把三大基本的道德问题推向前沿:

①生活美好与物品丰富之间是什么关系?

②社会内与社会间公正的基础是什么?

③社会对自然力与技术的态度应由什么标准来加以决定?

一个国家能对这些问题提供满意的规范性与体制性答案,它就能兴旺发达。所以,一个国家人均收入高并不都是真正发达的。使这些古老的道德问题成为特定的与发展有关的问题,而且老答案都陈旧过时,是因为出现了一批独特的现代情况。

......

我认为,有三种价值观是所有个人社会都在追求的目标;最大限度的生存、尊重与自由。这些目标是普遍的,虽然其特定方式因时因地而异。它们涉及所有文化实体和所有时代都有表述的基本人类需要。

维持生命。任何地方神志正常的人们都珍惜生命。即使在实行活人为牺牲来祭祀神明的社会里或者在父母为生养男孩而溺杀女婴的社会里,这种残害生命的理由是它对整个社群或家庭的总体生命力有好处。而且,能满足人们对食物、居所、治疗或生存基本要求的一切事物都是维持生命的"好事"。

......

因此,对于维持生命的事物的重要性,谁也没有提出异议。发达社会和不发达社会都承认减少死亡(改善营养与医疗的副产品)使得生命更符合人道,因为它使更多生命存在下来。即使那些反对节制生育的社会也毫不犹豫地赞同减少死亡。因此,哪里缺乏维持生命的事物——食物、医药、适当的居所和保护——哪里就存在绝对的不发达。发展的最重要目标之一是延长人类生命,使之少受疾病、有害自然因素和无力面对的敌人的打击。然而,只有当人们意识到延长生命的可能性时,他们才想望它。如果人们仍然相信孩子夭卒是上帝的意志或者消灭某种疾病是亵渎神明,那么人们就会接受艰苦的现实并在追求智慧中对此处之泰然。生命受挫或早逝的最严重问题在于死之不当。现代医疗的示范效果现在已由旅游者、传教士、政府保健官员、发展工作者等人带到世界上最偏远的地方,向那里的居民明白地证明生命可以延长。现在,人民平均寿命往往作为发展的主要指标之一,这反映了维持生命作为发展普遍目标的显著特点。

尊重。美好生活的第二个普遍因素是尊重,指人们对于自身受到尊重、他人不能违背自身意愿而用以达到其目的的感受。每个人和每个社会都寻求尊重、认同、尊严、尊敬、荣誉、承认。具有深刻自尊感的贫穷"不发达"社会在接触经济与技术发达的社会时都蒙受不快,因为物质繁荣现在已被广泛承认为人类可敬的试金石。由于"发达"国家中社会地位与物质成功紧密相连,当今受尊重越来越归于那些掌握物质财富和技术力量的人们——一句话,归于那些有"发展"的人们。

人们对尊重的普遍需要说明有些社会疯狂地追求发展而有些社会疯狂地抵制发展创新。前者追求发展,为的是获得发达国家享有的尊重。后者抵制发展,因为它们不受物质生活水平影响的自身价值标准大大受到伤害。

……

自由。发达社会与不发达社会都重视的构成美好生活的第三个跨文化因素是自由。虽然这个词有无数的含义,至少它意味着各个社会及其成员更多的选择,追求美好事物时受到较少的限制。把自由视为发达社会和不发达社会的普遍目标,并非认为所有的人群都寻求自治的政治自由,或者认为所有个人都希望决定其自身的命运。正如埃里克·弗罗姆所警告的,即使在"发达"社会里,大多数人都设法"摆脱自由"。摆脱自由的责任通常都与一个人的向往安全有关。可是,在社会层面上,安全的概念是指摆脱不可预料的难以控制的危险的自由。大多数人所希望的自由是指他们可以在自己谙熟的领域内施展才干和开展活动。就大多数人来说,这些领域有一定区划,超越这个范围会招致难以掌握的焦虑与不安。

——[美]德尼·古莱:《发展伦理学》,高铦、温平、李继红译,社会科学文献出版社,2003年,第24页、第49~54页。

3. 关于"后发展"

发展与反发展

发展。经济、政治与文化发展都被认为是取得美好生活的手段。结果，在社会并无质的改善的情况下，却可能改善物质生活标准以及使体制现代化。这个判断是根据弗洛姆所谓的"规范性人道主义"。为了进行规范性思考，不必假定存在着一种固定的人类要素；而只需承认社会可以保护社会健康、个人整体和人类成就，或者反过来社会可以促进病态、分崩离析和浪费人类精力。要是不希望完全凭一个社会所拥有的收音机数量或公路里程来判断它，就必须以生活与社会的质量指标来决定构成良好发展或恶劣发展的是什么。马克思认为真正富有的人是活得丰富而不是拥有富足。这种区分也适用于国家：真正"发达的"国家是它的人民即使并未拥有财富但却活得丰富的国家。

反发展。那些常规地称为发达的社会很有条件保证它们公民的最佳生计。但是它们对另两项发展目标——尊重与自由——的最佳化记录的得分却可能较不令人满意。在美国，社会批评家见证了一种普遍的"丰裕的异化"，它的非人性化作用并不亚于"苦难的异化"。生态学家认为，在一个社会的内在健康与它同环境的关系之间存在着高度相关。

……

成千上万的和平队志愿者们已经亲身体验到数量发展与质量发展之间

的区别。许多美国志愿者在和经济"不发达"的非洲人、菲律宾人、拉美人或尼泊尔人共同生活中第一次认识到存在着丰富的人类价值观。为什么经济发展同例如健全的社会或文化丰富的社会相比是一项较小的好事,其原因在于工业经济往往失去它作为一种手段的正确地位而去扫荡生活中所有领域的非经济价值。一个繁荣社会中社会成员都被一种非人格体系所操纵,那不是一个发达的社会,而是一个扭曲的社会。如果一个社会的"发展"产生了新的压迫和结构性奴役,那么这个社会就是患了"反发展"。C. 赖特·米尔斯称之为"三大头"——政府、工业与军方——之间的非神圣同盟在美国孵育了一个新的特权制度,其反民主性不亚于它称之为"不发达"的社会。

有人可能反对说,一个"发达"社会的质量上的缺陷不足以把它的业绩称为"反发展"。这种反对所根据的看法是:"发展"是一个纯属描述性的名称,反映表现为某些水平的经济业绩与社会效能的数量情况,或者对时间、工作、成就和安全的具体态度的普遍程度。这种看法忽视了"发展"一词的笼统意义,从最深层含义上说,它引出了成熟、趋向完美、公正、更多觉悟甚至更大幸福等质量思想。正是那种对这个名称的无批判使用,使得许多人把手段误以为目的。

最后,在伦理道德上合情合理的唯一发展目的是使得人们更加幸福。这也是在伦理道德上合情合理地不要发展的唯一目的。在实践中,经济发展可以使一些人更幸福,使其他人较少幸福。受惠的人可以牺牲别人来那样做,总而言之,更多货品是否使人更多幸福,那是非常可疑的。

如同当前所进行的发展进程加强了已经在技术发达的社会内十分盛行的倾向,那就是趋向工具的绝对化。尽管许多发展经济学家私底下责备单单从经济方面来看待发展的愚蠢思想,他们却推荐一些实际上把大规模消费作为首要目标的政策。这种做法的一个严重后果是决策者往往过早地使一些宝贵的价值观趋于湮没,因为他们认为它们与发展不相容。这些价值观诸如人际友情交往被认为太消磨时间,对大自然冥思苦想被认为无用无益,社群庆典被认为没有效能。

……

世界上当前所进行的发展可以导向经济增长,改善一些人的生活水准,甚至慈悲地减少人间的宿命论和封建剥削。但是这些好处没有惠及世界上的贫苦大众,也没有符合使整个人类得到总体提升所要求的某些价值观(例如,普遍团结)。虽然发展目标以崇高的道德言辞宣布,但国内外的发展工作者却在赋予经济体系满足新要求的能力以前就已经无可挽回地践踏了人们的愿望。前现代社会的成员在能够控制生命以前就有力量来控制死亡。由于这一切理由,所以在大的尺度上说,"发展"可能是"反发展"。

——[美]德尼·古莱:《发展伦理学》,高铦、温平、李继红译,社会科学文献出版社,2003年,第238~242页、第248页。

走向"后发展"

(1)大逆转?

如今,事情完全变了样,"发展"仿佛已经从舞台上销声匿迹,至少在整体舞台上是如此,其原因有二:一方面,因为欧洲各国和美国将其力量集中于增长,而不是"发展"。另一方面,则是因为许多南方国家更多地关注的是管控内部的政治危机,而不是造福民众的福利措施。

在欧洲和美国,如今所有的政治阶级围绕着"回到增长"被动员起来,人们把增长当成救命稻草。"发展"似乎变成了一个包袱太重的词,承受着过大的历史重压,与"穷国"的联系过分密切,有太多的定语附加在它的头上。诸如人道的、社会的、持久的,等等。就其一般的含义而言,"发展"是一个复杂难懂的词,被涂上了理想和高尚等情感色彩,即使在危急情况下,人们也不愿抛弃这样的情感。所以归根结底,经济增长,或者如本书开头所界定的那样,社会关系和自然变为商品的进程从未真正中断其存在。国王遭到废黜。"发展"已经时过境迁,必须不惜一切代价搞活增长。

……

无论如何,进退维谷的困境依然存在:紧缩还是增长? 龙潭还是虎穴?

无论选哪条道路,损害都很严重:如果实施紧缩,那么受苦的是民众,正如在希腊或者西班牙已经看到的那样,那里如今无支付能力的国家缩减社会补贴,失业不断增加。如果优先实施增长,那么手段何在? 环境将付出沉重代价,因为这将增加能源的开支,也就是增加污染,尤其是譬如说各种公共权力机构将为投资"重大项目"——新的高速公路或者高铁线路,或者授权开发页岩气所累。生产越多,必然意味着毁灭更多的资源,最需要的东西仍是不可再生的资源。这种高乃依式的态势构成一种沉重的压力,要求我们重新深刻审视主导我们的经济模式,难道不是这样吗?

如果说增长调动了欧洲人和美国人的全部希望,促使他们鉴于上述原因而对"发展"不再关注,那么在大多数政府曾经雄心勃勃,长期以来谋求发展,为它们的民众提供理所当然期望的福祉的南方国家中,"发展"是否得到更好的承认呢? 很难说。事实上,政局而今迫使它们优先关注经济。从突尼斯到也门,途经利比亚和埃及,"阿拉伯之春"推翻了若干独裁者,但这些国家的新领导人尚未明确地表达如何满足至今一直期望从这种变革中得益而支持他们的民众的要求。伴随重新获得的民主而来的必然是大众的更好的生活条件吗? 就目前而言,这只是一种许诺。关键是能否兑现。在撒哈拉以南非洲,"发展"长期以来作为一个必须具有的目标光芒闪耀,但如今风光不再。不仅大量能够提供食物产品的土地被一些国家或者私人投资者租用或收购(并未同民众商议),往往用来生产某些生物增碳剂,但尤其令人悲哀的是,这个次大陆被不断的政治动乱搅得四分五裂……在这样的环境下,还何谈"发展"? 在谋求美好生活之前,难道不应该首先考虑如何简单地维持生存吗?

(2)走向另一种模式?

在其他大陆,在亚洲和拉丁美洲,"发展"在很大程度上被增长的单一目标所取代,与北半球的走向很相似。不正是这种增长——有时很咄咄逼人——使得诸如巴西、印度和中国等大国在国际市场上取得了重要地位? 另一个特殊的案例则是玻利维亚,它在 2006 年正式决定摆脱之前占主导地位的新自由主义"发展"模式,提出一个可以简称为"幸福生活"的新模式。这个观念的改变是以 20 世纪 90 年代玻利维亚出现的批判经济思潮为前导的,其特点是抛弃外来的传统模式,决心结合社会学、历史学、地理学和人类学的研究成果,将"经济活动"重新置于当地的环境之中。直白一点说,那就是构思一种经验经济学观念,重视各种不同角色的实践的多样性(国有经济,以及与安第斯和亚马逊居民的特点相联系的、同样是集体性质的私有经济),与正统市场学说并非必然吻合。因此,正是这些经济学家在很大程度上启发了 2006—2011 年的发展计划及其实施,使国家成为生产领域的主角。

"幸福生活"乃是对于被认为是个人主义的西方模式的公开批判,不仅因为它强调"如果其他人生活悲惨,我们不可能生活得幸福",而且还由于它反对"奢侈生活"或者单纯的"福利",都简单地追求物质财富的积累。因此,"幸福生活"是一个整体论的和宇宙中心论的概念,不仅包含物质的维度,而且包含情感和精神的因素,促进人类与大自然和谐相处,按照共存、共居原则参与一切人类共同体,包括至今被不公正地边缘化的各地不同的原住民。

……

我们在这里既不是要详细描述玻利维亚政府提出的富有现实意义的创新,也不是要评估其成败得失。重要的是表明"另一条道路是可能的",经济学家们可以在主流思想所确立的某些框架之外成功地进行设想,有时应该提出某些雄心勃勃的目标,即使可能实现不了,因为事情正在发生变化,特别是对于那些条件最不利的国家来说。"玻利维亚案例"将富有煽动力的创新的豪言壮语同政府的必不可少的实用主义结合起来,有力地说明 60 多年来成为老生常谈的那种"发展",今天受到被认为最优先的受益者们本身的质疑。因此,这本身是一个重要的新问题:对于"发展"的批判只是没有尝过被认为是"贫穷"的老百姓的艰难滋味的西方"任性孩子们"的一个姿态。玻利维亚人觅求的"幸福生活"与越来越好的观点或者说信仰肯定很不相同。其他人或能从中得到启迪。

……

　　本章再度勾画了作为 21 世纪初特征的种种积弊，经济危机粗暴地夺走了一切(只有国际货币基金组织除外!)，夺走了人们长期以来相信的——至少在"富"国——东西：增大福利，就业的稳定性，精打细算地管理自然资源，保持经过激烈斗争获得的社会补助；所有这一切正在蒸发殆尽。于是，"发展"变成一个不确定的概念。它远非只是专属于一系列明确界定的国家，而且迁徙到了出乎人们意料的地方，或许在地图上上溯到更高处之前，正沿着地中海北岸挺进。至于曾经的"发达"国家，它们是否还配得上这个称谓？在国家的和平环境始终受到威胁之时，人们或许依然关注"发展"？如果玻利维亚正在努力寻找一条走向"幸福生活"的独创道路，如果国际机构断言与 20 世纪 90 年代相比，已经减贫过半，那么这是否足以在讨论气候和环境的一系列会议所引起的接二连三的失望之后，重拾希望？

　　梅多斯说："这是确定无疑的，经济增长将注定停滞，而且在一些地方已经停滞。大凡在追求一个'永恒'经济增长的目标时，我们也总是乐观主义者，大谈资源的原始储量之大，技术进步之快，但这种体系将在 21 世纪的过程中以自我倾覆告终。"(《增长的极限》作者之一丹尼斯·L.梅多斯接受《解放报》的一次访谈)我们应该赞同丹尼斯·L.梅多斯的悲观主义，抑或抱有其他希望？就事实的观点而言，梅多斯毫无疑问说得有理，他比其他人了解更加透彻。但还必须理解这些事实本身是如何在显示它们的重要意义的一种理论内部构成的。

　　今天受到质疑的正是主流经济理论。它不得不逃避进无限的增长之中，而不顾因此引起的生态后果，尽管主流经济理论失事肯定是件好事，但事情或许如伊万·伊里奇用一个拉丁成语——corruptio optimi pessima 所说的那样。这个拉丁成语几乎是不可译的，大概的意思是说：泰极生否，也就是说最好的物一旦变腐，最坏之物必不期而至。然而，这里所说的"最好的东西"乃是经济理论，因为它逐步趋于腐烂，如今孕育着最坏的东西。这种经济理论相对尊重它所能理解的其诞生时代——18 世纪末 19 世纪初——占主导地位的某些交换形式，却顽固地否认其所得出的主要结论中包含的错误,假设自然资源不仅是无偿的,而且是取之不竭的。它以牛顿的力学观——被认为是不可超越的,充斥于莱昂·瓦尔拉斯的理论——为基础,不懂得熵的概念,也就是说不懂得能量,特别是来自矿物资源的能量耗损现象,或曰能的无可挽回的毁灭。事实上,生态系统从来不能自发地逆转。系统在热量形式下消耗的能促使全球紊乱的加剧,所以今天应用 19 世纪形成的那些经济"规律"只能导致预警的种种灾难。

(3)"后发展"

"发展"范式就这样变成为所有的国家领导人、所有的国际组织、几乎全体经济技术治国专家和为数极多的普通民众都认同的信仰。诚然,在私下,每个人都可能有时突然觉得怀疑:这实际上是一切信徒的共同境况,但一旦他们参与集体礼拜,这不妨碍他们发出共同的声音。究竟原因就在于一切信仰都很容易产生和孕育这种短暂的不确定性,却并不会对社会共识进行质疑。他们个人会犹豫不决,却终究认为不可能以另外的方式行事,因为人人相信大家都相信的东西。由这种大家认同的信仰所产生的社会制约,其表达形式就是强化凝聚力作为义务进行的实践活动。这样形成了问题的界定和解决问题的手段在其中确立的环路。宗教信徒坚持认为疾病是对上帝或者祖先不敬的结果,而祈求宽恕是走向痊愈的第一步;经济学家们将失业归结为需求减少,而且认为增长和消费的重振乃是解决问题的良药。在这两者之间几乎没有什么不同。两者都把假设作为基本信条的基础,是假设决定着所提出的问题的答案。可信性的机制必定确认信仰,因为信仰是不可驳斥的:任何人都不能证明上帝不存在。

"发展"的本质决定了它使消费者拥有超丰富的商品,同时又产生了不平等和排斥。论述"发展"的所有文件一致得出这样的论断:南北差距(还有两个大共同体内部的贫富之间的差距)有增无已。侵蚀思考的盲点使得人们对此置若罔闻,仿佛这个论断可以被视为只是一个即使不是为之提供正当性,也是由之产生的论证并无其他联系的"已知数据"。然而,"发展"非但没有填补人们惯常抱怨的这道鸿沟,反而不断地扩大。如果说这种累积的因果机制没有受到注意,那么不仅因为它不能被整合进上述信仰内,而且还因为在可以用来衡量差距扩大的两个环节之间,交好运者的暴富可以在倒霉的人中间维持有可能进行再分配的希望。人们越来越卖力地坚持说出现了被认为是先兆的某些信号:一些食物剩余物资被送往普遍营养不良地区,或者使濒于破产的政府用来补偿其雇员;富国以"发展合作"的名义每年挪出区区千亿美元用于公益性的基础建设,从而填补了预算赤字或者刺激军火采购;一些非政府组织动员富国的公民社会组织(其中不能忽视公共基金组织的补充)给予贫困居民捐赠,出资建立医疗所,支持建立集体组织的倡议,支援教育机构或者小额民间贷款;一些国际协议规定稳定基础产品所提供的收入或者促使工业社会的市场打开一条缝隙;金融机构以优惠条件给予贷款,并且改变某些惯例,重新安排穷国的债务偿还期限。最后,今天所有打算进入"发展"世界的国家无不谋求给人以为了达到千年目标而行动起来的印象,同时又感叹达到这些目标的速度不够快。因此,所有国家都摆出姿态,表示相信团结声援是可能的,承认共同利益最终将占上风。即使对"发展"的公共援助转入了援助国的经济流通之中,即使廉价出售农业剩余物资乃是比长期贮存更有利可图的运作,即使价格稳定化协议既未签署,也未被最重要的购买国遵守,尽管维护国际货币和金融体系需要注入几十亿美元来避免它最终垮台,但根本问题是坚持信仰。

然而,脚本几乎没有改变:一些国家"正在发展",而另一些国家被排除在"发展"之外。如果说在此之前主要的断裂发生在南北之间,那么这种断裂今天越来越严重地在每个国家——民族内部出现,这促使我们始终认为本书不得不将就使用的约定俗成的词语——富国、穷国、北方、南方、工业社会、第三世界等已经不很贴切。于是,每一方都显然无能为力地眼睁睁看着另一方的运气——依据通常是不可逆转的趋势或好或坏——演变。为了避免承认"发展"的普遍化是不可能的,人们不得不佯装相信遥远的未来,通过提出某些紧急措施来保持耐心。

——[瑞士]吉尔贝·李斯特:《发展史——从西方的起源到全球的信

仰》,陆象淦译,社会科学文献出版社,2017年,第356~361页、第371~373页、第398~400页。

二

发展问题面面观

1. 关于发展标准

包容性增长的测度

20 世纪中期以来,经济增长理论也不断深化,经历了从单一追求经济总量增长到"亲贫式增长(Pmo – poor Growth)"到"包容性增长(Inclusive Growth)的演进。发展中国家的发展实践及数据表明,经济增长并不意味着自动减贫,经济增长只是减少贫困的必要而非充分条件。亲贫式增长强调经济增长要能够使贫困人口参与并从中获益,并且能增加自身人力资本投资从而形成良性循环机制。贫困人口人力资本投资和能力提升开始受到重视,许多经济学家提出将贫困人口纳入增长过程、分享增长收益。进入 21 世纪后,亚洲开发银行和世界银行先后提出了包容性增长的概念。

……

社会机会函数和社会机会曲线。一些学者提出一种测量包容性增长的新途径——引入社会机会函数。他们将包容性增长定义为不但创造新的经济机会,而且保证所有人尤其是贫困人口机会均等。他们将能使社会机会函数增加的增长定义为包容性的,关键要点在于:平均机会可得性和如何分配机会。接着用社会机会曲线对包容性增长进行测度,机会曲线是通过家庭调查所得的数据进行计算的。社会机会函数给予贫困人口获取机会更大的权重。也就是说,社会机会曲线越向上,社会机会函数值越大;越穷的人获取的机会越多,从而使经济增长越具有包容性。

　　社会机会函数和社会福利函数比较相似,包容性增长就是社会机会函数最大化的增长。社会机会函数使贫困人口得到的机会拥有更大的权重,这样就能确保为贫困人口创造的机会比为其他群体创造的机会有更大的比重,比如,一个人本来享有的机会转移给比他更穷的人,那么社会机会就增加了,从而增加了增长的包容性。

　　……

　　综合指数法。麦克金雷(McKinley,2010)用指数法对包容性增长测度具体到四个维度:①经济增长、生产性雇佣及经济基础设施,赋予 50% 的权重;②收入贫困和公平包括性别平等,赋予 25% 的权重;③人的能力如健康、教育、卫生及水的提供,赋予 15% 的权重;④社会网络,主要是提供基本的社会保障措施尤其是限制极度贫困,赋予 10% 的权重。每个维度都有相应的指标及权重分配。其他一些学者也提出了一些根据国家特征而不同的评价指标体系。

　　……

　　基于剥夺的测定。萨亚那亚(Suryanarayana)在《包容性增长:什么受到排斥》一文中提出测度包容性增长的方法是一种事后观点,他认为,在一个理想的环境中,基础广泛的增长过程的特征是:生产、收入和支出这三个宏观经济变量的全方位改进。因此应该根据如中位数这样的平均指标测度全面改善。据此,他将包容性增长定义为有利于那些物质资产和人力资产禀赋被剥夺、一般属于收入分配底层且无力参与和从增长过程得益的人的增长过程。因此,他的定义预先设定了剥夺环境,在这样的环境中,不能有效参与生产过程,不能根据产生的收入得益,没有经历用消费测定的福利改进。同时,为了阐明这一剥夺环境是否有利于参与项目并得利,重要的是要保证用于识别的标准和某些经济绩效指标相关,因此明确说明他们在过程中的参与状态。基于此,他区分了简单社会的包容性增长测度和复杂社会的包容性增长测度。

　　——颜鹏飞主编:《新编经济思想史(第九卷)——20 世纪末 21 世纪初

西方经济思想的发展》,经济科学出版社,2016 年,第 430 页、第 432 ~ 435 页。

人类发展指数

人文发展的概念比任何综合指数都要更深刻更丰富——甚至也优于一系列详细的统计指标。不过它对简化一个复杂的现实是很有用的,这正是 HDI 规定所要做的事。HDI 的基本信息应该由分析后加以补充以获得其他重要的尺度——他们中的许多是难以轻易地被量化的——例如政治结构、环境持续性和代与代之间的公正。

选择关键的尺度并组成人文发展指数的基础是要识别人们为了参与社会和对社会做出贡献所必须具备的基本能力,这些能力包括导致长寿和健康生活的能力,成为有知识的人的能力和能获得一个合适的生活水平所需要资源的能力。

HDI 有三个组成部分:即出生时的预期寿命;受教育的程度,这包括成人识字率(占 2/3 的权重),和初级、中级和大专入学综合比例(占权重 1/3);以及收入。

对收入这一要素的处理是比较复杂的。HDI 根据收入水平越高对人文发展的实用价值会逐步减小这一观点来调整实际收入(以购买力平价为准即 PPP,单位为美元)。其前提是为了得到适宜的生活水平,人们并不需要无穷尽地增加收入。所以 HDI 规定了一个收入的阈值,把该值看作是足以达到合理生活水平的收入。这个标准是 1992 年以购买力平价美元计算的全球人均实际国内生产总值,它稍大于 5000 美元。HDI 把这个水平以下的收入以全值处理,而超过这一水平的收入则有一个急剧减少的效用率,为此使用了一个专门的方程式。

HDI 把所有三个基本指标简化成一个共同的测量标尺,它测出每个指标所达到的成就同离开所希望的目标之间的相对距离。每个变量的最大值和最小值折合成 0 和 1 之间的一个比值,每一个国家都在这个比值内的某一点上。

HDI 是这样构成的:①规定一个国家在三个基本变量中每一个相对成就的量度和。②取这三个指标的简单平均值。

……

自从 1990 年引入 HDI 以来,围绕这个新的量度引起了活跃的讨论。对 HDI 批评的综述收录在《1993 年人文发展报告》中。这种争论导致了对方法论的不断修正。一个主要的修正是在 1994 年进行的,当时确定的目标是使每个指标可以按不同时期进行分析。

今年 HDI 的实现和去年使用的方法相同,只有一点修改。在受教育程度方面,上学的平均年限估计用初等、中等和大专以上的综合入学率所取代。计算受教育平均年限的公式很复杂,并且需要大量数据。此外,任何一个联合国机构都不提供这样的数据。由联合国教科文组织(UNESCO)所提供的综合入学率,是对 24 岁以下识字率的估计。这个变量的权重规定为 1/3,和以前一样,成人识字率的权重为 2/3。

在对我们的原始数据来源进行咨询的基础上,HDI 所用的所有基础数据都做了彻底的重新检验,这些数据来源是:预期寿命来自联合国人口署,受教育程度来自联合国教科文组织,收入来自世界银行。数值和排序的某些变化依据这些来源所提供的新的数据系列,主要是 1990 年一轮的统计调查结果。这些差别在本报告有关统计的说明中,不仅作了进一步的解释。同时还说明了数据来源。

改进数据库并使它更加透明,将在以后的各报告中继续进行。由于本年度应用综合入学率取代平均上学年限,并在构成 HDI 时采用新的数据系列,1995 年报告中的数值和 1994 年中的数值是不能严格相比的。

——联合国开发计划署:《1995 年人类发展报告》(中文版),牛津大学出版社,1995 年,第 19 页。

绿色发展指数

直接或间接反映人类绿色发展的评价体系相当多,如福利类指数、绿色经济指数、环境资源生态指数等,涉及多达 20 个以上的指标体系。在研究中,仅用于比较的绿色经济指标就包括世界银行(WB)的"财富核算与生态系统服务评价"(WAVES)、联合国环境规划署(UNEP)的绿色经济指标使用指导、经济合作与发展组织(OECD)的绿色增长指标、欧洲环境署(EEA)的绿色经济指标、全球绿色经济指数(GGEI)等。如何在各类指标体系的比较研究中,形成一种别具特色又有实用性的绿色发展指数,显然是需要探索的。这个新指数的特色应在于易于操作和通俗易懂,应以最简明的方式反映人类绿色发展水平,不宜因过分强调全面而难以理解和实施。这方面,联合国开发计划署(UNDP)所做的 HDI 给了我们很大的启发。更要提及的是,千年发展目标(MDGs)和可持续发展目标(SDGs)的设想对我们的指标选择有更为直接的帮助。

研究工作伊始,我们便大范围、多角度、全方位地搜集各类指标,并对全球影响力较大的指标体系进行深度剖析,从中研学指标的选用方式。根据人类绿色发展的基本内容,我们确定了社会经济的可持续发展和资源环境的可持续发展两大类维度的 12 个领域。在每个领域中普选的相关指标多者达到 40 个,少者达到 20 个,经多次集体讨论、反复比较、认真研究,最终筛选确定每个领域 1 个最经典、最具代表性的指标。

为便于各国的使用和理解,我们选取的指标尽量是单一指标。为保证指标的权威性和数据的持续可得性,我们的指标均源自国际组织公开出版的年鉴或数据库。

……

人类绿色发展指数指标体系从"吃饱喝净、健康卫生、教育脱贫、天蓝气爽、地绿河清、生物共存"6 个人类绿色发展的初级目标和基本条件出发,选择了两个维度,共 12 个领域的指标来衡量各国的绿色发展水平。

在权重设定方面,鉴于各指标要素的影响和作用可能并不相同,为了保证指数测度的公平客观,课题组充分参考国外相关研究成果,组织国内、国外专家研讨会 3 次,对各指标的重要程度进行论证,并采用类似"德尔菲法"进行权重分配。

我们同时考虑到,如果这些指标之间存在着不等的相关性,是否按不等权重处理更科学?相关性高的指标可以权重低一些,如森林、生态和土地,给人们直观的感觉是,它们相关性会高一些,因此这几个指标的权重是否可略低一点;反之,相关性不高的指标可否权重高一些?鉴于这种考虑,课题组用 SPSS20 等多种工具分别计算并比较两大维度各 6 个指标之间的相关系数。结果显示,资源环境的可持续发展 6 个指标之间的相关系数多在 0.2 以下……

总的来说,"社会经济的可持续发展"和"资源环境的可持续发展"两个维度突出了人类与地球双重可持续发展的同等重要性。综合多领域专家们的意见,"社会经济"和"资源环境"对可持续发展同等重要,因此二者各享50% 的权重。

每个维度的 6 个下属指标从不同领域、不同角度阐释和反映了"社会经济"和"资源环境"的发展状况,表明每个人类绿色发展领域同等重要,难分轻重。因此,这两个维度下的 6 个指标也都进行均权处理,每个三级指标的权重为 8.33% 。当然我们也认为,等权重这种简明的方法会有一定的不足之处,在没有更好的方法进行权重差别处理的情况下,本报告暂且接受之。

还要说明的是,在确定每一绿色发展领域的主指标以后,如果该领域还有其他同样具有代表性的指标,我们则将其作为辅助指标对该领域的研究进行补充说明。12 个领域中,根据信息的完整性,我们最终选取了 4 个辅助指标,分别是:森林领域的"其他林地面积占土地面积的百分比"指标,生态领域的"受威胁植物占总物种的百分比"指标,能源领域的"可替代能源和核能占能源使用总量的百分比"指标,卫生领域的"城市垃圾回收率"指标。但受指标所覆盖国家的数量和统计数据的时段限制,可供筛选的辅助指标太少。

　　为分析近年来每个国家在某一领域的改善与发展情况,在数据可以获得的前提下,我们还收集了主指标自 1990 年以来的动态变化数据,作为动态指标深入研究。12 个领域中,根据信息的完整性,我们最终选取了 7 个动态指标,分别是:气候变化领域的"人均二氧化碳排放量动态变化"指标,空气污染领域的"PM10 动态变化"指标,森林领域的"森林面积动态变化"指标,土地领域的"陆地保护区面积占土地面积的比例动态变化"指标,水领域的"获得改善饮用水源的人口占一国总人口的比例动态变化"指标,卫生领域的"获得改善卫生设施的人口占一国总人口的比例动态变化"指标,能源领域的"一次能源强度动态变化"指标。

　　——北京师范大学经济与资源管理研究院、西南财经大学发展研究院:《2014 年人类绿色发展报告》,北京师范大学出版社,2014 年,第 6～9 页。

发展的伦理之维

　　全球伦理的实质是什么? 什么样的道德问题或道德观属于全球性的? 全球伦理价值观和原则的具体内容又是什么? 如果研究一下有关全球伦理的文献,一些实质性问题就会十分清晰地出现在我们面前。譬如说,道尔主要关注的是和平与战争、援助、贸易与发展、环境这些方面的内容。汉斯昆与道尔有着类似的学术兴趣,辛格探讨生态问题、人道主义干预和经济公平问题(道尔,2007;汉斯昆,1990;辛格,2004)。在《全球发展的伦理维度》(格里克,2007)一书中,问题拓展到后冲突时代过渡正义问题及女性问题。如果我们对判断某个道德问题是否可视为全球道德问题的标准进行考察,那么有两个因素看起来特别重要。其一,问题的起源和影响是否超越了国界,这一观点通常是针对战争与和平、当代社会的环境问题和经济问题而提出的。其二,由于全球化进程而走到一起的伦理价值观之间存在明显而又深刻的不同观点,这里出现的问题就可视为全球问题,譬如,国际法律准则与地方价值观发生冲突,在某一地方语境之内不同文化价值观的冲突,这些都是全球问题。应该注意的是,如果我们认同解决跨文化价值观冲突是全球伦理关注的一部分内容,那么就像国际援助道德一样,传统上一直被视为"个人道德"一部分的问题就是全球化处境的一个方面。所谓"个人道德",指的是有关生育、性爱和家庭生活的道德观。接下来,尽管不同理论对于全球伦理关注的具体问题持有不同观点,但这些理论都在努力阐明一个实质性的回应,以此应对什么价值观或原则最适合解决或管理全球伦理关注的这些问题。

为何问题把我们的目光引向在全球伦理框架内对全球伦理领域中相关道德参与者的讨论,其中包括探讨集体参与者及个体参与者是否具有道德地位这样的问题。在这类集体参与者当中,最为显著的就是国家,因为这个存在体显然拥有国际政治领域集体中介的极大权力。不过,这类成员也可能还包括诸如跨国公司或多国公司这类机构,比如世贸组织或联合国这样的国际政府组织;还可能包括国际非政府组织,包括从大赦国际、红十字会、乐施会这样的国际慈善组织到跨国反恐机构。在讨论过程中,有些理论比较侧重某些参与者,而不太关注其他参与者,但在所有理论中,为何问题最后总是引入道德参与者的本性这类更为深入的一系列问题。如果不进行这样的探讨,理论家就不能从为何问题转向第四个问题,即如何问题,最后这个问题探究的是在伦理身份、权利、职责和责任方面,全球伦理领域的道德参与者相互关联的方式。如果解决了全球伦理观的依据和实质以及潜在的相关道德参与者这些问题,那么接下来就需要解决何人应当为何人担负什么责任这一问题,把重心从有关伦理判断的哲学问题转向规定和行动的领域。尽管有些理论家更为侧重与个体有关的如何问题,但是,对许多理论家而言,构建全球伦理原则包含体制、法律、政治这些层面的行动。

概言之,为了回答有关全球伦理的本质和范围问题,本书把全球伦理界定为系统考察:①如何确定对全球问题的道德观权威依据的不同论述(为何);②对战争与和平、全球政治经济、全球环境、由于全球化处境而引起的不和谐价值观的冲突这类道德问题的不同实质性回答(什么);③对全球范围内相关道德参与者的身份及本性持有的不同观点(何人);④以上论述对个体道德参与者和集体道德参与者的权利和义务具有的不同实际意义,这些参与者在全球化的境况下相互之间发生联系(如何)。

——[英]金伯莉·哈钦斯:《全球伦理》,杨彩霞译,中国青年出版社,2013年,第16~19页。

文化超越了一个社会的社会资本的所有维度。它潜存于那些被认为是社会资本(例如信任、公民行为、结社程度)的基本成分之下。如联合国教科文组织(1996)国际文化发展委员会的报告所描述的那样,"文化是共同生存的手段……它塑造完美的思想、形象和行为"。文化包含价值观、认知、形象、表达和交流的方式,也包括许多定义了民族和国家认同的其他因素。

在文化和发展之间有着各种各样的纽带,但令人惊讶的是,它们得到的关注是如此之少。当所有包含于社会资本概念中的无声的、不可见的,却无疑起着作用的元素被重新评估,它们似乎才得以巩固。

一个社会的价值观念将显著地影响发展的努力。正如阿玛蒂亚·森(1997)所阐述的,"工商业人士和专业的道德准则是社会生产性资源的一部分"。如果这些规范强调的是许多人所期望的与项目相关的价值观,例如平等主义的发展,它们将支持项目;否则,将阻碍项目。

教育体系中的主要价值观,是通过大众传媒和其他有影响的、价值观形成环境来传播的,这些价值观能够促进或阻碍社会资本的设计,如先前所见,社会资本对发展产生很大的影响。价值观植根于文化,并被文化所强化或削弱。例如,团结、利他、尊重、宽容的程度,这些文化因素是可持续发展必不可少的。

……

文化似乎成了与贫困相抗衡的重要因素。正如联合国教科文组织在先前的报告中所提及的那样,"对穷人而言,他们的价值观经常是他们能够确认的一切"。社会地位低下的人群有着给予其认同的价值观。如果这些价值观没有得到尊重或者被侵犯,那么,对群体的认同是很有害的,甚至会窒息该群体的生产性的意愿。反过来讲,如果它们得到强化和支持,大量的创造潜能会得到释放。

文化同样也是社会凝聚力的一个决定性因素。它使得人们可以彼此联系,培养彼此间的伙伴联系,共同成长,增进集体的自尊心。斯蒂格利茨指出,文化价值观的保留对发展是极其重要的,因为在一个许多其他概念都遭到削弱的时代,文化价值观充当着凝聚力的角色。

如果提供了适当的条件,社会资本和文化可以极大地促进增长。反之,如果条件被忽视或是破坏,它们将会在发展的道理上造成很多障碍。然而,我们仍需提出以下问题:难道这种加强不属于伟大的乌托邦的范围,不属于仍处在当前社会状况之外的未来吗? 本文在下一节将试图证明情况并非如此,有一些具体地、成功地动员社会资本和文化,为发展服务的经验。为了在这方面获得教益,对这些经验应认真考察。

——[印]阿玛蒂亚·森、[阿根廷]贝纳多·科利克斯伯格:《以人为本——全球化世界的发展伦理学》,马春文、李俊江等译,长春出版社,2012年,第191~193页。

国民幸福指数(GNH)和美好生活指数(BLI)

20世纪70年代之后,不同发展水平的国家就发展理念进行了更加深入的思考,并就如何构建更为准确衡量发展的指标体系,进行了积极尝试。在这一过程中,影响较大的是不丹、法国、英国等国的探索。国民幸福指数(Gross National Happiness,又称"GNH"),最早于1970年由不丹国王提出。当时的不丹国王认为,政府施政应该以实现人民的幸福为目标,注重物质和精神的平衡发展。基于这一理念,不丹政府把政府善治、经济增长、文化发展和环境保护视为国家发展的四大支柱。

2008年金融危机之后,如何认识发展问题再度成为国际社会关注的焦点。在这一背景下,法国总统萨科齐于2009年倡议成立了"经济绩效和社会进步测度委员会"。该委员会包括25位来自5个国家,覆盖经济学、政治学、心理学等多个领域的杰出专家,其中有5位诺贝尔经济学奖得主。委员会成立的核心议题,是从一个更广泛的视角,提出一套旨在取代GDP的全面衡量经济社会进步的指标体系。此后,英国首相卡梅伦也要求英国国家统计局制定评估国民幸福的方案,作为英国政府制定公共政策的一个重要参考指数。自此,以国民幸福衡量发展的实践,逐步在全球范围内扩展,这对于世界各国的公共政策的制定以及全球治理均产生了重大影响。

除人类发展指数外,联合国千年发展目标(MDGs)的提出,成为国际机构在发展领域实践中的又一重大贡献。在2000年9月召开的联合国大会上,千年发展目标被提出并通过。这一目标体系涉及8类领域,18项具体目标,48项指标。这8类领域为:消除极端贫困和饥饿、普及初等教育、促进两性平等赋予妇女权力、降低儿童死亡率、改善产妇保健、与艾滋病/疟疾和其他疾病做斗争、确保环境的可持续能力、制定促进发展的全球伙伴关系。千年发展目标的制定,为从更广泛的领域理解发展、采取行动提供了新的典范。这一目标由近190个国家共同签署并做出承诺。指标体系的设定,将1990年作为基准年,明确了截至2015年人类在各指标上需要完成的目标。联合国千年发展目标的提出,是人类第一个试图改善全世界贫困人口生活水平和生活机会的集体和综合的行动,在人类发展史上产生了深远的影响。截至2015年,各国的千年发展目标评估工作相继完成。

自2012年开始,联合国开始探索继千年发展目标实现后人类在2030年需要达到的发展目标,即"2015年后议程"。在2015年9月召开的联合国大会上,2015年后议程被通过。这项新的发展议程,涵盖17类可持续发展目标,169项具体内容。

……

与此同时,经过不断探索和实践,2011年5月,经济合作与发展组织(OECD)开发出了"美好生活指数"(Better Life Index)。这一指数由11个一级指标构成,包括:收入、就业、住房、教育、环境、卫生、社区联结、市民参与和政府治理、个人安全、工作与生活平衡程度,以及生活满意度。

美好生活指数的基本框架构成,体现了四方面特点:一是关注人们的幸福,而非 GDP、生产率和创新;二是关注不平等,考察不同群体的幸福,而非平均状况;三是关注幸福产出,而非投入,把幸福成效作为指标;四是主客观兼顾,对幸福的考察既包含了客观生活状况,也包含了个人主观感受。

依托美好生活指数,经合组织还开发了在线测试工具,民众通过这一工具,可以就物质条件和生活质量等 11 个方面对个人的重要性对自己国家在这方面的表现进行排序,然后得出的指数可以用来衡量民众对生活的满意度。

此外,2015 年 9 月,世界经济论坛机构发布了"包容性增长和发展报告2015"。作为该机构经济增长和社会包容全球挑战项目的一部分,这份报告对分析国家如何使用政策工具和制度设计提升经济增长中的社会包容性,提出了一个包含 11 个政策维度的具体框架。这 7 个政策维度为:教育和技能发展、就业和劳动力补偿、积累资产和企业家活动、实体经济投资的金融媒介、腐败和寻租、基本服务和基础设施、财政转移支付。按照报告作者的解释,这份报告旨在为全球各国促进经济增长中的包容性提供一个"可操作性的框架"。这一分析框架的提出,成为国际机构在促进包容性人类发展中的又一重要探索。

　　——联合国开发计划署:《中国人类发展报告 2016》,中译出版社,2016年,第 8~10 页。

2. 关于发展与人权

从发展到权利

《世界人权宣言》

第二十二条

每个人,作为社会的一员,有权享受社会保障,并有权享受他的个人尊严和人格的自由发展所必需的经济、社会和文化方面各种权利的实现,这种实现是通过国家努力和国际合作并依照各国的组织和资源情况。

第二十三条

(1)人人有权工作、自由选择职业、享受公正和合适的工作条件并享受免于失业的保障。

(2)人人有同工同酬的权利,不受任何歧视。

(3)每一个工作的人,有权享受公正和合适的报酬,保证使他本人和家属有一个符合人的尊严的生活条件,必要时并辅以其他方式的社会保障。

(4)人人有为维护其利益而组织和参加工会的权利。

第二十四条

人人有享有休息和闲暇的权利,包括工作时间有合理限制和定期给薪休假的权利。

第二十五条

(1)人人有权享受为维持他本人和家属的健康和福利所需的生活水准,

包括食物、衣着、住房、医疗和必要的社会服务；在遭到失业、疾病、残废、守寡、衰老或在其他不能控制的情况下丧失谋生能力时，有权享受保障。

（2）母亲和儿童有权享受特别照顾和协助。一切儿童，无论婚生或非婚生，都应享受同样的社会保护。

第二十六条

（1）人人都有受教育的权利，教育应当免费，至少在初级和基本阶段应如此。初级教育应属义务性质。技术和职业教育应普遍设立。高等教育应根据成绩而对一切人平等开放。

（2）教育的目的在于充分发展人的个性并加强对人权和基本自由的尊重。教育应促进各国、各种族或各宗教集团间的了解、容忍和友谊，并应促进联合国维护和平的各项活动。

（3）父母对其子女所应受的教育的种类，有优先选择的权利。

第二十七条

（1）人人有权自由参加社会的文化生活，享受艺术，并分享科学进步及其产生的福利。

（2）人人对由于他所创作的任何科学、文学或美术作品而产生的精神的和物质的利益，有享受保护的权利。

第二十八条

人人有权要求一种社会的和国际的秩序，在这种秩序中，本宣言所载的权利和自由能获得充分实现。

第二十九条

（1）人人对社会负有义务，因为只有在社会中他的个性才可能得到自由和充分的发展。

（2）人人在行使他的权利和自由时，只受法律所确定的限制，确定此种限制的唯一目的在于保证对旁人的权利和自由给予应有的承认和尊重，并在一个民主的社会中适应道德、公共秩序和普遍福利的正当需要。

（3）这些权利和自由的行使，无论在任何情形下均不得违背联合国的宗旨和原则。

——《世界人权宣言》，北京大学法学院人权研究中心：《国际人权文件选编》，北京大学出版社，2002 年，第 1～6 页。

考虑到，按照联合国宪章所宣布的原则，对人类家庭所有成员的固有尊严及其平等的和不移的权利的承认，乃是世界自由、正义与和平的基础。

确认这些权利是源于人身的固有尊严。

确认，按照世界人权宣言，只有在创造了使人可以享有其经济、社会及文化权利，正如享有其公民和政治权利一样的条件的情况下，才能实现自由人类享有免于恐惧和匮乏的自由的理想。

考虑到各国根据联合国宪章负有义务促进对人的权利和自由的普遍尊重和遵行，认识到个人对其他个人和对他所属的社会负有义务，应为促进和遵行本公约所承认的权利而努力。

兹同意下述各条：

第一部分

第一条

（1）所有人民都有自决权。他们凭这种权利自由决定他们的政治地位，并自由谋求他们的经济、社会和文化的发展。

（2）所有人民得为他们自己的目的自由处置他们的天然财富和资源，而不损害根据基于互利原则的国际经济合作和国际法而产生的任何义务。在任何情况下不得剥夺一个人民自己的生存手段。

（3）本公约缔约各国，包括那些负责管理非自治领土和托管领土的国家，应在符合联合国宪章规定的条件下，促进自决权的实现，并尊重这种权利。

第二部分

第二条

（1）每一缔约国家承担尽最大能力个别采取步骤或经由国际援助和合

作,特别是经济和技术方面的援助和合作,采取步骤,以便用一切适当方法,尤其包括用立法方法,逐渐达到本公约中所承认的权利的充分实现。

(2)本公约缔约各国承担保证,本公约所宣布的权利应予普遍行使,而不得有例如种族、肤色、性别、语言、宗教、政治或其他见解、国籍或社会出身、财产、出生或其他身份等任何区分。

(3)发展中国家,在适当顾到人权及它们的民族经济的情况下,得决定它们对非本国国民的享受本公约中所承认的经济权利,给予什么程度的保证。

第三条

本公约缔约各国承担保证男子和妇女在本公约所载一切经济、社会及文化权利方面有平等的权利。

第四条

本公约缔约各国承认,在对各国依据本公约而规定的这些权利的享有方面,国家对此等权利只能加以限制同这些权利的性质不相违背而且只是为了促进民主社会中的总的福利的目的的法律所确定的限制。

第五条

(1)本公约中任何部分不得解释为隐示任何国家、团体或个人有权利从事于任何旨在破坏本公约所承认的任何权利或自由或对它们加以较本公约所规定的范围更广的限制的活动或行为。

(2)对于任何国家中依据法律、惯例、条例或习惯而被承认或存在的任何基本人权,不得借口本公约未予承认或只在较小范围上予以承认而予以限制或克减。

第三部分

第六条

(1)本公约缔约各国承认工作权,包括人人应有机会凭其自由选择和接受的工作来谋生的权利,并将采取适当步骤来保障这一权利。

(2)本公约缔约各国为充分实现这一权利而采取的步骤应包括技术的

和职业的指导和训练,以及在保障个人基本政治和经济自由的条件下达到稳定的经济、社会和文化的发展和充分的生产就业的计划、政策和技术。

第七条

本公约缔约各国承认人人有权享受公正和良好的工作条件,特别要保证:

(甲)最低限度给予所有工人以下列报酬:

(a)公平的工资和同值工作同酬而没有任何歧视,特别是保证妇女享受不差于男子所享受的工作条件,并享受同工同酬;

(b)保证他们自己和他们的家庭得有符合本公约规定的过得去的生活;

(乙)安全和卫生的工作条件;

(丙)人人在其行业中有适当的提级的同等机会,除资历和能力的考虑外,不受其他考虑的限制;

(丁)休息、闲暇和工作时间的合理限制,定期给薪休假以及公共假日报酬。

……

第九条

本公约缔约各国承认人人有权享受社会保障,包括社会保险。

……

第十一条

(1)本公约缔约各国承认人人有权为他自己和家庭获得相当的生活水准,包括足够的食物、衣着和住房,并能不断改进生活条件。各缔约国将采取适当的步骤保证实现这一权利,并承认为此而实行基于自愿同意的国际合作的重要性。

(2)本公约缔约各国既确认人人享有免于饥饿的基本权利,应为下列目的,个别采取必要的措施或经由国际合作采取必要的措施,包括具体的计划在内:

(甲)用充分利用科技知识、传播营养原则的知识、和发展或改革土地制度以使天然资源得到最有效的开发和利用等方法,改进粮食的生产、保存及

分配方法;

（乙）在顾及粮食入口国家和粮食出口国家的问题的情况下,保证世界粮食供应,会按照需要,公平分配。

第十二条

（1）本公约缔约各国承认人人有权享有能达到的最高的体质和心理健康的标准。

（2）本公约缔约各国为充分实现这一权利而采取的步骤应包括为达到下列目标所需的步骤:

（甲）减低死胎率和婴儿死亡率,和使儿童得到健康的发育;

（乙）改善环境卫生和工业卫生的各个方面;

（丙）预防、治疗和控制传染病、风土病、职业病以及其他的疾病;

（丁）创造保证人人在患病时能得到医疗照顾的条件。

第十三条

（1）本公约缔约各国承认,人人有受教育的权利。它们同意,教育应鼓励人的个性和尊严的充分发展,加强对人权和基本自由的尊重,并应使所有的人能有效地参加自由社会,促进各民族之间和各种族、人种或宗教团体之间的了解、容忍和友谊,和促进联合国维护和平的各项活动。

（2）本公约缔约各国认为,为了充分实现这一权利起见:

（甲）初等教育应属义务性质并一律免费;

（乙）各种形式的中等教育,包括中等技术和职业教育,应以一切适当方法,普遍设立,并对一切人开放,特别要逐渐做到免费;

（丙）高等教育应根据成绩,以一切适当方法,对一切人平等开放,特别要逐渐做到免费;

（丁）对那些未受到或未完成初等教育的人的基础教育,应尽可能加以鼓励或推进;

（戊）各级学校的制度,应积极加以发展;适当的奖学金制度,应予设置;教员的物质条件,应不断加以改善。

（3）本公约缔约各国承担,尊重父母和(如适用时)法定监护人的下列自由:为他们的孩子选择非公立的但系符合于国家所可能规定或批准的最低教育标准的学校,并保证他们的孩子能按照他们自己的信仰接受宗教和道德教育。

（4）本条的任何部分不得解释为干涉个人或团体设立及管理教育机构的自由,但以遵守本条第一款所述各项原则及此等机构实施的教育必须符合于国家所可能规定的最低标准为限。

第十四条

本公约任何缔约国在参加本公约时尚未能在其宗主领土或其他在其管辖下的领土实施免费的、义务性的初等教育者,承担在两年之内制定和采取一个逐步实行的详细的行动计划,其中规定在合理的年限内实现一切人均得受免费的义务性教育的原则。

第十五条

（1）本公约缔约各国承认人人有权:

(甲)参加文化生活;

(乙)享受科学进步及其应用所产生的利益;

(丙)对其本人的任何科学、文学或艺术作品所产生的精神上和物质上的利益,享受被保护之利。

（2）本公约缔约各国为充分实现这一权利而采取的步骤应包括为保存、发展和传播科学和文化所必需的步骤。

（3）本公约缔约各国承担尊重进行科学研究和创造性活动所不可缺少的自由。

（4）本公约缔约各国认识到鼓励和发展科学与文化方面的国际接触和合作的好处。

……

第二十五条

本公约中任何部分不得解释为有损所有人民充分地和自由地享受和利

用他们的天然财富与资源的固有权利。

……

——《经济、社会及文化权利国际公约》,北京大学法学院人权研究中心:《国际人权文件选编》,北京大学出版社,2002 年,第 7 ~ 15 页。

作为第三代人权的发展权

国际人权会议,于 1968 年 4 月 22 日至 5 月 13 日在德黑兰举行,检查《世界人权宣言》通过 20 年以来所获进展,并拟订未来方案,业已审议与联合国增进激励人权及基本自由的尊重的工作有关诸问题,鉴于本会议通过的各决议,察悉举行庆祝国际人权年正值世界发生空前大变革之时,顾及科学与技术迅速进步,新的机会于焉呈现眼前,认为际兹世界许多地方冲突暴乱频仍的时代,人类互相依赖,需要精诚团结,较之往昔,益形显而易见,确认和平乃人类普遍的心愿,而和平与正义又为充分实现人权及基本自由之所必需,郑重宣告:

(1)国际社会各成员履行其增进激励对于全体人类人权及基本自由的尊重的神圣义务,不分种族、肤色、性别、语言、宗教、政见或其他主张,乃当务之急。

(2)《世界人权宣言》宣示世界各地人民对于人类一家所有成员不可割让、不容侵犯的权利的共同认识,是以构成国际社会各成员的义务。

(3)《公民权利和政治权利国际盟约》《经济、社会、文化权利国际公约》《给予殖民地国家和人民独立宣言》《消除一切形式种族歧视国际盟约》,以及联合国、各专门机构、各区域政府间组织主持下所通过的人权方面其他公约及宣言已订立新标准,创设新义务,各国家均应遵守。

(4)《世界人权宣言》通过以来,联合国对于明定享有与保护人权及基本自由的标准,已获重大进展。在此期间,许多重要国际文书业经通过。但对于此等权利及自由的实施,尚待努力之处依然甚多。

(5)联合国在人权方面的主要目的为人人获享最大的自由与尊严。欲达到此一目标,各国法律必须准许人人享有发表自由、新闻自由、良知自由及宗教自由,以及参加本国政治、经济、文化及社会生活的权利,不分种族、语言、宗教或政治信仰。

(6)各国应重申有效实行《联合国宪章》及有关人权及基本自由的其他国际文书所尊崇原则的决心。

(7)令人憎恶的种族隔离政策重大否定人权,为国际社会所严重关怀。此项种族隔离政策前经斥为危害人类罪,现仍严重扰乱国际和平与安全。是以国际社会亟须用尽一切可能方法,祛除此种罪恶。消除种族隔离的斗争业经认为合法。

(8)举世人民均应使之充分认识种族歧视的罪恶,合力消除之。《联合国宪章》《世界人权宣言》及人权方面其他国际文书所载此项不歧视原则,乃人类在国际及国内阶层最迫切的任务。所有基于种族优越及种族上不容异己的意识形态均须予以谴责阻止。

(9)大会通过给予殖民地国家和人民独立宣言八年于兹,而殖民主义问题仍为国际社会所耿耿于怀。故全体会员国与联合国有关机关合作,采取有效措施,使此项宣言得充分实施,实属刻不容缓。

(10)侵略或任何武装冲突,结局悲惨,使人类痛苦莫名,其所引起之大规模否定人权,使人心鼎沸,足令整个世界兵连祸结,靡有宁日。是以开诚合作,铲除此种祸害,乃国际社会之义务。

(11)因种族、宗教、信仰或意见表示而实行歧视,其因此而起之重大否定人权,凌辱人类良知,并危害世界自由、正义及和平的基础。

(12)经济上发达国家与发展中国家日益悬殊,驯至妨碍国际社会人权的实现。“发展十年”即未能达成其所望非奢之目标,则各国应视其力之所及,尽最大努力,以消灭悬殊,更属切要。

(13)人权及基本自由既不容分割,若不同时享有经济、社会及文化权利,则公民及政治权利决无实现之日。且人权实施方面长久进展之达成,亦有赖于健全有效之国内及国际经济及社会发展政策。

（14）全世界文盲数逾七亿，对于实现《联合国宪章》的目的宗旨及《世界人权宣言》的规定的一切努力，实为重大障碍。是以亟须注意采取国际行动，以扫除世上文盲，提倡各级教育。

（15）世界各地区妇女仍受歧视，此种歧视，必须消除。妇女地位卑下，与《联合国宪章》以及《世界人权宣言》之规定有悖。人类欲求进步，非充分实施《消除对妇女歧视宣言》不可。

（16）家庭及儿童之保护仍为国际社会所关怀。父母享有自由负责决定子女人数及其出生时距的基本人权。

（17）少壮一代渴望充分实现人权及基本自由之优美世界，对此抱负，应予最大之鼓励。青年参与人类前途之塑造，至为切要。

（18）现科学发现与技术进步因为经济、社会、文化进步开辟广大的远景，但此种发展可能危及个人权利及自由，不可不经常注意。

（19）裁军可使现用于军事的庞大人力物力移作别用。此两大资源应用于增进人权及基本自由之途。全面彻底裁军实为所有各民族最大抱负之一。

因此，国际人权会议，

（1）重申对于《世界人权宣言》及此方面其他国际文书所载原则的信念，

（2）促请所有民族及政府致力信奉《世界人权宣言》所崇泰的原则，加倍努力，使全体人类克享合乎自由与尊严、有裨身心、社会及精神福利的生活。

——《德黑兰宣言》，北京大学法学院人权研究中心：《国际人权文件选编》，北京大学出版社，2002 年，第 38～40 页。

《发展权利宣言》

铭记《联合国宪章》中有关促成国际合作以解决属于经济、社会、文化或人道主义性质的国际问题，且不分种族、性别、语言或宗教，增进并激励对全体人类人权和基本自由的尊重的宗旨和原则。

承认发展是经济、社会、文化和政治的全面进程，其目的是在全体人民和所有个人积极、自由和有意义地参与发展及其带来的利益的公平分配的基础上，不断改善全体人民和所有个人的福利。

认为根据《世界人权宣言》的规定，人人有权要求一种社会的和国际的秩序，在这种秩序中，本宣言所载的权利和自由可得到充分实现。

忆及《经济、社会、文化权利国际公约》和《公民权利和政治权利国际公约》的规定。

还忆及联合国及其各专门机构关于个人的全面发展和各国人民的经济及社会进步和发展的有关协议、公约、决议、建议及其他文书，包括关于非殖民化、防止歧视、尊重和遵守人权和基本自由、根据《宪章》维护国际和平与安全并进一步促进各国间友好关系与合作的文书。

忆及各国人民的自决权利，由于这种自决权利，各国人民有权自由决定他们的政治地位和谋求他们经济、社会和文化的发展。

还忆及各国人民有权在关于人权的两项国际公约有关规定的限制下对他们的所有自然资源和财富行使充分和完全的主权。

念及各国按照《宪章》的规定有义务促进对全体人类人权和基本自由的普遍尊重和遵守，而不分种族、肤色、性别、语言、宗教、政治或其他见解、民族本源或社会出身、财产、出生或其他身份等任何区别。

认为消除大规模公然侵犯受到下列情况影响的各国人民和个人人权的现象，将有助于创造有利条件，以利人类大多数的发展，这些情况是由于新老殖民主义、种族隔离、一切形式的种族主义和种族歧视、外国统治和占领、侵略、对国家主权、国家统一和领土完整的威胁以及战争的威胁等所造成的。

关注继续存在着阻碍发展和彻底实现所有个人和各国人民愿望的严重障碍，这是除其他事项外由于剥夺了公民、政治、经济、社会和文化等权利所造成的。

认为所有人权和基本自由都是不可分割和相互依存的，为了促进发展，应当一视同仁地重视和紧急考虑实施、增进和保护公民、政治、经济、社会和文化等权利，因而增进、尊重和享受某些人权和基本自由不能成为剥夺其他人权和基本自由的理由。

认为国际和平与安全是实现发展权利的必不可少的因素,重申裁军与发展之间关系密切,裁军领域的进展将大大促进发展领域的进展,裁军措施腾出的资源应用于各国人民的经济及社会发展和福利,特别是发展中国家的这些发展和福利。

承认人是发展进程的主体,因此,发展政策应使人成为发展的主要参与者和受益者。

承认创造有利于各国人民和个人发展的条件是国家的主要责任。

认识到除了在国际一级努力增进和保护人权外,同时还必须努力建立一个新的国际经济秩序。

确认发展权利是一项不可剥夺的人权,发展机会均等是国家和组成国家的个人一项特有权利。

兹宣布《发展权利宣言》如下:

第1条

发展权利是一项不可剥夺的人权,由于这种权利,每个人和所有各国人民均有权参与、促进并享受经济、社会、文化和政治发展,在这种发展中,所有人权和基本自由都能获得充分实现。

人的发展权利这意味着充分实现民族自决权,包括在关于人权的两项国际公约有关规定的限制下对他们的所有自然资源和财富行使不可剥夺的完全主权。

第2条

人是发展的主体,因此,人应成为发展权利的积极参与者和受益者。

鉴于有必要充分尊重所有人的人权和基本自由以及他们对社会的义务,因此,所有的人单独地和集体地都对发展负有责任,这种责任本身就可确保人的愿望得到自由和充分的实现,他们因而还应增进和保护一个适当的政治、社会和经济秩序以利发展。

国家有权利和义务制定适当的国家发展政策,其目的是在全体人民和所有个人积极、自由和有意义地参与发展及其带来的利益的公平分配的基础上，不断改善全体人民和所有个人的福利。

第3条

各国对创造有利于实现发展权利的国家和国际条件负有主要责任。

实现发展权利需要充分尊重有关各国依照《联合国宪章》建立友好关系与合作的国际法原则。

各国有义务在确保发展和消除发展的障碍方面相互合作。各国在实现其权利和履行其义务时应着眼于促进基于主权平等、相互依赖、各国互利与合作的新的国际经济秩序，并激励遵守和实现人权。

第4条

各国有义务单独地和集体地采取步骤，制订国际发展政策，以期促成充分实现发展权利。

为促进发展中国家更迅速的发展，需采取持久的行动。作为发展中国家努力的一种补充，在向这些国家提供促进全面发展的适当手段和便利时，进行有效的国际合作是至关紧要的。

第5条

各国应采取坚决步骤，消除大规模公然侵犯受到下列情况影响的各国人民和个人人权的现象，这些情况是由于种族隔离、一切形式的种族主义和种族歧视、殖民主义、外国统治和占领、侵略、外国干涉和对国家主权、国家统一和领土完整的威胁、战争的威胁及拒绝承认民族自决的基本权利等造成的。

第6条

所有国家应合作以促进、鼓励并加强普遍尊重和遵守全体人类的所有人权和基本自由，而不分种族、性别、语言或宗教等任何区别。

所有人权和基本自由都是不可分割和相互依存的；对实施、增进和保护公民、政治、经济、社会和文化权利应予以同等重视和紧急考虑。

各国应采取步骤以扫除由于不遵守公民和政治权利以及经济、社会和文化权利而产生的阻碍发展的障碍。

第 7 条

所有国家应促进建立、维护并加强国际和平与安全，并应为此目的竭尽全力实现在有效国际监督下的全面彻底裁军，并确保将有效的裁军措施腾出的资源用于发展，特别是发展中国家的发展。

第 8 条

各国应在国家一级采取一切必要措施实现发展权利，并确保除其他事项外所有人在获得基本资源、教育、保健服务、粮食、住房、就业、收入公平分配等方面机会均等。应采取有效措施确保妇女在发展过程中发挥积极作用。应进行适当的经济和社会改革以根除所有的社会不公正现象。

各国应鼓励民众在各个领域的参与，这是发展和充分实现所有人权的重要因素。

第 9 条

本宣言规定的发展权利的所有各方面都是不可分割和相互依存的，各方面均应从整体上加以解释。

本宣言的任何部分，不得作违背联合国宗旨和原则的解释，也不得暗示任何国家、集体或个人有权从事旨在侵犯《世界人权宣言》和有关人权的两项国际公约中所规定的权利的任何活动或任何行为。

第 10 条

应采取步骤以确保充分行使和逐步增进发展权利，包括拟订、通过和实施国家一级和国际一级的政策、立法、行政及其他措施。

——《发展权利宣言》，北京大学法学院人权研究中心：《国际人权文件选编》，北京大学出版社，2002 年，第 304～307 页。

人是发展的中心

(10) 世界人权会议重申，《发展权利宣言》所阐明的发展权利是一项普遍的、不可分割的权利，也是基本人权的一个组成部分。

正如《发展权利宣言》所声明,人是发展的中心主体。

虽然发展能促进人权的享受,但缺乏发展并不得被援引作为剥夺国际公认的人权的理由。

各国应互相合作,确保发展和消除发展障碍。国际社会应促进有效的国际合作,实现发展权利,消除发展障碍。

为了在执行发展权利方面取得持久的进展,需要国家一级实行有效的发展政策,以及在国际一级创造公平的经济关系和一个有利的经济环境。

(11)发展权应得到履行,俾以平等地满足今后世代的发展和环境需要。世界人权会议承认,非法倾弃毒性和危险物质和废料有可能对每个人享受生命和健康的人权构成一种严重的威胁。

因此,世界人权会议呼吁所有国家通过并大力执行有关倾弃毒性有危险产品和废料的现有各公约,并进行合作,防止非法倾倒。

人人有权享受科学进步及其实用的利益。世界人权会议注意到某些进展,特别是在生物医学和生命科学以及信息技术领域,有可能对个人的完整尊严和人权起到潜在的不良后果,呼吁进行国际合作,以确保人权和尊严在此普遍受关注领域得到充分的尊重。

(12)世界人权会议呼吁国际社会作出一切努力,减轻发展中国家的债务负担,以便补足这些国家政府的努力,争取全面实现这些国家人民的经济、社会和文化权利。

(13)各国和各国际组织有必要同非政府组织合作,为在国家、区域和国际各级确保充分和有效地享受人权创造有利的条件。各国必须消除所有侵犯人权的现象及其原因,消除享受这些权利所面临的障碍。

(14)极端贫穷的广泛存在妨碍人权的充分和有效享受;立即减轻和最终消除贫穷仍然必须是国际社会的高度优先事项。

……

(24)必须高度重视促进和保护属于被置于脆弱地位群体的人、包括移徙工人的人权,消除对他们的一切形式的歧视,加强和更有效地执行现有的人权文书。各国有义务制订和保持国家级的适当措施,特别是教育、保健和社会支助领域的措施,以争取促进和保护属其人口脆弱层次者的权利,确保其中关心解决自己问题的人能够参与其事。

(25)世界人权会议申明,绝对贫困和被排除在社会之外是对人的尊严的侵犯,必须采取紧急措施,加强对绝对贫困现象及其成因的了解,包括与发展问题有关的原因,以便促进最贫困者的人权,解决极端贫困和被社会排斥问题,让他们享有社会进步的成果。各国必须扶助最贫困者参与他们所生活的社区的决策进程,促进人权和努力扫除绝对贫困现象。

……

(72)世界人权会议重申,《发展权利宣言》所确认的普遍和不可剥夺的发展权利必须获得执行和实现。在这方面,世界人权会议欢迎人权委员会设立关于发展权的专题工作组,并促请该工作组与联合国其他部门和机构协商与合作,为消除执行和实现《发展权利宣言》的障碍立即拟订全面和有效的措施,并提出各国实现发展权的方式方法,以便联合国大会能早日审议。

(73)世界人权会议建议让从事发展和(或)人权领域工作的非政府组织和其他基层组织在国家、国际一级发挥重要作用,积极参加与发展权利有关的辩论、活动和执行,在发展合作的所有有关方面与政府配合行动。

(74)世界人权会议呼吁各国政府、各主管机关的机构大量增加提供资源,用于建立能够保护人权、有效运行的法律制度和这个领域的国家机构。发展合作领域的参与者应铭记发展、民主和人权之间的相辅相成关系。合作应立足于对话和透明度。世界人权会议还呼吁制订全面方案,包括建立资料库,配备具有加强法治和民主体制的专门知识的人员。

(75)世界人权会议鼓励人权委员会同经济、社会和文化权利委员会合作,继续审查《经济、社会、文化权利国际公约》任择议定书。

——《维也纳人权宣言与行动纲领》,北京大学法学院人权研究中心:《国际人权文件选编》,北京大学出版社,2002 年,第 43~57 页。

发展促进人权

为推动宣传和制定政策重点，运用统计指标衡量发展已经有多年的历史了。自1990年发表《人类发展报告》以来，原先经济指标的含义有了相当大的扩展。这些报告提出了一些复合指数——人类发展指数（HDI）、人类贫困指数（HPI）、性别发展指数（GDI）和性别赋权尺度（GEM）。这些指数引起了决策者们的关注，并引起了关于人类发展战略的争论。

人类发展指标与人权指标有三方面的共同特点。两者都旨在为制定相关政策提供信息，以便更好地实现免于匮乏、免于恐惧和歧视等人类自由。两者都依赖于对产出和投入的测算来说明问题，不仅要说明识字率和婴儿死亡率的情况，还要说明教师——学生数量的比率以及免疫率的情况。两者都通过测算全球和地区的平均值与个别数值的方法，来说明不同层次的情况。但两者在方法上又存在三方面的重大差异：

·基本概念的差异。人类发展指标旨在对人类能力的发展进行评估。人权指标则侧重于评估人类是否生活得有尊严和自由，评估重要的行为体在多大程度上履行了为确保这一目标的实现而建立和维护公正的社会秩序的义务。

·关注的焦点不同。人类发展指标焦点主要是人类的投入与产出，以引起对不可接受的差别与痛苦的关注。而人权指标同样也关注人类的境遇，但其关注的重点是法律与行政行为体的政策与实践以及公职人员的行为。

·附加信息的区别。人权评估需要额外数据，不仅需要诸如酷刑、失踪等有关违反人权的情况，还需要诸如司法机构、法律框架以及有关社会准则的民意调查等司法程序方面的数据。另外，还更重视那些基于性别、民族、种族、宗教、国籍、出身、社会背景等相关特征而加以细化的数据。

人类发展指数早已表明，对千百万人来说，经济与社会权利还远远没有实现。人类贫困指数关注经济和社会方面即拥有长寿和健康的生命、接受知识、享受体面生活水平所需资料并能够参与社会和社区生活这些基本的需求遭到剥夺的情况。

针对发展中国家与工业化国家的不同情况,人类发展指数中的各项指标不仅反映出世界范围内人类发展被剥夺的程度,还说明这种剥夺存在于每一个国家,无论其发展水平如何。通过创设测算这种剥夺的基本方法,人类发展指数在促使对世界上多数人遭受剥夺总体情况的关注,以及为促进人权提供舆论工具方面,起到了至关重要的作用。

此外,为了把握人权的其他特征,进而制定政策并设计宣传手段,就需要制定有助于创造一种责任担当文化的各种指标。建立这样一种文化就意味着,要明确不同的责任者在实现权利方面的作用,并对它们是否切实履行了它们所承担的义务做出评估。对国家来说,这些义务是国际法确立的。国际法为体现法律责任的各种发展指数提供了一个框架。但同时也应当考虑到全球性或地区性其他各种因素的复杂作用,这就需要对这些超越现有法律义务的各种指标加以发展。

通过统计数据来探知各项权利,就需要大量的信息,从诸如各种人类发展指数、人均国民生产总值等概况性的总体测算,到涉及具体情况的特别数据,构成一个"金字塔"形。提高国民预期寿命和卡路里的人均水平是实现权利的第一步。但同时也需要更详细、更分明的数据来说明所有人们的权利是否得到了实现。利用统计数据深入问题内部,有助于反映出在平均产出背后隐藏的差别,有助于把注意力集中于解决问题的办法和措施上来。

……

尽管人权指标与人类发展指标有许多相似之处,但两者的侧重点是不同的。应当明确,高度的人类发展并不能够保证人权记录可以尽善尽美。实现权利不能局限于国家的一般表现——人类发展水平最高的国家与其他国家一样有责任履行其对人权的承诺。

对人权指标,需要从四个相互联系的方面来进行探讨:

· 看看各国是否做到了尊重、保护和实现权利——对国家的角色来说,这个责任框架是最基本的。

·确保关键的权利原则得到满足——看看权利的实现过程中是否存在歧视,是否得到了足够的进展,是否确保人民的参与并得到有效的救济。

·确保享有安全——要通过一定的准则、相应的机构、法律和经济环境,使权利的要求转化为权利的实现。

·明确主要的非国家行为体——要明确对权利的实现具有影响的其他行为体因素,并揭示出这种具体影响的内容。

经常有人说,制定公民、政治权利指标所需要的方法与经济、社会、文化权利有所不同,但其中大多数的区别都是虚构的。同一框架可以适用于各种人权指标的制定。

……

(1)在人类发展中促进人权

每个国家人人享有一切人权应当成为本世纪的目标。在五十多年前《世界人权宣言》就确立了这个全球性的理想。今天的世界已经具备在全球范围内实现这一目标的意识、资源和能力。现在是从讨论普遍承诺到取得世界性成就的时候了。各国和国际已开始采取许多行动。

进步将不会是轻而易举的。人权可能是普遍的,但并未被广泛接受。自《世界人权宣言》发表以来的几十年中,人权事业几乎在世界各地都取得了很大的进展,但将面临新的潜在的威胁。这种斗争的特征取决于人权与其反对者。反对受个人、团体或公司剥削的斗争是一种形式的斗争。其反对者可能还是政府,其所属机构在世界各地侵犯公民的权利。

反对人权者这样做基于复杂的原因。他们经常以文化相对主义、政治上的必需这些被歪曲了的主张来掩盖其否定人权,或者以缺乏资源作为不采取行动的借口。

的确,人权被许多组织,包括许多处于权力或者特权地位的组织视为一种威胁。人权对既得利益构成挑战,正如公平发展对处于优势地位者构成挑战一样。但取得结果要经过较为漫长的阶段。人权和人类发展有助于建立守法、繁荣和稳定的国家。

正如过去所经历过的一样，个人承担义务和社区的斗争将是在未来促进人权和人类发展的关键因素。但政府和许多其他行为体也具有重要作用。各国政府承担特殊的领导责任——但非政府组织、私人机构、专业人员和民间社团许多其他人也起着重要的作用，包括使政府承担对人权事业的责任。

（2）国家行动优先事项

所有权利不可能同时实现，拒绝建立优先发展事项会使人权方法面对类似于"希望名单"的风险。普遍性的重要和需要建立国家行动优先事项是人权高级专员玛丽·罗宾逊在其特稿中强调的。

包括准则、机构、法律和稳定的经济环境（在"概述"中概括过）在内的NILE原则适用于任何国家的状况，这意味着确立国家行动的优先发展事项要采取五个步骤：

· 发起对人权状况的独立的国家评估

· 使国内法与国际人权标准和承诺相一致

· 促进人权标准的实现

· 强化人权机构网络

· 促进有利人权实现的经济环境。

——联合国开发计划署：《2000年人类发展报告——人类发展与人权》，中国财政经济出版社，2001年，第89～91页、第111页。

3. 关于包容性发展

反贫困

早些时候的章节已经阐述了 21 世纪消除贫困所需采取的行动。总之，我们必须：

（1）赋予个人、家庭和社区更多的控制他们的生活和资源的能力：

确保他们获得资产作为抵御脆弱性的保护。获得信贷和其他金融服务是至关重要的，如保有权，尤其是住房和土地的安全性。

确保家庭和所有成员的粮食安全。

确保所有人的教育和健康，以及获得生殖保健、计划生育和安全用水和卫生设施的机会。这一目标需要在一两年内实现，而不是推迟到下一代。

建立社会安全网，防止人们陷入贫困，拯救他们免遭灾难。

（2）加强性别平等，赋予妇女权力，释放她们巨大的未充分利用的能量和创造力。没有性别平等的贫困消除是不可能的，而且是长期的矛盾。重要的优先事项是平等地获得教育和健康、就业机会、土地和信贷以及结束家庭暴力的行动。

（3）在经济增长缓慢、停滞或下降的 100 个左右的发展中国家和转型国家加速贫困增长。最低目标应该是 3% 的人均年增长率。

扶贫增长不仅仅是经济增长。它的增长是：

恢复充分就业和扩大机会是经济政策的首要任务。

为小型农业、微型企业和非正规部门创造一个有利的环境。

重新调整公共支出和税收，以支持减贫和社会保障。

扭转环境退化，确保可持续生计，特别是在世界上最贫困人口中约一半依靠生计的边缘土地上。

简而言之，扶贫增长意味着将减贫政策纳入国家政策，这很容易说出来，很难实现。

（4）加强对全球化的管理！在国内和国际上打开机会，而不是关闭它们。需要更好的政策，更公平的规则和更公平的条款，为贫穷和弱势国家进入市场，特别是对农业和纺织品出口。目标必须是创造就业，避免"急于求成"。但即使在国际协定明确要求时，国际行动中减少贫困的主流也是困难的。

（5）确保积极的状态，致力于消除贫困，为广泛的政治参与和扶贫伙伴关系提供一个有利的环境。

消除贫困的战略不仅要关注需要做什么，还要关注如何确保采取行动。这需要进行根本性的改革，如促进所有人的政治参与，确保政府的问责制和透明度，防止政治犯罪化，促进信息自由流动和新闻自由，确保社区团体和非政府组织的强大作用。决策制定和立法决策。国家的合法性和实力是以其在反贫困斗争中动员和动员的能力为基础的。

（6）对特殊情况采取特殊行动，支持最贫穷和最弱国家的进步，防止倒退。

预防和解决冲突，在饱受战争蹂躏国家的和平建设努力中，政治倡议与经济和社会重建的支持相结合。即使在危机中，人类的发展也是可能的。

对撒哈拉以南非洲和其他最不发达国家提供更有效的支持，在减免债务方面采取更快的行动，在援助分配方面有更高的优先权，在减少贫困方面提供更大的帮助，并在 2015 实现教育和全民健康。

国家间的行动必须始终是出发点。但为了有效和持续，国家行动必须加强和支持区域和全球行动，尤其是在最贫穷和最不发达国家。

——联合国开发计划署:《1997 年人类发展报告——人类发展,消除贫困》,译自联合国网站,http://hdr. undp. org/en/content/human - development - report - 1997。

发展中国家在过去 30 年里取得了巨大的进步。预期寿命增加了 8 岁。文盲率降到了 25%,几乎减少了一半。在东亚,每天生活不足 1 美元的人口数量在 20 世纪 90 年代几乎减少了一半。

然而,人类发展进程仍然过于缓慢。对许多国家来说,20 世纪 90 年代是绝望的十年。大约有 54 个国家比 1990 年时还贫困。在 21 个国家中,大部分的人民在挨饿。14 个国家中有更多的儿童不到 5 岁就夭折了。12 个国家的小学入学率在下降。34 个国家的预期寿命在减少。这种生存倒退现象在以往是很少出现的。

发展面临危机的另一迹象是 21 个国家的人类发展指数的降低。人类发展指数的降低在 20 世纪 80 年代末之前是罕见的,因 HDI 所反映的能力并不容易丧失。如果全球发展以 20 世纪 90 年代的速度在进步的话,那么主要归功于中国和印度才使"千年发展目标"中将收入贫困和不能获得安全饮用水的人口减少一半的目标具有了实现的现实性。从地域角度来看,按照现有速度,撒哈拉沙漠以南非洲到 2147 年才能实现"千年发展目标"的减少贫困目标,到 2165 年才能实现儿童死亡率减少的目标。至于艾滋病病毒/艾滋病、饥馑,在该地区的趋势是上升,而不是下降。

世界上有如此多的国家在至 2015 年的 12 年中无法实现"千年发展目标",这迫切需要改变现有的进程。但是过去发展的成功经验表明,即使非常贫困的国家里也有实现的可能。斯里兰卡在 1945 年到 1953 年间,经过努力将预期寿命提高了 12 岁。博茨瓦纳提供了另一个令人鼓舞的例子:小学净入学率从 1960 年的 40% 提高到 1980 年的 91% 。

今日世界拥有着比以往更多的资源和技术去应付以下各种挑战:传染病、低生产率,缺乏清洁的能源和运输,以及诸如干净的饮用水、卫生设施、学校和医疗保健等基本服务的匮乏。现在的问题是如何更好地利用这些资源和技术来施惠于最贫困的人群。

……

12亿以上的人口,即全球每5人中有1人每天靠不足1美元生活。在20世纪90年代,全球收入极端贫困的人口比例从30%降到了23%。但是随着世界人口的增长,数量仅减少了1.23亿,这在消除贫困所需取得的进步中只占一小部分。而且如果不算中国,极端贫困人口实际上增加了2800万。

南亚和东亚是贫困人口最多的地区,虽然这两个地区近来取得了令人瞩目的成就。正如上文所说,中国在20世纪90年代使1.5亿人(占其人口的12%)脱贫,将贫困率减少了一半。但是在拉丁美洲和加勒比地区、阿拉伯各国、中东欧及撒哈拉以南非洲,每天靠不足1美元生活的人数在增加。

缺乏以持续减贫为导向的增长一直是减少贫困的主要障碍。在20世纪90年代,有数据的155个发展中国家和转轨国家中,只有30个(大约5∶1)人均收入的年增长率达到了3%以上。正如上文所说,其中的54个国家的平均收入实际上降低了。

但是仅有经济增长是不够的。增长究竟是毫无怜悯心的还是减少了贫困,这取决于增长的格局、经济方面的结构以及公共政策。在一些已经实现了整体经济增长的国家,贫困甚至加剧了,而且在过去20年里,在有数据的66个发展中国家中有33个的收入不平等恶化了。每个国家,特别是那些平均发展水平很好但存在大量顽固性贫困的国家,应该实施能强化经济增长和减少贫困之间关联度的政策。

如果增长建立在广泛的基础上面不是仅集中于少数部门或地区,如果它是劳动密集型(如农业或服装)而非资本密集型(如石油)的增长,如果政府收入用来投资于人类发展领域(如基本医疗保健、教育、营养和饮水及卫生设施服务),那么增长就更有可能施惠于穷人。如果增长的基础狭窄,忽视了人类发展,或者在提供公共服务时歧视农村地区、特定地区、部族或妇女,那么增长就不可能施惠于穷人。

能够加强增长与减少贫困之间关联度的公共政策包括：

提高在基本医疗保健、教育、饮水以及卫生设施领域投资的水平、效率和公平性。

扩大穷人获得土地、信贷、技术和其他经济财产的机会。

提高小型农户的生产率和生产多样性。

促进包括中小型企业在内的劳动密集型产业的增长。

——联合国开发计划署：《2003 年人类发展报告——千年发展目标：消除人类贫困的全球公约》，中国财政经济出版社，2003 年，第 2～6 页。

可持续性、公平与潜力

可持续发展的概念还提出这样一个问题：当前人类的生活方式是否合意，我们有没有理由将这种生活方式传给我们的后代人？由于跨代人之间的公平必须与当代人之间的公平共同予以对待，因此，对全球收入和消费方式作重大改革，乃是实现任何切实可行的可持续发展战略的必要先决条件。

毫无理由去接受当今世界上富人与穷人分享人类共同遗产的生活方式。因为环境一直是被当作免费资源加以对待的，富裕国家业已从中受益，并且排放了全世界大部分污染物。假如环境也能予以适当定价，并且向所有国家收取污染排放许可费（50% 根据 GDP，50% 则根据人口多少），那么富裕国家可能将相当于其综合 GDP 数值的 5% 转移到发展中国家。全球环境利用的平衡——以及当前消费方式的分布——将开始朝更加理想的方向变化。

假如持续发展这个概念将有什么实在意义的话，全球贫困和全球可持续发展之间的紧密联系也必须细加分析。那些为日常生计而苦斗的极端贫困者，往往缺少避免造成环境退化的资源。在一些贫困社会，真正危险的并不是生活质量——而是生活本身。

穷人尚未体会到全球气温变暖或者臭氧层空洞化所造成的情况的紧迫性。但他们体会到了无声的紧迫现象——如污水或土壤退化——这些现象已使得其生活和生计受到了威胁。除非解决贫困问题,否则环境的可持续性将不会得到保证。

通过改善穷人的医疗保健、教育和营养状况,从而重新调整对穷人的资源配置——这件事情不仅仅具有本质的重要性,因为这样做增强了穷人们过上美好生活的潜能。通过增加他们的人力资本,还能对未来产生长远影响。例如,普遍提高教育水准,将提高生产力和产生更高收入的能力——不仅在目前而且在未来。

因为人力资本的积累能够取代某些易耗尽性资源形成,所以人类发展应当被视为对可持续性的一个主要动因。如前所述,人类发展与持续发展这两者之间不存在矛盾。因为这两者都是以生存权利主张的普遍主义为基础的。造成当前不平等现象的发展模式,既不是可持续性质的,也不值得继续维持下去。这就是为什么人类发展乃是比可持续发展更为范围广泛的概念的缘故。

可持续发展有时会被疏忽大意地解释成那样一种意思:目前的发展水平和模式也应当持续到后代人。这样的理解显然是错误的。

可持续人类发展,相比之下,则是把人放在发展的中心地位。当今的不公平现象已如此严重,以致让目前这种发展形势持续下去,就等于把类似的不公平现象永久性地延续到后代人。可持续人类发展的实质,是应该让每个人——包括当代人和后代人——都拥有均等的发展机遇。

——联合国开发计划署编、中国国家计委社会发展司编译:《人类发展报告 1994》(中文版),牛津大学出版社,1994 年,第 19 页。

发展援助

跟人道主义援助一样,围绕发展援助伦理展开的讨论必定与支撑发展观的经济、历史论证的精确度相关联,也跟所有国家经济渴望具有富足的工业化国家那样的经济相关联。我们首先考察发展援助在道德上是否合理这一伦理观念,然后探讨那些认为援助是一种伦理要求,但对于何为"发展"以及合理援助的依据持不同看法的思想。

我认为,反对提供发展援助的伦理观有下面两种情况。第一,有些人声称这样的援助非但毫无效果,甚至还会起反作用。第二,有些人声称,即便这样的援助在道德上对接受者来说是件好事,但富国的人也没有伦理义务去帮助穷国的人。第一种说法有各种各样的理论基础,其中包括上文讨论过的哈丁型功利主义观,认为援助是在加剧而非解决资源匮乏的问题。另一种不同类型的理论认为援助有效地支撑了本质上就不公平的全球不平等体制,并且支持它成为人们渴望实现的目标。马克思对提供援助提出的批评证明了这种根植于美德伦理传统的理论阐述。从马克思主义的视角看,资本主义并不能有助于人类的繁荣,因此维持和促进资本主义发展的援助政策在道德上必定不足为信。反对发展援助的第二种说法通常在契约论和美德伦理那儿颇有道理,这一点毫不奇怪。最可能反对国际援助项目的契约论是那些把最低限度的自然权利假定建立在实际或假象的契约之上的观点,因此,这些契约论也极易强烈反对国家内部的福利供给。这些自由契约论伦理思想优先考虑个体自由,也优先考虑那些可以享受到的人的自由,同时最低限度地侵犯到别人的权利。在国内通过税收的手段重新对财富进行分配,要求积极侵占个体财产权利,就更谈不上通过在国外的援助项目对财富重新分配这种做法了。因此,上述做法在道德上存在错误,除非他们的财产权利首先出现问题。但是,即便对非自由主义契约论者而言,他们通常也认为人们只会同意在契约者的社会中具有帮助他人的强烈义务。对外来者的义务会更少一些,也许只能拓展到紧急援助这种情形,而不会超越。

从美德伦理的视角看,人类繁荣总要取决于语境,而且通过与之具有同样生活方式之人的特殊关系而得以积极繁荣。这并不一定排除对外来者进行援助,但确实排除了把某种生活方式固有的价值观施加到另一种生活方式之中的做法,这就把普遍主义发展话语推至一边,尤其是那些依赖现代化话语的理论。把人类繁荣定位在民族自觉、民主政治社会的美德伦理,可能同样会认为发展援助削弱了捐赠者和接受者的力量。

　　对全球贫困的发展援助是对全球富人的伦理要求,这种观点包括上文讨论人道主义援助时我们已经熟悉的那些看法。正如其应对人道主义危机的情形那样,功利主义、人权、基于责任的观点同样适用于消除全球贫困的那些项目。诚然,正如奥尼尔等人指出的那样,这两个问题相互关联。我们需要做的就是比较富国和穷国的紧急情况——比如地震或飓风——所产生的效果。因此,我们也发现围绕何人和如何问题提出的类似观点。功利主义观继续把援助的责任指向个体,而像奥尼尔这样的思想家则强调各种集体中介在援助中的作用。这些集体中介不仅包括国家,还包括国际政府组织和国际非政府组织。但是,除了解决发展需求的道德责任位居何处的问题之外,还有对我们应该理解的发展需求为何而展开的伦理讨论。在这一方面,对发展援助伦理的讨论与上述发展政策的讨论交织在一起。经济主义观把发展降至为等同于收入增加的地步,向这一观点发出挑战的有森和努斯鲍姆等思想家。他们认为,从"人类发展"的方面重新思考发展的观念,不仅在伦理上更为合理正当,而且还削弱了某些美德伦理形式对援助提出的批评,并且还有可能把基于权利的援助观与基于需求的援助观带到一起来。

　　对森和努斯鲍姆而言,发展的目标不应该等同于财富的最大化,而应该等同于通过财富手段所产生的后果,也就是能够过上繁荣的生活。繁荣的生活不仅包括获得某些层面的功能(譬如营养丰富、身体健康、活动灵便),还包括在不同优先性之间进行选择的能力,这一点更为关键,"在其他功能方面具有相似能力的两个人,如果一位不具选择任何其他功能的权利,而另一位则有重要的选择权,那么这两人所享受的幸福水平就不同"。森赋予了人类繁荣在伦理方面的优先性,从美德伦理那儿汲取灵感,但也把这种观念与下面的观点关联起来,即任何人的繁荣都需要某些必要的条件,而且这些普遍条件应该成为发展援助的目标。森并不认为可以对人类繁荣的条件进行一般性规定,但努斯鲍姆根据森的观点,在她的《女性和人类发展》(2000)一书中这样做了。在该书中,努斯鲍姆使用人类能力路径确立了一种尺度,借此判断女性的发展水平。这使得发展的目标比纯粹的财富最大化更为复杂，要求更高，因为它也关注确立人类繁荣条件的社会和文化做法以及机构的重要性。努斯鲍姆提出，她认为十种能力对繁荣的人类生活非常有必要。

（1）生命——充分度过自然寿命的能力；

（2）身体健康——拥有良好健康的能力，包括生育健康、充分的营养及住房；

（3）身体完整性——活动自由，拥有免遭身体侵害的安全及性爱与生育的自主性；

（4）感觉、想象、思想——以受教育的方式完全使用所有这些方面的能力；

（5）情感——被他人吸引的能力，具有爱和激情的能力；

（6）实践理性——能够理性反思，辨别自己的善的生活，并为之进行规划；

（7）交往——在个人关系和社会群体中与他人共同生活的能力；

（8）其他种属——与自然共生的能力；

（9）玩耍——享受娱乐的能力；

（10）控制自己的物质和政治环境——参与政治选择、拥有财产、与他人平等工作的能力；

——［英］金伯莉·哈钦斯：《全球伦理》，杨彩霞译，中国青年出版社，2013 年，第 103～106 页。

社会创新促进包容性的人类发展

包容性人类发展中社会创新演进的三个阶段

基于包容性发展涉及的维度和惠及的人群，18 世纪至今，人类包容性发展中社会创新实践的演进历程可以划分为三个阶段。

第一阶段，以经济增长为核心的有限的包容性人类发展阶段（18—20 世纪初期）

18—19 世纪,随着工业革命在英国的爆发和之后向全世界的蔓延,人类经济发展出现了前所未有的增长,人们所享有的经济成果大大增加。分时期数据显示,1700—1820 年,全球总产值的平均增长率约为 0.5%,1820—1913 年,这一指标提升至 1.5%。经济的快速增长,客观上为人类包容性发展的实现提供了坚实的物质基础,但受限于社会创新和国家治理能力的相对滞后,这一时期的包容性增长,虽较 18 世纪之前有所改善,其实现也仅局限于一定范围之内。

这一时期,人类包容性发展的有限性体现在两个方面。从维度来看,经济水平出现了大幅提高,但社会进步、政治平等等方面的进展相对有限。从人群来看,虽然发展的受益人群从以前的君主、贵族以及教会扩展至商人和手工业者,但占据人口绝大多数的产业工人等社会底层劳动者,并未平等地从发展中获益。

这一时期的国家基本职能,基本停留在履行包括警察、法庭、军队、外交和一般管理的基本"王权"上,税收占国民收入的比重也一般都在 10% 以下。此外,工业生产所获得的利润,大多被工厂主等少数人占有,工人工资长期处于极低水平,直至 1870 年之后才出现了明显提高。20 世纪初,发达国家社会中 10% 的最高收入人群的收入一般占据了整个国家国民收入的 50%,整个社会处于极端不平等的状态中。

这一时期的社会创新,主要体现在政治制度中多元主义的植入和中央集权国家体系的强大。1688 年的英国光荣革命和 1789 年的法国大革命的爆发,先后促进了包容性政治制度在这两个国家的发展,但是社会中全体成员的政治平等在这一时期并未彻底实现。此外,教育、健康等众多被视为现代国家需要提供的基本公共服务,在当时也并未被列入政府的职能范围之内。在获取这些服务方面,社会成员之间依然存在着显著差距,机会不均等的现象依然普遍存在。

第二阶段,以社会政策和社会福利建设为核心,更加注重包容性发展的时期(20 世纪 20—70 年代)

20世纪20年代之后,快速的技术进步使得全球经济以更快的速度增长,这为实现人类包容性发展提供了更为强大的物质基础,更为重要的是,这一时期,随着政府作用的不断扩大,社会创新方面出现了迅猛发展,国家治理能力大幅提升,这使得实现人类包容性发展获得了充分的制度保障。

这一时期,发达国家社会创新的频繁发生和国家治理模式的变化,主要源于两次世界大战和经济大萧条的影响。两次世界大战的爆发和经济大萧条的出现,使得大多数发达国家认识到自由任性的经济模式的局限,在这一背景下,大多数发达国家纷纷在国家治理中加大政府干预力度,增加政府支出,制定新的社会政策,扩大政府公共服务范畴,这显著促进了包容性人类发展。作为其结果,发达国家在经济水平改善的同时,其社会进步、政治参与等多个维度也出现了明显改善。与18—19世纪的发展只惠及社会中的有限人群不同,这一时期发达国家的发展相对平等地惠及社会中的各个群体。无论是领域还是人群范围,这一时期发达国家的包容性发展均达到了较高水平。

作为具体体现,这一时期发达国家政府支出占GDP的比重不断攀升。20世纪70年代末,一些国家广义政府支出占GDP的比重增至50%的水平,而在西北欧高福利国家这一数字则高达70%。同时,人群间的收入分配从1900—1910年的45%~50%下降到1950—1970年间的30%~35%。

这一时期,发达国家的社会创新发生在多个领域当中。在经济领域,政府进一步扩大产权保护,强化对垄断行为的干预,引入累进所得税和累进财产税;在政治领域,落实人人平等的选举制度,扩大公民参与,强化工会作用,加大对劳动者保护;在社会领域,普及教育,实施免费义务教育、全面提升人力资本,实施广泛的社会保障,提升人群健康水平,增加减贫力度和对弱势群体的救助。

第三阶段,包容性人类发展的分化时期(20世纪80年代至今)

20世纪80年代之后,包容性人类发展在世界范围内出现了逐渐分化的趋势。在发达国家,在继续社会创新,促进包容性人类发展的总趋势下,一些国家出现了收入差距扩大、包容性发展状态恶化的情况；另一方面，在发展中国家，既出现了一些积极推进社会创新，实现积极快速增长，全面提升包容性发展水平的做法，也存在着经济状况持续低迷甚至恶化，包容性发展迟迟不能实现的情况。换言之，自20世纪80年代之后，在全球化、主要发达国家进入后现代化阶段，以及新兴经济体不断涌现的情况下，世界范围内的社会创新和包容性人类发展出现了进步与停滞乃至倒退并存的复杂局面。

这一时期发达国家出现的上述分化，直接源于经济增速放缓、人口老龄化程度加深、社会支出增加，以及新自由主义、新公共管理等发展思潮出现的影响。20世纪80年代，英国和美国在新自由主义的影响下，提出了放松政府管制、降低所得税率等多项措施。但这些措施的实施，客观上却造成了收入分配格局的恶化。2000—2010年，美国前10%的人群收入比重，上升至45%～50%，达到欧洲1900—1910年的水平。而欧洲各国的收入差距也有所扩大，其中，英国最为严重，其前10%的人群收入比重，增至40%。随着社会支出增幅的缩减，一些社会群体所获得的社会支持受到抑制，这客观上造成了低收入群体生活状况的恶化。

在发展中国家，这一时期一些国家逐步引入更为包容性的政治和经济制度，带来了经济快速发展和其他领域的改善。但也有一些国家，由于缺乏一个强有力的中央政权提供法律和秩序，长期处于分裂和内战局面，不仅包容性发展无法实现，即使最基本的经济增长也无法维系。更有甚者，在一些曾经达到中等收入水平的拉美国家，由于其政治制度和经济制度包容性的缺乏，在发展中出现了严重的收入不平等，这使得这些国家长期处于中等收入状态无法获得进一步发展，个别国家甚至出现了发展倒退的局面。

这一时期的社会创新，很多是对前一阶段的延续。在发达国家，社会创新体现为社会组织作用的强化。在发展中国家，这一时期的社会创新则更多地体现为对发达国家所采取的既有措施的本土化和改善提升。

需要指出的是，在20世纪后期，一些国家和国际机构中对如何更好地提升发展的包容性水平，继续做着积极的探索。这些探索中，既有成功的经验,也有失败的教训。

20 世纪 80 年代以来,世界上有 20 多个国家进入高收入国家行列,这些国家的大部分位于包容性程度较高的欧洲。与此同时,作为中国紧邻的日本和亚洲"四小龙"进入高收入国家行列的成功,在很大程度上也是由于在经济起飞和赶超过程中,通过社会创新确保了发展的包容性。与此相对,20 世纪 70 年代以来,一些拉美国家相继深陷"中等收入陷阱",部分原因是这些国家在经济起飞过程中对发展包容性重视的不足,引发了严重的收入分配不公。而这种收入分配差距,导致经济增长趋向缓慢,出现了"增长式贫困",即一方面经济呈低速增长态势,另一方面贫困率居高不下,呈现畸形富裕与畸形贫困并存的局面。这种鲜明的对比,表明包容性的发展是成功跨越"中等收入陷阱"的重要条件。而在实现包容性发展的过程中,各国在社会政策和社会治理中的一些创新,起到了关键性的作用。

从 18 世纪至今包容性人类发展中社会创新实践的演进史不难看出,不断出现的社会创新,带来了人类包容性发展水平的逐步提升。但与此同时,不同国家以及不同历史时期社会创新状况的巨大差异,直接导致了当前世界各国发展状态的不同。

——联合国开发计划署:《中国人类发展报告 2016》,中译出版社,2016 年,第 6~8 页。

4. 关于可持续发展

走向可持续发展

人类需求和欲望的满足是发展的主要目标。发展中国家大多数人的基本需求——粮食、衣服、住房、就业——没有得到满足,除了他们的基本需求外,这些人民对提高生活质量有正当的愿望。一个充满贫困和不平等的世界将易发生生态和其他的危机。可持续的发展要求满足全体人民的基本需要和给全体人民机会以满足他们要求较好生活的愿望。

只有当各地的消费水平重视长期的可持续性,超过基本的最低限度的生活水平才能持续。然而,我们当中许多人的生活超过了世界平均的生态条件,如我们利用能源的方式。人们理解的需要是由社会和文化条件确定的,可持续发展要求促进这样的观念,即鼓励在生态可能的范围内的消费标准和所有的人可以合理地向往的标准。

满足基本的需要部分地取决于实现全面的发展潜力。很明显,可持续发展要求在基本需要没有得到满足的地方实现经济增长。而在其他地方,假如增长的内容反映了可持续性的广泛原则以及不包含对他人的剥削,那么可持续发展就能与经济增长相一致,但是增长本身是不够的,高度的生产率和普遍贫困可以共存,而且会危害环境。因此,可持续发展要求:社会从两方面满足人民需要,一是提高生产潜力,二是确保每人都有平等的机会。

人口增长会给资源增加压力,并在掠夺资源普遍发生的地区减慢生活水平的提高。不过,这不仅仅是个人口规模的问题,而且也是个资源分配问题。只有人口发展与生态系统变化着的生产潜力相协调,可持续发展才能够进行下去。

社会可以有许多方法危害后代人满足其基本需要的能力,例如过度开发资源。技术发展的方向能解决一些迫在眉睫的问题,但却会导致更大的问题出现。盲目的发展可能会危害许多人的利益。

在发展过程中,定居农业、水道改向、矿物提炼、余热和有毒气体排入大气、森林商业化、遗传控制都是人类干扰自然系统的例子。不久以前,这类干扰还只是小规模的,其影响也是有限的,但现在的干扰在规模和影响两方面都更加强烈,并从局部和全球两方面严重地威胁生命支持系统。这种现象不是一定要发生的,至少可持续的发展不应当危害支持地球生命的自然系统:大气、水、土壤和生物。

……

就人口或资源利用而言,没有一个固定的限度,超过这个限度就会发生生态灾难。能源、物资、水和土地的形式都有不同的限度,其中许多以成本上升和收益下降的形式,而不是以资源基础的突然丧失的形式表现出来。知识的累积和技术的开发会加强资源基础的负荷能力,但是最终的限度是有的,可持续性要求,在达到这些限度之前的长时期里,全世界必须保证公平地分配有限的资源和调整技术上的努力方向以减轻压力。

很明显,经济增长和发展设计到自然生态系统的变化,各地区每种生态系统不能完整无缺地加以保护。如果对开发已经作了规划并考虑到了对土壤流失速度,水域和遗传损失的影响的话,耗竭流域中的某一部分的森林,并扩大到一些地方,那不是一件坏事。总而言之,像森林和鱼类这样的可再生资源,除非利用率是在再生和自然增长的限度内,否则不应耗竭。但是多数可再生资源只是复杂的和互相联结起来的生态系统一个组成部分;在考虑了开发对整个系统的影响之后,必须确定最高的可持续产量。

至于像矿物燃料和矿物这样的不可再生资源,对它们的利用则减少了供子孙后代将来的储存量,但这并不意味着不应该利用这种资源。总的来说,耗竭的速率应考虑那种资源的临界性,可将耗竭减少至最小程度的技术的可利用性和可得到的替代物的可能性。土地不应退化到超过合理恢复的能力。对矿物燃料来说,其耗竭的速度以及对其再循环和节省的强调都应制定出标准,以确保得到可接受的替代物之前,资源不会枯竭。可持续发展要求,不可再生资源耗竭的速率应尽可能少地妨碍将来的选择。

发展趋向于使生态系统简化和减少物种的多样性。而物种一旦灭绝,它们就不可再生。动植物物种的丧失会大大地限制后代人的选择机会,所以可持续发展要求保护动植物物种。

所谓的免费物质如大气和水也是资源。生产过程中的原材料和能源只有部分地被转换为有用的产品,其余部分则成为废弃物。可持续发展要求:为了保持生态系统的完整性,要把对大气质量、水和其他自然因素的不利影响减少到最小程度。

实质上,可持续发展是一种变化过程。在这个过程中,资源的开发、投资的方向、技术开发方向和机构的变化都是互相协调的,并增强目前和将来满足人类的需要和愿望的潜力。

——世界环境与发展委员会:《我们共同的未来》,王之佳、柯金良等译,吉林人民出版社,1997年,第53～56页。

发展与环境必须兼顾

联合国环境与发展会议,于1992年6月3日至14日在里约热内卢举行了会议,重申1972年6月16日在斯德哥尔摩通过的联合国《人类环境宣言》,并试图在其基础上再推进一步,怀着在各国、在社会各个关键性阶层和在人民之间开辟新的合作层面,从而建立一种新的、公平的全球伙伴关系的目标,致力于达成既尊重所有各方的利益,又保护全球环境与发展体系的国际协定,认识到我们的家乡——地球的整体性和相互依存性,兹宣告:

原则1

人类处于普受关注的可持续发展问题的中心。他们应享有以与自然相和谐的方式过健康而富有生气成果的生活的权利。

原则2

根据《联合国宪章》和国际法原则,各国拥有按照其本国的环境与发展政策开发本国自然资源的主权权利,并负有确保在其管辖范围内或在其控制下的活动不致损害其他国家或在各国管辖范围以外地区的环境的责任。

原则3

为了公平地满足今世后代在发展与环境方面的需要,求取发展的权利必须实现。

原则4

为了实现可持续的发展,环境保护工作应是发展进程的一个整体组成部分,不能脱离这一进程来考虑。

原则5

为了缩短世界上大多数人生活水平上的差距,和更好地满足他们的需要,所有国家和所有人都应在根除贫穷这一基本任务上进行合作,这是实现可持续发展的一项不可少的条件。

原则6

发展中国家、特别是最不发达国家和在环境方面最易受伤害的发展中国家的特殊情况和需要应受到优先考虑。环境与发展领域的国际行动也应当着眼于所有国家的利益和需要。

原则7

各国应本着全球伙伴精神,为保存、保护和恢复地球生态系统的健康和完整进行合作。鉴于导致全球环境退化的各种不同因素,各国负有共同的但是又有差别的责任。发达国家承认,鉴于他们的社会给全球环境带来的压力,以及他们所掌握的技术和财力资源,他们在追求可持续发展的国际努力中负有责任。

原则 8

为了实现可持续的发展,使所有人都享有较高的生活素质,各国应当减少和消除不能持续的生产和消费方式,并且推行适当的人口政策。

原则 9

各国应当合作加强本国能力的建设,以实现可持续的发展,做法是通过开展科学和技术知识的交流来提高科学认识,并增强各种技术——包括新技术和革新性技术的开发,适应修改、传播和转让。

原则 10

环境问题最好是在全体有关市民的参与下,在有关级别上加以处理。在国家一级,每一个人都应能适当地获得公共当局所持有的关于环境的资料,包括关于在其社区内的危险物质和活动的资料,并应有机会参与各项决策进程。各国应通过广泛提供资料来便利及鼓励公众的认识和参与。应让人人都能有效地使用司法和行政程序,包括补偿和补救程序。

原则 11

各国制定有效的环境立法。环境标准、管理目标和优先次序应该反映它们适用的环境与发展范畴。一些国家所实施的标准对别的国家特别是发展中国家可能是不适当的,也许会使它们承担不必要的经济和社会代价。

原则 12

为了更好地处理环境退化问题,各国应该合作促进一个支持性和开放的国际经济制度,这个制度将会导致所有国家实现经济成长和可持续的发展。为环境目的而采取的贸易政策措施不应该成为国际贸易中的一种任意或无理歧视的手段或伪装的限制。应该避免在进口国家管理范围以外单方面采取对付环境挑战的行动。解决跨越国界或全球性环境问题的环境措施应尽可能以国际协调一致为基础。

原则 13

各国应制定关于污染和其他环境损害的责任和赔偿受害者的国家法律。各国还应迅速并且更坚决地进行合作,进一步制定关于在其管辖或控制范围内的活动对在其管辖外的地区造成的环境损害的不利影响的责任和赔偿的国际法律。

原则 14

各国应有效合作阻碍或防止任何造成环境严重退化或证实有害人类健康的活动和物质迁移和转让到他国。

原则 15

为了保护环境,各国应按照本国的能力,广泛适用预防措施。遇有严重或不可逆转损害的威胁时,不得以缺乏科学充分确实证据为理由,延迟采取符合成本效益的措施防止环境恶化。

原则 16

考虑到污染者原则上应承包污染费用的观点,国家当局应该努力促使内部负担环境费用,并且适当地照顾到公众利益,而不歪曲国际贸易和投资。

原则 17

对于拟议中可能对环境产生重大不利影响的活动,应进行环境影响评价,作为一项国家手段,并应由国家主管当局作出决定。

原则 18

各国应将可能对他国环境产生突发的有害影响的任何自然灾害或其他紧急情况立即通知这些国家。国际社会应尽力帮助受灾国家。

原则 19

各国应将可能其有重大不利跨越国界的环境影响的活动向可能受到影响的国家预先和及时地提供通知和有关资料,并应在早期阶段诚意地同这些国家进行磋商。

原则 20

妇女在环境管理和发展方面具有重大作用。因此,她们的充分参加对实现待久发展至关重要。

原则 21

应调动世界青年的创造性、理想和勇气,培养全球伙伴精神,以期实现持久发展和保证人人有一个更好的将来。

原则 22

土著居民及其社区和其他地方社区由于他们的知识和传统习惯,在环境管理和发展方面具有重大作用。各国应承认和适当支持他们的特点、文化和利益,并使他们能有效地参加实现持久的发展。

原则 23

受压迫、统治和占领的人民,其环境和自然资源应予保护。

原则 24

战争定然破坏持久发展。因此各国应遵守国际法关于在武装冲突期间保护环境的规定,并按必要情况合作促进其进一步发展。

原则 25

和平、发展和保护环境是互相依存和不可分割的。

原则 26

各国应和平地按照(联合国宪章)采取适当方法解决其一切的环境争端。

原则 27

各国和人民应诚意地本着伙伴精神,合作实现本宣言所体现的各项原则,并促进可持续发展方面国际法进一步的发展。

——《里约环境与发展宣言》,《联合国环境与可持续发展系列大会重要文件选编》,中国环境科学出版社,2004 年,第 123～126 页。

可持续发展的伦理

"发展"这一概念在首次使用时,是假定发展是沿着现有"发达"经济的特定路线行进,随着时间的流逝,所有的经济都会发展起来,这种观念在实践上和原则上都无问题。然而,自 20 世纪 70 年代以来,人们越发认识到,经济发展的普遍化将会遭遇到道尔称之为"有限性"的问题。这些问题包括全球不可再生资源(譬如煤炭和石油)的有限、地球承受发展效果(全球变暖)能力的有限、世界上产生可再生资源(食物、木材)区域的有限。一些评论家和决策者对全球变暖等说法的科学基础提出质疑,也许这是因为他们坚信,在这些问题造成不可补救的破坏之前,可以找到解决的办法,以此否认"有限性"的重要意义。但是到了20世纪80年代,人们已经达成广泛共识,即发展政策必须把环境问题考虑在内。因此,面对上述这些难题,出现了一套与发展相关的新的伦理问题。这些问题既对旧的发展模式提出质疑,又引发了对全球状况下的贫困做出适当伦理回应的新问题。这一全球状况不仅极为不平等,而且随着时间的流逝,也极具不可持续性。

在最为本质的层面,环境问题向发展伦理标准化讨论中的人类中心论提出质疑。具有争议的是,即将到来的生态灾难的根源是,把人的生活方式与其他生物的生存以及更宽泛的生态系统的和谐状态分离开来。如果是这样的话,那么与大众生产和大众消费的工业化工程相关联的富足水平,就是在地球遭到破坏的情况下实现的。这也意味着,赞同发展援助伦理观"种属主义"的前提是,优先考虑人类的需要和需求,这可能是问题的一部分,而不是解决方案的一部分,尽管在某种程度上取决于如何理解人类的需要和需求。生态中心论伦理认为,所有种属都具有道德意义,应该把生态系统和生态领域视为也拥有自己的道德价值,暂且撇开组成它们的种属。因此,在这一范畴内最为激进的一端,环境伦理呼吁要把人类置于中心的这种道德传统进行重新思考。一个不甚激进的立场也向人们发出呼吁:如果不把工业层面的生产和消费所造成的环境代价考虑在内,那么人类的需要和需求就根本不可能得到满足。在某种程度上,这种观点与发展的生态批评论相吻合,后者是倡导"人类发展"观的人们提出的观念。在发展政策方面,这一观点产生了以下的思想,即对环境退化所引发问题的适当回应,不是要抛弃发展观,而是要以"可持续性发展"的路径进行思考。从这一视角出发,包括经济增长在内的人类发展可以与环境工作并行不悖,也与对几代人的义务并行不悖。在这样的语境之内,出现了关于可持续发展伦理的各种讨论。

确定可持续发展路径的伦理,引发了与环境问题所独有的特征相关的一系列问题。谈到环境时,其中一个特征是全球对地方做法的显著影响。我们已经看到,可以利用契约论伦理和美德伦理,反对一国对另一国担负有提供发展援助的强烈义务这一思想。但是在这两种情况下,都在假定可以直接识别属于一个国家的东西和属于另一国家的东西之间的界线。然而,诸如气候变化这类现象的影响并不能包含在国界之内,这样一来,一个国家的地区做法必然会成为所有人的事情。不管愿意与否,发达国家和发展中国家都发现自己跟实际或潜在的"生态债务"外来者发生着关系,也就是说,(至少短期来看)受益于对别人和自己造成的生态危害。深刻的生态相互依赖性与把可持续性发展的范围限定在国家或文化边界的做法极不协调。

环境问题的第二个特征是,问题的出现大多源自出于其他考虑而采取的行动,这些行动导致了原本没有打算的后果,这些问题的直接影响和中期影响都呈不平等状分布。19 世纪的工业家(以及当代英国的汽车司机)起初并非故意要导致气候变化,从而在气象格局和沙漠化方面对世界(大部分)贫困地区的许多人引发各种各样有害的后果。然而,这些行为的影响产生了"意想不到的新的害人方式"。在谈到可持续发展时,就引发了何人应当为何人担负什么责任的某些难题。污染者(即便他们负担不起这笔钱)应该支付清洁能源的费用吗?最富足者(尽管这意味着降低他们的生活标准)应该为此埋单吗?从功利主义者的视角来看,道德上关键的是行为的后果,而非这些后果背后的动机。在辛格看来,把功利最大化的这一承诺,通常使功利主义的资源分配观与罗尔斯优先考虑最穷之人的原则结盟起来。这是因为,你拥有的东西越少,你的功利性增加得就越大,即便只是增加了很少的物品。对富人而言,情况恰恰相反:你已经拥有很多,那么所增加的物品增加你最低限度的功利性就越小。在辛格看来,这意味着,功利主义者对气候变化的回应表明,富国应该为减少温室效应气体承担更多甚至全部的费用。

尽管出于不同的原因,但契约论和道义论也得出类似的结论。契约论认为,富国承担减少全球气体释放的理由在于"生态债务"论。从历史上看,富国已经动用了人类共同的环境资源,现在仍然继续成为全球大气的主要污染者,那么它们就有义务向穷国做些补偿,就得承担减少大气释放的大部分费用。对于这一论断,苏做出了略微不同的道义性阐释。他认为,出于对人类需求的基本尊重,需要对解决全球变暖问题的任务进行调整。对苏而言,"要求一些人放弃生活必需品,而另外一些人可以保留奢侈品,这是不公平的"。因此,在他看来,为了满足人的基本需求,应该给予穷国一定的自主权来控制对环境造成的破坏。而且,富国之所以承担减少温室效应气体费用的道德义务,是因为富国有能力这样做,而并非因为它们有责任这样做。海沃德则用相当不同的口吻谈到,可行的方式是,在国家的层面上,把普遍人权体制化到充分的环境方面。他认为,这将把富足国家推入更为良性的国内生态政策,加强国际法与国际政策的调节,给予穷国以保护,使其免遭全球市场持续的侵蚀性影响。

　　——[英]金伯莉·哈钦斯:《全球伦理》,杨彩霞译,中国青年出版社,2013 年,第 110~114 页。

可持续发展与消除贫穷背景下的绿色经济

　　(56)我们申明,每个国家都可以根据本国国情和优先事项,以不同的办法、愿景、模式和工具,从三个层面实现作为我们总目标的可持续发展。在这方面,我们认为,可持续发展和消除贫穷背景下的绿色经济是可以实现可持续发展的重要工具之一,可提供各种决策选择,但不应该成为一套僵化的规则。我们强调,这种背景下的绿色经济应该有助于消除贫穷,有助于持续经济增长,增进社会包容,改善人类福祉,为所有人创造就业和体面工作机会,同时维持地球生态系统的健康运转。

　　(57)我们申明,可持续发展和消除贫穷背景下的绿色经济政策应该遵循各项《里约原则》《21 世纪议程》和《约翰内斯堡执行计划》并以其为指导,促进实现国际商定的相关发展目标,包括千年发展目标。

（58）我们申明，可持续发展和消除贫穷背景下的绿色经济政策应该：

（a）符合国际法；

（b）考虑到各国在可持续发展三个层面的国情、目标、责任、优先事项和政策空间，尊重各国对本国自然资源的国家主权；

（c）享有有利环境，得到运作良好的各级机构的支持，由政府发挥主导作用，有包括民间社会在内的所有利益攸关方的参与；

（d）推动包容性的持续经济增长，促进创新，为所有人创造机会、提供福利、增强权能，尊重所有人权；

（e）考虑到发展中国家的需要，特别是处境特殊的国家的需要；

（f）加强国际合作，包括向发展中国家提供财政资源，帮助能力建设，转让技术；

（g）切实避免官方发展援助和供资附加不必要的条件；

（h）不成为任意或无理歧视或变相限制国际贸易的手段，避免在进口国管辖权之外以单方面行动应对环境挑战。确保处理跨界或全球性环境问题的环境措施尽可能以国际共识为基础；

（i）采取一切适当措施，帮助缩小发展中国家与发达国家的技术差距，减少发展中国家的技术依赖性；

（j）增进土著人民及其社区、其他地方社区和传统社区以及少数族裔的福祉，承认和支持他们的身份、文化和利益。避免危害他们的文化遗产、习俗和传统知识，保护和尊重有助于消除贫穷的非市场做法；

（k）增进妇女、儿童、青年、残疾人、小农和自给农、渔民以及中小型企业就业者的福祉，改善穷人和弱势群体的生计，增强其权能特别是在发展中国家这样做；

（l）充分调动妇女和男子的潜力，确保妇女和男子的平等贡献；

（m）促进发展中国家开展有助于消除贫穷的生产性活动；

（n）处理有关不平等的问题，促进社会包容，包括推行社会保护最低标准；

（o）推广可持续消费和生产方式；

（p）继续努力,采取包容性的公平发展方针,消除贫穷和不平等现象。

（59）我们认为,谋求转向可持续发展的国家为此实行的绿色经济政策是一项共同事业,我们也认识到,每个国家都可以根据本国可持续发展计划、战略和优先事项选择适当的办法。

（60）我们确认,可持续发展和消除贫穷背景下的绿色经济将使我们更有能力以可持续方式管理自然资源,同时减轻不利的环境影响,提高资源效益,减少浪费。

（61）我们认识到,针对已出现的不可持续的生产和消费方式采取紧急行动,仍然从根本上关系到解决环境可持续性问题,也关系到促进对生物多样性和生态系统的养护和可持续利用以及自然资源的再生,还关系到推动持续、包容、公平的全球增长。

（62）我们鼓励每个国家考虑实行可持续发展和消除贫穷背景下的绿色经济政策,努力推动持续、包容、公平的经济增长和创造就业机会的举措,特别是为妇女、青年和穷人提供机会。在这方面,我们注意到,必须确保劳动者通过教育和能力建设等途径掌握必要的技能,并得到必要的社会保护和健康保护。为此,我们鼓励包括工商业界在内的所有利益攸关方酌情做出贡献。我们请各国政府利用联合国相关机构在其任务范围内提供的援助,增强有关就业趋势、发展情况和制约因素的知识和统计能力,将有关数据纳入国家统计。

（63）我们认识到,必须对各种社会、环境和经济因素进行评价,并鼓励各方在国家情况和条件允许范围内将这些因素纳入决策。我们确认,必须利用现有的最佳科学数据和分析,考虑到可持续发展和消除贫穷背景下的绿色经济政策的机会和挑战以及代价和惠益。我们确认,综合采取各种措施,包括在国家一级采取符合国际协定规定的义务的监管措施、自愿性措施和其他措施,可以促进在可持续发展和消除贫穷背景下发展绿色经济。我们重申,社会政策对于促进可持续发展至关重要。

（64）我们确认,所有利益攸关方的参与及其各级伙伴关系、联网和经验分享活动,可以帮助各国互相学习如何确定适当的可持续发展政策,包括绿色经济政策。我们注意到一些国家,包括发展中国家,在通过包容性办法实行可持续发展和消除贫穷背景下的绿色经济政策方面已有积极经验。我们对可持续发展各领域开展的自愿经验交流和能力建设表示欢迎。

（65）我们认识到,通信技术,包括联通技术和创新应用,对有利于可持续发展的知识交流、技术合作和能力建设具有推动价用。这些技术和应用可以建设能力并使可持续发展各领域能以公开透明方式分享经验和知识。

（66）我们认识到,为了推行可持续发展政策,包括可持续发展和消除贫穷背景下的绿色经济政策。我们必须使筹资、技术、能力建设和国家需求相互衔接。有鉴于此,我们请联合国系统与相关捐助方和国际组织合作,在以下方面进行协调并应请求提供信息:

（a）为有关国家匹配最适合提供所求援助的伙伴;

（b）各级实行可持续发展和消除贫穷背景下的绿色经济政策的整套办法和(或)最佳做法;

（c）可持续发展和消除贫穷背景下的绿色经济政策模式或良好实例;

（d）可持续发展和消除贫穷背景下的绿色经济政策的评价方法;

（e）在这方面有助益的现有的或正在出现的平台。

（67）我们强调,政府在通过包容、透明程序制定政策和战略方面必须发挥主导作用。我们也注意到一些国家,包括发展中国家,已经启动了拟定支持可持续发展的国家绿色经济战略和政策的进程。

（68）我们请各利益攸关方,包括联合国各区域委员公、联合国各组织和机构、其他相关政府间组织和区域组织、国际金融机构以及参与可持续发展的主要群体,根据各自任务,应请求援助发展中国家通过可持续发展和消除贫穷背景下的绿色经济政策等途径实现可持续发展,特别是在最不发达国家这样做。

（69）我们还请工商界根据国家法律酌情为可持续发展做出贡献,制定结合绿色经济政策等内容的可持续性战略。

（70）我们确认合作社和微型企业在促进社会包容和减贫方面的作用，特别是在发展中国家发挥这样的作用。

（71）我们鼓励现有的和新的伙伴关系，包括公私伙伴关系，酌情考虑到地方和土著社区的利益，调动以私营部门为补充的公共融资。在这方面，政府应该支持各种可持续发展举措，包括促进私营部门为支持可持续发展和消除贫穷背景下的绿色经济政策做出贡献。

（72）我们认识到技术的关键作用和促进创新的重要性，在发展中国家尤其如此。我们请各国政府酌情建立有利框架，加强无害环境的技术，研究与发展以及创新，以支持可持续发展和消除贫穷背景下的绿色经济。

（73）我们强调向发展中国家转让技术的重要性，并回顾在《约翰内斯堡执行计划》中商定的关于技术转址、筹资、信息获取以及知识产权的规定，尤其是其中呼吁酌情促进、便利和资助无害环境的技术和相应技能的获取、发展、转让和推广，特别是按照相互商定的有利条件，包括减让和优惠条件，向发展中国家转让和推广此类技术。我们也注意到自《约翰内斯堡执行计划》通过以来有关这些问题的讨论和协议的进一步发展。

（74）我们认识到，对于选择实行可持续发展和消除贫穷背景下的绿色经济政策的发展中国家所做的努力，应该通过技术援助给予支持。

——《我们希望的未来》，联合国网站，http://www. un. org/zh/documents/treaty/files/A – RES – 66 – 288. shtml。

≫ 链接2：中国改革开放与发展问题

中国改革开放以来纷纷出现的发展问题，最重要的如何解决财富分配问题，以实现公平的发展。"十二亿人口怎样实现富裕，富裕起来以后财富怎样分配，这都是大问题。题目已经出来了，解决这个问题比解决发展起来的问题还困难。分配的问题大得很。我们讲要防止两极分化，实际上两极分化自然出现。要利用各种手段、各种方法、各种方案来解决这些问题……

分配不公,会导致两极分化,到一定时候问题就会出来。这个问题要解决。过去我们讲先发展起来。现在看,发展起来以后的问题不比不发展时少。"①社会主义财富属于人民,社会主义的致富是全民共同致富。社会主义原则,第一是发展生产,第二是共同致富。我们允许一部分人先好起来,一部分地区先好起来,目的是更快地实现共同富裕。正因为如此,所以我们的政策是不使社会导致两极分化,就是说,不会导致富的越富,贫的越贫。②

还有发展过快也是一个不容忽视的问题。邓小平就提出这样的告诫:"我们现在要注意的是发展速度不要太快,要适当控制速度,否则配套跟不上,能源、原材料、资金都跟不上,特别是不能为下个世纪发展的后劲打下很好的基础。我们计划连续几十年的发展,要避免曲折,更要避免倒退。总的是要加快步伐,在加快步伐中,头脑要冷静,步子要稳妥。"③江泽民指出:"改革、发展、稳定,好比是我国现代化建设棋盘上的三着紧密关联的战略性棋子,每一招棋都下好了,相互促进,就会全局皆活;如果有一招下不好,其他两着也会陷入困境,就可能全局受挫。所以把握好改革、发展、稳定的关系,是现代化建设的一项重要领导艺术。"④"我们要把发展作为主题,把结构调整作为主线,把改革开放和科技进步作为动力,把提高人民生活水平作为根本出发点,全面推动经济发展和社会进步……我国经济发展中的突出矛盾和深层次问题是经济结构不合理,主要表现为产业结构不合理,地区发展不协调,城镇化水平低,工农业生产技术水平落后,国民经济整体素质还不高。这些问题如不加紧解决,就难以提高经济增长的质量,难以增强我国发展的

---

① 邓小平同弟弟邓垦谈话,《邓小平年谱(一九七五——一九九七)》(下),中央文献出版社,2004年,第1364页。

② 参见邓小平:《答美国记者迈克·华莱士问》,《邓小平文选》(第三卷),人民出版社,1993年,第172页。

③ 邓小平会见德意志联邦共和国巴伐利亚州州长、基督教社会联盟主席弗朗茨—约瑟夫·施特劳斯时的谈话,见《邓小平年谱(一九七五——一九九七)》(下),中央文献出版社,2004年,第1212页。

④ 江泽民在八届全国人大二次会议上海代表团讨论会上的讲话,《江泽民论有中国特色社会主义(专题摘编)》,中央文献出版社,2002年,第211页。

后劲。"①进入 21 世纪,我国发展质量问题更加凸显。"进入新世纪新阶段,我国发展呈现一系列新的阶段性特征,主要是:经济实力显著增强,同时生产力水平总体上还不高,自主创新能力还不强,长期形成的结构性矛盾和粗放型增长方式尚未根本改变;社会主义市场经济体制初步建立,同时影响发展的体制机制障碍依然存在,改革攻坚面临深层次矛盾和问题;人民生活总体上达到小康水平,同时收入分配差距拉大趋势还未根本扭转,城乡贫困人口和低收入人口还有相当数量,统筹兼顾各方面利益难度加大;协调发展取得显著成绩,同时农业基础薄弱、农村发展滞后的局面尚未改变,缩小城乡、区域发展差距和促进经济社会协调发展任务艰巨;社会主义民主政治不断发展、依法治国基本方略扎实贯彻,同时民主法制建设与扩大人民民主和经济社会发展的要求还不完全适应,政治体制改革需要继续深化;社会主义文化更加繁荣,同时人民精神文化需求日趋旺盛,人们思想活动的独立性、选择性、多变性、差异性明显增强,对发展社会主义先进文化提出了更高要求;社会活力显著增强,同时社会结构、社会组织形式、社会利益格局发生深刻变化,社会建设和管理面临诸多新课题;对外开放日益扩大,同时面临的国际竞争日趋激烈,发达国家在经济科技上占优势的压力长期存在,可以预见和难以预见的风险增多,统筹国内发展和对外开放要求更高。"②

"十三五"时期,发展既要看速度,也要看增量,更要看质量,要着力实现有质量、有效益、没水分、可持续的增长,着力在转变经济发展方式、优化经济结构、改善生态环境、提高发展质量和效益中实现经济增长。③"'蛋糕'不断做大了,同时还要把'蛋糕'分好。我国社会历来有'不患寡而患不均'的观念。我们要在不断发展的基础上尽量把促进社会公平正义的事情做好,

---

① 江泽民:《在新世纪把建设有中国特色社会主义事业继续推向前进》,《江泽民文选》(第三卷),人民出版社,2006 年,第 117～119 页。

② 胡锦涛:《高举中国特色社会主义伟大旗帜,为夺取全面建设小康社会新胜利而奋斗》,《胡锦涛文选》(第二卷),人民出版社,2016 年,第 622～623 页。

③ 参见习近平:《关于〈中共中央关于制定国民经济和社会发展第十三个五年规划的建议〉的说明》,《人民日报》,2015 年 11 月 4 日。

既尽力而为、又量力而行,努力使全体人民在学有所教、劳有所得、病有所医、老有所养、住有所居上持续取得新进展。"①"要增强发展的全面性、协调性、可持续性,加强保障和改善民生工作,从源头上预防和减少社会矛盾的产生。要以促进社会公平正义、增进人民福祉为出发点和落脚点,加大协调各方面利益关系的力度,推动发展成果更多更公平惠及全体人民。"②

伴随着改革开放,中国与世界的发展联系越来越密切。邓小平早在20世纪80年代就指出,"现在世界上问题很多,有两个比较突出。一是和平问题……二是南北问题。这个问题在目前十分突出。发达国家越来越富,相对的是发展中国家越来越穷。南北问题不解决,就会对世界经济的发展带来障碍。解决这个问题当然要靠南北对话,我们主张南北对话。不过,单靠南北对话还不行,还要加强第三世界国家之间的合作,也就是南南合作。第三世界国家相互交流,相互学习,相互合作,可以解决许多问题,前景是很好的。发达国家应该清楚地看到,第三世界国家经济不发展,发达国家的经济也不可能得到较大的发展。"③当今世界,"我们要共同对付人类生存与发展面临的挑战。我们大家生活在同一个星球上。生态环境恶化、贫困失业、人口膨胀、疾病流行、毒品泛滥、国际犯罪活动猖獗以及妇女儿童权益得不到保障等等,都是事关人类生存与发展的全球性问题。发达国家对其在工业化、现代化过程中造成的生态环境恶化是欠了债的,理所当然地应对环境保护做出更大的贡献。这些全球性问题的逐步解决,不仅要靠各国自身的努力,还需要国际上的相互配合和密切合作"④。

---

① 习近平:《切实把思想统一到党的十八届三中全会精神上来》,《习近平谈治国理政》,外文出版社,2014年,第93~97页。
② 习近平:《切实维护国家安全和社会安定》,《习近平谈治国理政》,外文出版社,2014年,第204页。
③ 邓小平:《维护世界和平,搞好国内建设》,《邓小平文选》(第三卷),人民出版社,1993年,第56页。
④ 江泽民:《让我们共同缔造一个更美好的世界》,《江泽民文选》(第一卷),人民出版社,2006年,第479~481页。

三

发展战略与『人类发展』

1. 联合国四个发展十年战略

第一个发展十年国际发展战略

念及宪章所订促成大自由中之社会进步及较善民生以及运用国际机构促进全体人民经济与社会发展之神圣任务。

鉴于经济发展较差国家之经济及社会发展不仅对此等国家非常重要，且为达到国际和平安全及加速增进互利的世界繁荣之所本。

承认在五十年代之十年中新发展中国家及发展较优国家均已作相当之努力，以促进发展较差各国之经济进展。

惟悉近年来虽有此种努力，但经济发展国家与发展较差国家之平均每人所得益见悬殊，且发展中各国经济与社会进展之速率去适当之程度仍远。

……

深信必须有联合一致之行动，借以表示各会员国决心在此十年中再接再厉经由联合国系统并依双边或多边办法促进国际经济合作。

（1）将当前十年定位联合国发展十年，俾各会员国及其人民加紧努力，对于已发展各国及正发展中各国所须采取用以加速个别国家经济趋向自力增长之进展及其社会进展之措施，予以发动并继续支援，以便使每一发展落后国家之增长率大有增加，并由每一国家自定目标，以十年之期届满时国民所得总额之每年最低增长率达到百分之五为标的；

（2）请联合国会员国及各专门机关会员国：

（a）采取政策，俾发展较差各国及依赖输出少数初级商品种类之各国得以在正在扩大之市场中以稳定及有利价格销售更多产品并日渐增加以所获外汇及国内储蓄筹供各国本身经济发展所需之资金；

（b）依照一般公认之投入资本合理盈利，采取政策，以确保发展中国家从利用外资开采及销售其天然资源所得之盈利中衡平分得一份；

（c）采取政策，俾公私发展资金依双方均可接受之条件向发展中国家流入之数量增加；

（d）采取措施，以便依资本输出及资本输入国家均感满意之条件奖励私人投资资本之流动以供发展中国家之经济发展；

（3）请秘书长将对于研究及适用本决议案有用之文件提送各会员国政府并请各该政府在可能范围内就联合国十年方案内容以及此种措施如何适用于各该国之发展计划一节，提具提案；

（4）请秘书长顾及各政府意见，酌量情形，与主管财政经济及社会部门之国际机关首长、特设基金会总经理、技术协助局执行主席及各区域经济委员会商榷，拟订提案以便联合国系统中各组织在经济及社会发展方面加紧采取行动并除其他各点外，特别注意旨在促进上文第一段所载目标之下列处理办法：

（a）以工业化、多样性及发展高度生产农业部门之办法达到并增进发展较差各国内健全而自力维持之经济发展；

（b）徇发展中国家之请求助其确立在适当情形下包括土地改革在内之周密与全盘之国家计划，俾能依双边及多边办法帮助动员国内资源并利用外来资源以谋其在自力增长方面进展之措施；

（c）改善国际机关及国际工具之使用，以促进经济与社会发展之措施；

（d）加速消除严重影响发展较差国家人民生产力之文盲、饥饿及疾病之措施；

（e）必须采取新措施，并且改进现有办法，俾发展中国家与在一般教育、专业及技术训练方面力能提供协助之各专门机关与国家，斟酌情形，进行合

作,继续促进此等教育及训练,并在公共行政、教育、工程、保健及农学方面训练合格之本国人员;

(f)加强研究及示范以及其他工作,开发极有希望之科学潜力与技术潜力,以加速经济与社会之发展;

(g)在制成品以及初级商品之贸易方面如何谋求并促进有效之解决办法;尤其顾及增加发展落后国家外汇收入之必要;

(h)搜集、整理、分析及传播为详细计划经济与社会发展以及随时测量十年目标进度所需统计及其他资料之便利必须加以检讨;

(i)利用裁军所省之资源供充经济及社会发展,尤其是发展落后国家之经济及社会发展;

(j)联合国可藉各国及国际公私机关之共同努力以鼓励并支持十年目标实现之方法;

(5)复请秘书长徇会员国之请,与各该国家就此种措施如何适用于各该国家之发展计划一节,进行磋商;

(6)请经济暨社会理事会对旨在改善世界经济关系并促进国际合作之国际经济合作原则,加速进行审查及议决;

(7)并请秘书长向经济暨社会理事会第三十三届会提出有关此种方案之提案,以供审议并采适当行动;

(8)请经济暨社会理事会将秘书长之建议连同理事会之意见及理事会对该项建议所采行动之报告书送交联合国会员国、各专门机关会员国以及大会第十七届会。

……

——《联合国发展十年:国际合作方案(一)》,联合国官网,http://da-ceessdds-ny. un. org/doc/RESOLUTION/GEN/NRO/166/40/IMG/NR016640. pdf? Open Element。

第二个发展十年国际发展战略

A. 前文

（1）兹当一九七〇年代开始，各国政府重新致力于二十五年前联合国宪章所载之基本目标，力求造成安定及福利条件，藉经济及社会进展以确保合乎人类尊严之最低生活程度。

（2）一九六一年第一个联合国发展十年之开始为全世界使此项郑重誓言获有具体实质之重大努力。其后会继续设法采取特定措施、组成及运用新国际合作机构，以达此目的。

（3）然而世界之发展中地区千千万万人民之生活水平仍然低得可怜。此等人民仍常营养不足、未受教育、无人雇用、缺乏许多其他生活安适之基本条件。世界之一部分虽然在过极舒适而且甚至富裕之生活，而更大部分却倍尝赤贫之苦，且事实上悬殊情形日甚一日。此种可惋惜情形实助长世界紧张局面之恶化。

（4）吾人决不可因目前之沮丧及失望而视觉模糊或任其阻碍伟大发展目标之达成。所有各地青年均在动荡之中，因此一九七〇年代必须向前迈进，不仅维护今代而且亦维护后世子孙之福利及幸福。

（5）国际发展工作之成功端赖一般国际情势之改善，尤有赖于有效国际管制下普遍彻底裁军之具体进展，消除殖民主义、种族歧视、种族隔离、及任何国家领土之侵占以及社会所有成员之平等政治、经济、社会及文化权利之增进。普遍彻底裁军之进展应可省出大量额外资源，用于经济及社会发展，尤其发展中国家之此种发展。因此第二个联合国发展十年应与裁军十年密切相关。

（6）各国政府因深信发展为求达和平及正义之必须途径，重申其寻求更佳、更有效国际合作制度之共同坚定决心，期使全世界现有悬殊情形消失，全人类得以共享繁荣。

（7）发展之最终目标必须为确使个人福利不断改进并使人人均受惠泽。

倘使不正当特权、极端贫富及社会不公正情形继续存在,则发展未达到其基要目的。因此需要全球性发展策略,而以发展中国家与已发展国家在经济及社会生活所有各方面——工业与农业、贸易与金融、就业与教育、卫生与住宅、科学与技术等方面——之联合集中行动为其基础。

(8)国际社会必须起而把握现代科学与技术所提供之空前未有机会,使科学与技术进步可由发展中国家与已发展国家公平分享,从而促进世界所有各地之加速经济发展。

(9)国际发展合作规模必须与问题本身之大小相称。局部、零星及不热心之措施,无论用意如何佳善,均有欠缺。

(10)经济及社会进展为整个国际社会共同分担之责任。此亦为发展中国家得自己发展国家之利益由全世界分享之一种过程。每一国家有发展其本国人力物力之权利及义务,但其努力之全部惠益唯有伴随有效之国际行动方能获致。

(11)发展中国家发展之主要责任应由其自行负担,此在阿尔及耳约章中业经强调;但此等国家若不获已发展国家方面之更多财力资源及更有利之经济及商业政策之协助,则其本身努力无论如何巨大,仍不足以使其以必须之速度达成其所欲达之发展鹄的。

(12)各国政府指定一九七〇年代为第二个联合国发展十年,并个别及集体誓言推行适当政策;旨在造成更公正合理之世界经济及社会秩序,藉使各国与个人均能享有机会均等之特权。各国政府赞同十年之鹄的目标,并决心采取措施使其实现。此等目的及措施于下文各段述明。

B. 鹄的及目标

(13)第二个发展十年期间全体发展中国家生产毛额平均每年增长率至少应为6%,惟十年之后半期内可能达致更高增长率,其数字将依十年中期总检讨结果定明。此项目标与由此得出之目标概括表明十年期间国家及国际方面集中努力之范围;每一发展中国家应自行负责参酌本国情形定出其增长目标。

（14）第二个发展十年期间全体发展中国家每人生产毛额平均每年增长率应为3.5%,且十年之后半期内可能更为加速,俾至少有一适度开端,逐渐缩小已发展国家与发展中国家间生活程度之差距。每人平均每年增长率为3.5%,意即两个十年期间每人平均收入增加一倍。每人平均收入甚低之国家应当努力使此种收入于更短期内增加一倍。

（15）每人平均收入之增长目标系依据发展中国家人口平均每年增加2%计算,较目前预测之一九七〇年代平均率为低。关于此点,每一发展中国家应与其本国发展计划范围内自行拟定人口目标。

（16）十年期间发展中国家生产毛额至少6%之平均每年增长率包含下列平均每年扩展:

（a）农业出产方面4%;

（b）制造品出产方面8%。

（17）为达到每年至少6%之全盘增长目标,应有下列平均每年扩展:

（a）国内储蓄毛额与生产毛额间之比率提高0.5%,使此项比率至一九八〇年增至20%左右;

（b）输入略低于7%,输出略高于7%。

（18）发展之最终目的既为提供日益增多之机会,使全体人民有更佳之生活,故必须实现更公平的收入及财富分配以促进社会正义及生产效率,切实提高就业水平,达成更高度收入保障,扩充与改进教育、卫生、营养、住宅及社会福利之设施,并保护环境。因此,社会素质上及结构上之改变必须与迅速经济增长携手并进,而现有之区域、部门及社会之悬殊情形应大为减少。此等目标既为发展之决定因素亦为其最终结果,故应视为同一动态过程之构成部分,而需要统筹办法:

（a）每一发展中国家应拟定其本国就业目标,以便吸收更多劳动人民参加现代式工作,并大为减少失业及就业不足;

（b）对下列各点应予特别注意:使全体初级学校学龄儿童入校肄业,改进所有各级教育之素质、大量减少文盲、使教育方案适合发展需要、及酌量情形设置与扩充科学及技术机关；

（c）每一发展中国家应拟订预防及治疗疾病与提高一般健康及卫生水平之统一卫生方案；

（d）营养水平应从平均吸取热量及蛋白质含量方面予以改进，特别重视脆弱人口之需要；

（e）住宅便利应予扩充及改进，尤应顾到低收入入口，以期补救无计划之都市增长及落后农村区域之不幸情形；

（f）儿童福利应予照顾；

（g）确保青年充分参加发展过程；

（h）鼓励妇女充分参与全面发展努力。

……

——《第二个联合国发展十年国际发展策略》，联合国网站，http：//www. un. org/zh/documents/treaty/files/A－RES－2626（XXV）. shtml。

第三个发展十年国际发展战略

序言

（1）为发动自1981年1月1日开始的联合国第三个发展十年，各国政府再次为神圣地载诸《联合国宪章》所遵奉的基本目标而努力。它们庄严重申决心建立新的国际经济秩序。为达此目的，它们回顾大会第六届纲领特别会议通过的《建立新的国际经济秩序宣言》和《行动纲领》《各国经济权利和义务宪章》，和大会第七届特别会议通过的关于发展和国际经济合作的决议，这些文件奠定了建立新的国际经济秩序的基础。

（2）《联合国第二个发展十年国际发展战略》的通过是推动国际经济合作以促进发展的一项重要步骤。但是，一个战略的局限性，一旦体现在现有的国际经济关系体制的范围内，立刻就看得十分清楚。这些关系的不公平和不平衡正在扩大发达国家和发展中国家的差距，形成发展中国家发展的一个重大障碍，并且对国际关系和促进世界和平与安全发生了有害的影响。

在十年的中期,国际社会要求从根本上改革国际经济关系的结构,并开始寻求新的国际经济秩序。

(3)《第二个发展十年国际发展战略》的目标和目的基本上没有达到。此外,目前世界经济不利的趋势已对发展中国家发生了有害影响,结果损害了它们的增长前景。由于发展中国家的经济较易受外来因素的影响,因此它们受到不断的经济危机的打击特别严重。目前困难的国际经济环境特别使得最不发达国家和其他发展中国家,尤其是发展需求最多、问题最大的特殊情况国家和最贫穷人民所遭遇的特别问题更加恶化。今天人类面临的赤裸裸的现实是,发展中世界有将近八亿五千万人民生活在生死存亡的边缘,忍受着饥饿、疾病、无家可归和缺乏有意义的就业。

(4)国际经济仍然处于一种结构上不平衡的状态之中,其特点是增长率缓慢,加上不断升高的通货膨胀和失业、长期的货币不稳定、加深的保护主义压力、结构问题和调整不良和增长前景长时期变化无常。在相互依存的世界经济中,只有解决了发展中国家面临的特殊问题,这些问题才能得到解决。此外,发展中国家的加速发展,对于世界经济的稳步增长以及世界和平与稳定都是十分重要的。

(5)当前的困难不应阻挡世界社会改革国际经济关系结构的迫切需要。发展的挑战要求出现一个新的时代,在这个时代,有效和有意义的国际合作将促进符合发展中国家的需要和问题的发展。

(6)《联合国第三个发展十年国际发展战略》是国际社会不断致力加速发展中国家发展和建立一个新的国际经济秩序的组成部分,并旨在争取实现新秩序的各项目标。因此,特别需要发展中国家公平、充分和有效地参与制订和执行有关发展和国际经济合作的一切决定,在公正和公平的基础上以及根据各国对其资源及经济活动享有完全的永久主权,促成当前国际经济制度结构的深远变革。

(7)新的《国际发展战略》的目标是:促进发展中国家的经济和社会发展,以求大幅度地缩小发达国家和发展中国家之间当前的差距,及早消灭贫穷和依赖的状况,从而对解决国际经济问题和持久的全球性经济发展做出贡献,并且在正义、平等和互利的基础上得到此种发展的支助。《国际发展战略》是一项规模宏伟的任务,需要整个国际社会参与,共同促进国际发展合作。

(8)发展过程必须提高人的尊产。发展的最终目的是在全人类充分参与发展过程和公平分配从而得来的利益的基础上不断地增进他们的福利。在这方面,"十年"期间妇女地位将有重大提高。从这个观点看来,经济增长、生产性就业和社会平等都是发展的根本的和不可分割的要素。因此,《国际发展战略》应充分表现出对采取适当、中肯的政策的需要;这种政策由每个国家在其发展计划和优先次序的范围内加以厘订,用以逐步实现发展的这个最终目标。全体发展中国家的发展速率应该大大加快,以使它们能达到这些目标。

(9)发展中国家发展的责任首先在于这些国家本身。但是,国际社会也必须采取有效的行动,创造条件,充分支持发展中国家本国为实现其发展目标而个别和集体地做出的努力。至于发展中国家,它们仍将继续日益强调集体自力更生,将它当作加速自己发展和有助于建立新的国际经济秩序的手段。

(10)须特别注意最不发达国家最迫切的问题和日益恶化的处境,并应采取特殊的有效措施,消除这些国家所受到的基本限制,保证它们加速发展。同样,应采取具体的措施和行动,以解决发展中内陆国家、发展中岛屿国家和受影响最严重的发展中国家的特殊而迫切的问题。

(11)发展中国家所存在的并且载入区域发展战略——如像《执行蒙罗维亚非洲经济发展战略的拉各斯行动计划》之内的特定区域问题,也应当通过有利于一切发展中国家的总政策措施范畴内的适当和有效措施加以考虑。

(12)国际社会全体成员应当采取迫切的行动,毫不迟延地终止对发展中国家的经济解放和发展构成主要障碍的新老殖民主义、帝国主义、干涉他国内政、种族隔离、种族歧视、霸权主义、扩张主义和一切形式的外国侵略和占领。

(13)充分尊重各国的独立、主权和领土完整,不对任何国家威胁使用武力或使用武力,不干涉他国内政并以和平手段解决国家间争端,这一切对于《国际发展战略》的成功极为重要。在朝向有效国际监督下的全面彻底裁军方面应取得具体进展,包括紧急执行裁军措施,这将节省出大量额外资金用来促进社会和经济发展,特别是促进发展中国家的利益。

(14)急需在所有国家,特别是发达国家调动舆论,使舆论界对本战略的目标和目的及其执行,作出充分的支持。由于各立法机构在协助切实制订和有效执行国家经济和社会发展计划方面所起的重要作用,《国际发展战略》的执行急需各立法机构成员的支持。

(15)联合国系统内各组织和机构都将适当地协助执行《国际发展战略》并寻求国际合作促进发展的新途径。

(16)各国政府指定从1981年1月1日开始的十年为联合国第三个发展十年,并个别地和集体地保证履行他们对在公正和公平的基础上建立新的国际经济秩序所承担的义务。它们赞成战略的目标和目的,并坚决致力于在发展的所有各个部门采取一套连贯一致的、相互有关的、具体有效的政策措施,以求实现本战略的目标和目的。

……

——《联合国第三个发展十年国际发展战略》,联合国网站,http://www. un. org/zh/documents/treaty/files/A－RES－35－56. shtml。

第四个发展十年国际发展战略

序言

(1)我们作为联合国的会员国,通过下列《国际发展战略》,同时指定1991年1月1日至2000年12月31日为"联合国第四个发展十年"。大会在载于第S－18/3号决议附件的宣言所达成的全球协商一致意见为这个战略提供了基础。我们个别和集体作出保证,为实施这项战略采取必要措施。

(2)《联合国第三个发展十年国际发展战略》的目的和目标,大部分没有实现。由于世界经济出现出乎意料的不利发展情况,预计增长的根据已化为乌有。20 世纪 80 年代最初几年,发达的市场经济国家出现衰退,尽管 1983 年这些国家恢复增长,其余几年也一直缓慢增长,而且几乎没有通货膨胀,但是这段时期的国际收支和财政非常不平衡,失业率也较高。在东欧各国,结构变革的需要日趋明显,增长率已经缓慢下来,到 20 世纪 80 年代末,产生了彻底的经济和政治变化。在 20 世纪 80 年代的后半期,世界贸易恢复到比较快速的增长。不过,就发展中国家来说,这十年期间的外部经济环境的普遍特点是:资源流量减少,商品价格下降,利率上涨,市场壁垒增加。在 20 世纪 80 年代期间,发展中国家的总增长,年均为 3%,人均为 1%,在 20 世纪 60 年代和 20 世纪 70 年代,这些国家的总增长平均为 5.5%,人均则为 3%。

(3)尽管如此,一些发展中国家,包括一些最大的和最穷的国家,仍然能够保持较快的增长和变革速率。不过,对大多数其他国家来说,这十年是增长率下降,生活水平降低和越来越穷的十年。1982 年爆发的债务危机使商业银行发放的净贷款几乎停止。由于利率上涨,贸易条件恶化,负债国的还债能力进一步减弱;负债国的资金转移净额是个负数。因此,1981—1990 年期间,有还债困难的发展中国家的总增长仅达 1.5%。20 世纪 80 年代十年期间,富国与穷国之间差距业已扩大。这十年期间也出现了伤财害事的政治紧张和冲突,还有破坏财物的天灾人祸。

(4)为了使 20 世纪 90 年代成为发展十年,必须改变这种无法令人满意的进展和绩效记录,不过,联合国系统各组织的预测一致指出,如果政策没有重大改变,今后十年同前十年就不会有很大分别。虽然估计某些亚洲国家增长会比较迅速,但其他国家,尤其是非洲和拉丁美洲国家,则会继续停滞不前。

(5)这样的前景充满危险。由于人口增加、年轻的劳动大军日益扩大、教育普及导致期望高升,加上通讯的影响,发展中国家的政治和社会结构正在受到强大的压力.除非发展的速度和性质取得决定性的改善,使这些压力得以缓解,否则,经济紧张以及政治和社会动荡便会蔓延,不但在一国国境之内,而且也会波及国外,可能影响到整个世界的和平与稳定。20世纪80年代,许多发展中国家经济情况停滞或恶化,绝对贫穷日益普遍,营养和粮食安全、工作机会和教育、保健和婴儿死亡率,住房和卫生方面的条件每况愈下,许多国家的生活水平和社会服务受到侵蚀,因而政治骚乱日益增加。

（6）国家间的相互依存很快变得非常密切,已远远超过贸易和金融。资金、人口、观念在世界各地的流动日益开放,已成为强大的趋势。在过去十年期间,暴力、社会动乱、恐怖主义已日见普遍。冲定和动荡导致难民流动和国际移徒,造成接受国内的边境管制、接纳入境、吸收同化方面的问题,非法贩运毒品使富国的贫穷问题和社会问题同那些传统作物已不能保证生活来源的生产国的问题纠缠在一起。环境威胁和传染病,往往祸及全球,这些问题和其他有关问题,只会由于经济的紧张压力和发展中国家的发展过程遇到挫折而更加严重。因此,整个国际社会,不论富国穷国,都迫切需要确保20世纪90年代成为企世界真正取得经济和社会进步的十年。

（7）根据继续推行目前的政策这一点推论,20世纪90年代的前景能够改变,也必须改变。恢复和加速发展过程,是符合所有国家的利益的。发展中国家能够大力推动世界贸易和投资,能够促进世界经济的实力与稳定,它们已经在发达国家市场上占了很大份额。在国际上已经出现影响深远的发展情况,从而为扭转20世纪80年代的趋势创造了新的机会。国际紧张局势的缓解是全球裁减军费、降低国家经济所受压力、调动更多资源在全世界反贫穷的好机会,意识形态冲突的息微正在改善所有各级的合作气氛。但成功的发展并无四海皆准的处方。不过,对于经济和社会的发展的有效途径,以及关于公私部门、个人和企业、民主权利和自由对发展过程的可能作用,各种见解日趋一致。

（8）由于意识到环境问题的全球性后果以及环境问题同发展过程和发

展不足之间的相互作用,又由于日益察觉到发展中国家的挫折和紧张可能威胁各国的安全,推动全球合作的动力很强。估计 20 世纪 90 年代欧洲与北美洲将分别进一步一体化,这样有可能加强主要的经济体及其支助全球经济增长的能力,但必须对外部世界保持开放才行,东欧的经济调整和结构改革及其加入世界经济,有助于加强和搞活世界贸易。发展中国家间更加密切的合作与一体化,也为加强发展过程的活力提供了机会。同样重要的是,科技与全球通讯方面的迅速进展正在为提高生产力、结构改革和加速发展开拓新的前景。

(9)这些改变本身并不能担保目前的趋势一定会扭转,也不能保证新的十年的发展经验会明显地异于 20 世纪 80 年代。如果不抓住机会,许多发展中国家就会有日益被排挤在世界经济边缘的危险,就会有不那么重视作为国际经济合作目标的发展事业的危险。不过,这些改变为决策过程,政策拟订工作和足以扭转 20 世纪 80 年代经验的手段提供了新的环境。这些改变为编制和落实一项旨在解放发展中国家和世界经济中的重大发展潜力的国际发展战略提供了机会。

(10)各会员国在大会第 S-18/3 号决议附件所载的关于国际合作,特别是恢复发展中国家的经济增长和发展的宣言中作出承诺,它们将努力采取一切必要步骤,扭转 20 世纪 80 年代的不利趋势,应付 20 世纪 90 年代的挑战,跨入更富生产力的十年,同时认识到,这种行动应该考虑到每一个国家促进本国发展的责任,并且应该符合各国的能力及其对国际经济的影响。和 20 世纪 80 年代一样,目前无法估计的事件肯定会对今后十年产生影响。这项战略是灵活的,主要是设法根据今后仍将有效的国家和国际行动原则,就各种问题和挑战,行动和承诺,阐述大家的共识。

(11)各国必须修改本国政策,促进公开交流,灵活顺应不断变化的世界经济。有效的国家政策对所有国家实现无通货膨胀的持续经济增长具有关键作用。这种政策应支持投资,支持有效地调动和分配资源,以便实现持久增长。

（12）各会员国在这种背景之下，就下列联合国第四个发展十年的目的和目标，达成协议。

……

——《联合国第四个发展十年国际发展战略》，联合国网站，http：//www. un. org/zh/documents/treaty/files/A － RES － 45 － 199. shtml。

2. 联合国人类发展年度报告前言

《1990 年人类发展报告——人类发展的概念与衡量》

我们生活在一个激动人心的时代。不可抗拒的人类自由浪潮横扫许多土地。在民主力量长期受到压制的国家不仅政治体系,而且经济结构也开始改变。在这些国家人们开始掌控自己的命运,不必要的国家干预正在减弱。这些都显示提醒人类精神的胜利。在这些事件中,我们正在重新发现的基本真理是人必须在所有发展的中心。发展的目的是提供人们更多的选择。他们选择之一获得收入,它不是作为目的存在作为一个获取人类福祉的手段。但也有其他的选择,包括长寿、知识、政治自由、个人安全、社区参与和保障人权。人不能被降低到作为一个单一维度的经济而存在生物。应该通过研究发展过程的整个范畴扩展和利用人类的能力。联合国开发计划署已承诺产生人类的维度的年度报告发展。1990 年这个人类发展报告是第一个这样的努力。人类发展报告的中心思想是,尽管增长国民生产总值是绝对的、必须满足所有基本人类的目标,重要的是在不同的社会中学习如何将增长转化或者未能转化为人类发展。有些社会在温和的人均收入水平取得了高人类发展的水平,有些社会未能把他们的比较高收入水平和经济快速增长转化到相应级别的人类发展。是什么样的政策产生这样的结果呢?在这方面说明经济增长和人类发展之间的相关性绝不是自动的。

这份报告的取向是实用的和务实的。它的目标是分析国家经验来提取实用的见解。它的目的既不是说教，也不推荐任何特定的模型。其目的是让相关经验可用于所有的决策者。

这份报告是开创性的。它为定义、测量和政策分析人类发展做出贡献。它是第一个系列的年度报告。它开启了讨论之门，后续报告将更细致地规划、管理和融资人类发展。

该报告提供人类发展指标，以可比较的形式汇集所有可用的社会和人类的数据为每个国家服务。联合国开发计划署以及其他机构将采取措施编制失踪的国家数据项目和提高现有统计数据准确性，以使这些人类发展现有的统计数据指标，随时为国家和全球分析作为标准提供参考指南。

《1991 年人类发展报告——资助人类发展》

20 世纪 90 年代始于一个伟大的希望。民主浪潮席卷东欧和苏联。柏林墙倒塌了下来，德国统一。一党专政系统在非洲撤退。一个新的人权和政治自由的时代似乎迎来了曙光。希望随着伊拉克入侵科威特被残忍地破灭。但世界已经是新的一个世界——一个东西分裂的自由世界。国际社会通过联合国，施加压力，谴责和挫败侵略。现在一个漫长而昂贵的康复过程已经开始。这些新近发生死亡事件可以从历史和道德义务得出正确的教训：发展需要好几年、几十年、甚至一代又一代人们的努力。摧毁这一切只需要几秒钟。发展需要和平。联合国是加强国际的合作，支持全球安全的重要机构，它可以提供平台为成员国建立一个新的世界和平与发展的世界。我们现在有这个机会重新发现的激动人心的承诺开始 20 世纪 90 年代，夺回被不幸地失去的海湾地区的和平红利。《1991 年人类发展报告》如一面镜子照亮世界过去一年的事件。它是关于资源的合理再分配更好地为人类服务，包括尽可能多的人在创造性使用的资源，而不是只有少数既得利益者。它是关于参与式发展，人被放置在所有决策的中心。这是关于人类自由，即人民的创造性能量释放所产生的经济和社会机会，为自己也为了社会。它是关于人类发展的过程，发展的主要目标是发展和使用人类所有的能力。

这个报告,第一次,包括一个人类自由指数。虽然自由是难以量化和衡量,衡量人类发展都不能完全没有包含。

该报告还考察了金融资源的可用性来实现人类的目标。它是一个激进的结论:缺乏政治承诺,而不是缺乏财政资源,通常是真正忽视人类的结果。有太许多浪费资源和浪费机会例子:军事开支上升、效率低下的公共企业、众多面子工程、不断增长的资本外逃和广泛的腐败。如果重点是重塑人类发展,大多数的预算容纳额外的支出。但这是一个重要的"如果"。根深蒂固的权力结构可以阻挠开明的改革。这就是为什么这个报告确定了不但重组公共范围部门预算,而且也是一种政治策略推动这样的变化。

在这份报告的重点是公共支出对于人类发展、公私之间的协同关系变得清晰。如果市场功能很好,如果有一个有利激发和扩大个人主动性的政策框架,参与式发展,人们将能够满足自己的需求。参与式发展是经济增长和人类发展的关键。

真正的挑战在 20 世纪 90 年代是关注人类发展由概念转变成现实。路的前方是设计可行的国家人类发展策略,在人类发展援助分配和政策对话等方面加强数据的基础计划和监控。为此这份报告提出一些具体的建议。

《1992 年人类发展报告——全球的人类发展》

过去两年的惊人事件导致分裂的世界的终结,东西方之间政治和经济自由新时代的到来。对于所需要的发展从未有过如此广泛的共识。经济发展能否持续取决于通过竞争和有效的市场激发所有人的创造活力,政治发展要求所有人通过民主参与塑造自己的命运。尽管以人为本的策略已成为压倒性的共识,我们仍然生活在一个机会不平等的世界。人类发展报告1992 从全球视角观察穷国和穷人。前两年的两个报告表明国家预算可以从军费开支和威信项目被重定向人类发展的优先领域,如基本健康和普及初等教育。今年的报告重点聚焦人类发展的国际维度。它聚焦移民政策,贸易壁垒和国际债务如何导致持续的富国和穷国差距。在最近的十年一个巨大的教训是认为竞争市场是人类发展的最佳保证。他们开放创新企业的机会，增加人们经济选择机会的范围。今天，自由化全国市场在全世界扩展开来，从波兰到巴基斯坦，从俄罗斯到墨西哥。令人窒息的经济控制正在迅速地解体。公共企业正在私有化，消费者需求正在取代集中的计划。讽刺的是，尽管国家市场仍然开放，全球市场仍然受到限制。发展中国家可以在哪里销售他们的产品，除非全球市场也取消了贸易保护主义的限制？关税和非关税贸易壁垒让工业化国家发展对发展中国家征税，使发展中国家每年损失约 400 亿美元出口收入。移民法律阻止处于失业或半失业状态工人向工业国家的流动，那的工作机会可以显著增加目前的每年 250 亿美元的工人汇款。从 1992 年人类发展报告清晰而高声传达出这些信息，即国际社会必须加强对全球人类发展的支持。必须这样做不仅增加援助，而且通过增加发展中国家进入全球市场的机会。这将会极大地增加资本从北到南流动，让发展中国家将可用的资源投资急需他们的人。报告指出，消除初级大宗商品慢性依赖和援助，发展中国家必须大力投资人力资本，进入 21 世纪后以便跟上工业化国家的脚步。

《1993 年人类发展报告——人们的参与》

过去的十年是为了人的十年。民主的力量蔓延到很多区域。新市场如雨后春笋般出现在前计划经济，给人们释放创造力和生产力。自由企业跑赢了中央计划经济，民主的勇敢的声音盖过威权主义的恐怖，人们都声称他们有权自己决定的命运。

但民主不仅仅是起草宪法，设计新的选举程序或举行选举的一次性事件。民主是一种生活方式。重组的公民社会机构是一个长期的过程。对一些国家来说，这个过程意味着痛苦的政治动荡、内乱，甚至战争。今天的许多斗争不仅仅是获取政治权力斗争。而是争取生活土地、水、工作、生活空间和基本社会服务的普通机会。

令人印象深刻的是人们的伟大决心参与事件和塑造他们生活的过程。

没有更多客观的从上面的命令。相反,更多地从一个遥远的中心寻求参与式发展模式。相反,权力分散的需求,没有来自一个集权的国家更多的令人窒息的规定。相反,企业迫切希望解放人类。

更令人印象深刻的是,即使是最严重的困难并没有使人们远离他们新赢得的经济和政治自由。看看新独立国家的前苏联人民,面对高通胀、产出下降、失业率上升,移除长期补贴的决心。也看看,在整个发展中国家的人们的决心通过自己的民主和经济转型,缩减他们的过度扩张的公共部门,满足人类发展的需要。

在这一切的事情中开发社区面临的挑战是确定实际和实用的选择。其最佳途径是引发人们的创业精神——去冒险,去竞争,去创新,去决定发展的方向和速度。

因此,今年的人类发展报告把人们的参与作为其特殊的焦点是适当的。报告强调,我们必须重新定义安全的概念,是为人的安全而非为土地的安全。我们必须围绕发展为人,而不是人为发展服务。我们必须确保发展合作直接关注人,不仅仅是在民族国家。

《1994 年人类发展报告——人类安全新的方面》

在世界上许多令人瞩目的重大冲突和突发事件的背后,存在着一种无声的危机,那就是失业、全球贫困、日益严重的人口压力、缺乏远见的对环境的破坏——由此而造成的危机。这种危机不能指望依靠某种应急性措施,或者一定的政策干预来解决问题。它们需要的是长久的、默不作声的可持续人类发展的过程。

可持续人类发展乃是这样一种意义上的发展:它不仅创造经济增长,而且关注经济增长成果的公平分配;它要再造环境,而不是破坏环境;它给予人助益,而不是使人们边缘化。它是这样的发展,它优先关注穷人,增加其选择和机会,使他们更多参与到影响他们生活的决策活动中来。它是这样的发展,是关注人、关注自然,关注就业和妇女的发展。

《人类发展报告》的巨大贡献之处在于,激发起了对诸如这样的发展模式问题开展国际讨论。1994 年人类发展报告继承了这一传统,而且将它更加发扬光大。这份报告探讨了人们日常生活中的人类安全的新领域。它力图找出早期的预警信号,以便可以推动预防性外交和预防性发展活动,从而把社会从危机的边缘上拯救回来。它勾画了冷战结束之后发展合作的新蓝图。提出了一套具体的日程表,供 1995 年 3 月在哥本哈根举行的社会发展世界首脑会议参考。

即将到来的社发世界首脑会议给我们提供了一次难得的良机,对人类发展的日程重新予以确定。社发首脑会正是对人类安全所面临的新的紧迫问题作出反应的适当时机。利用这一时机,它可以明确重申,若不促进以人为中心的发展,我们的主要目标——和平、人权、环境保护、减轻人口压力、促进社会融合——都不可能实现。利用这一时机,各国可以达成这样一种共识,即:及早地并且针对上游而不是针对下游收拾局面;针对导致人类不安全的根源,而不是针对发生的悲剧性后果而采取行动,前者所付出的代价要远为小,而且更为人道。

基于这样的分析,这个报告自然而然地引出了联合国在发展方面的作用必须予以显著加强的结论。和平议程与发展议程最终必然结合起来。没有和平,不可能有发展。反之,若没有发展,则和平同样也会受到威胁。

今天,迫切需要建立起更加一体化的、有效而完备的联合国发展系统,以便推动全球朝着可持续人类发展方向前进。为了达到这一目标,联合国系统需要更明确的授权、一体化的政策框架以及更多的资金。

我们的主要目标是重构并加强联合国开发计划署的作用,以便使它在可持续人类发展新的迫切方面发挥重要作用——帮助各国规划本国发展战略,援助国家在其分配援助资金过程中反映出这种新的发展观,为新的发展合作形式而发起全球性政策新动议,与其他联合国发展机构组织更密切地开展合作,以便明确共同的使命和互为补充,从而有助于这些机构组织的成员国实现各自的可持续人类发展的目标。换言之,我们现在准备在联合国开发计划署内,将历年《人类发展报告》中的主要信息贯彻到具体的行动中去。

《1995 年人类发展报告——女性与人类发展》

历史将用一把主要的尺子去检验 21 世纪的进步:即人与人之间和国与国之间在机会平等方面有没有被改善? 该问题在 20 世纪的最后 10 年已开始成为发展问题讨论的中心。从整体而言这种看法是合宜的,因为在过去 50 年间,发展的步伐虽然坚挺却又总是伴随着国家内部与国家之间差别上的扩大。

这些差别当中最为顽固的当属男女之间的差别,尽管为争取性别平等机会的斗争一刻也未停息过。妇女占据了全世界穷人的 70%,是世界文盲总数的 2/3。她们在行政管理岗位上占有的比例是 14%,国会席位只占 10%,内阁成员份额仅有 6%。在许多法律体系中,她们仍处于不平等的地位。她们工作的时间多于男人,而且她们的许多劳动仍被认为是不具有价值的、不被承认的和不被感激的。更有甚者,从摇篮到坟墓的整个一生中,她们还遭受着暴力的威胁。

1995 年《人类发展报告》分析了许许多多的男女差别状况。它的详细统计和评论是以科学为依据的对长期歧视妇女的起诉书和控告状。

该报告的中心思想是十分清楚的:人类发展必须被赋予权能。如果发展意味着要对全体社会成员扩大机会,那么妇女长期被排除在这些机会之外,将会整个地扭曲了发展的过程。

对于这样的长期被排除,决不能被认为是合理的,妇女应当真正成为政治和经济变革的主体,正如报告所指出的那样:"在妇女能力建设上的投资并赋予她们权能以行使其抉择,不仅仅对其本身是有价值的,而且对于经济增长和全面发展的贡献也是一条最为切实的途径。"

在未来的几个 10 年当中,人类发展将会显现出像量子跃迁那样的重大突破。过去的 20 年里虽然对妇女的教育和医疗保健已投入了相当的资金,但是经济和政治机会的大门打开得太慢也太勉强。对于下一步来说,从现在起就必须予以巨大的关注。

许多妇女与发展的国际会议已经做出相当大的贡献去唤醒国际社会关注男女之间的差异。1995 年 9 月在北京召开的第四次世界妇女大会,必定会成为争取男女平等斗争的又一个里程碑。届时联合国成员国将聚集一起共同描绘未来的具体行动计划。我们热切希望他们能发现 1995 年度《人类发展报告》所提供的分析和信息,能有助于他们所进行的卓著努力。

作为联合国开发计划署,我们充分认识到妇女的权能肯定是可持续发展模式中一个极具价值的部分。有鉴于此,妇女地位的提高是我们最近拟定的四个主题目标之一。

《1996 年人类发展报告——经济增长与人类发展》

人类的进步受到我们对进步的观念的制约。人类发展报告系列自 1990 发布以来一直致力于结束人类经济增长对人类发展的不利影响。支持可持续人类发展的范式转变仍在进行中。但是,越来越多的国家的政策制定者们得出了一个不可避免的结论:国家和国际的发展进步必须是以人为中心、公平分配、环境和社会可持续的,才是有价值和合法的。

今年的《人类发展报告》详细探讨了经济增长与人类发展之间的复杂关系。它提供了一面镜子和一台望远镜,反映了全球失衡的当前模式及更积极的未来可能。在过去的 15 年里,世界在国家内部和国家之间的经济更加分化。如果目前的趋势继续下去,发达国家和发展中国家之间的经济差距将从不公平走向不人道。

虽然从纯粹的经济角度来看,20 世纪 80 年代是近 70 个国家的"失落的十年",但值得注意的是,几乎所有这些国家都设法维持和改善了人类发展水平的增长。这是一个好消息,因为它表明,慎重、有针对性的政策在实施时,即使在最困难的情况下也会产生重大差异。但毋庸置疑,除非经济恢复迅速增长,否则这些改善将无法维持。

经济增长和人的发展因此表现出一定程度的独立性,特别是在短期内。但是从长期看,人类发展有助于经济增长,经济增长有助于人类发展。与先前的理论相反,新的理论和证据表明,增长和公平不是矛盾的目标,增长和参与也不是。来自东亚的强有力的历史证据表明,对人类发展的巨大投资,传播技能和满足基本社会需求,是几十年来持续经济增长的跳板。

《1996 年人类发展报告》的核心信息是明确的:经济增长与人类发展之间不会自动发生联系,但当这些联系是由政策和决心决定的,它们是相互促进的,经济增长将有效和快速地改善人类发展。政府的政策至关重要。例如,我们现在知道,涓滴经济学的局限性。

现在该怎么办? 21 世纪人类发展的剧本仍然未被书写。它将开始由我们做出的政策选择来书写,即使到了 20 世纪末。理想情况下,这些选择将接受经济为人民而不是为经济人而存在的前提。

《1996 年人类发展报告》主要讲述了国家可以为它们自己做些什么。它提出了重要的建议。所有国家都必须努力改善经济增长的性质和质量。在许多国家,直接需求还包括经济增长的质量。当然,政策必须根据国情而定。全社会能够并且必须也帮助各国实现他们自己的可持续人类发展战略。

这是国际消除贫困年,提高了我们在 UNDP 和其他国际发展机构提供帮助世界上最穷的穷人的道德承诺。消除贫困需要对人类发展的整体方法。不是施舍,而是授权。不是创可贴,而是自助的先决条件。

开发计划署仍然坚定地致力于利用其独特的全球资源网络和国家办事处,以支持各国努力实现可持续的人类发展。最近一系列全球峰会从里约和开罗到哥本哈根和北京的目标和承诺,为协调行动提供了一个强有力的新框架和许多具体细节。我们既有机会,也有道德的必要,以扭转近期的负面趋势,加强可持续发展的人类发展的积极模式。这应该是引导我们进入下一个世纪的愿景。

……

本报告中的观点不一定反映开发计划署、其执行委员会或开发计划署成员国政府的观点，这一系列人类发展报告的真正贡献在于他们的专业判断和职业操守。我相信，这份报告的分析将丰富关于人类发展和经济增长问题的全球对话。当然这是我们的意图和愿望。

《1997 年人类发展报告——人类发展，消除贫困》

20 世纪 90 年代开始时，人们充满了希望。随着冷战的结束，世界可以利用巨大的资源促进发展和繁荣。在 20 世纪 90 年代的前 6 年，世界会议和首脑会议强调了消除贫困的紧迫性。哥本哈根社会发展世界峰会首脑会议由 185 个政府的代表出席，史无前例的 117 位国家元首和政府首脑出席了这次峰会。各国致力于根除贫困的目标"作为人类的道德、社会、政治和道德的必需品"，并认识到以人为中心的发展——实现这一目标的关键。

与此同时，消除贫困已成为国际行动和联合行动系统在联合国会议和首脑会议后续行动中的首要目标。社会发展首脑会议的行动纲领呼吁联合国开发计划署"努力支持社会发展计划的实施"。联合国开发计划署把消除贫困作为首要任务。作为联合行动的主要扶贫部门，联合国系统的其他部分，特别是其在国家一级的姊妹组织和机构，有助于帮助他们根除贫困计划。联合国开发计划署正与 70 多个国家合作，跟进哥本哈根的承诺。

今年的人类发展报告基于这一承诺。最重要的信息是贫穷不再是不可避免的。在不到一代人的时间里，世界拥有物质和自然资源、技术和人民，使一个无贫困的世界成为现实。这不是乌托邦的理想主义，而是一个切实可行的目标。在过去的 3 年中，十几个或更多的发展中国家已经表明，消除绝对贫困是可能的，大多数工业国家在 20 世纪 70 年代基本消灭了绝对贫困，尽管在过去的 10 年中一些贫困人口已经减少了。

穷人不能默默忍受贫穷。也不能被那些有能力改变它的人所容忍。现在的挑战是动员行动——国家、组织、个人，各司其职。

贫穷有很多面，它不仅仅是低收入。它还反映了健康和教育的贫乏，知识和交流的匮乏,无法行使人权和政治权利,缺乏尊严、信心和自尊。还有环境贫困和整个国家的贫困,基本上每个人都生活在贫困之中。在这些贫困的背后隐藏着没有选择的绝望生活的残酷现实,而且往往政府也是那些缺乏应对能力的。

今年的报告提供了根除绝对贫困的想法。议程包括但不限于收入、性别、扶贫增长、全球化和治理。

……

一如既往,这是一个创新和发人深省的报告。我欢迎《1997 年人类发展报告》的出版,这是消除绝对贫困的国际动力的重要贡献。大约 160 年前,世界发动了一场反对奴隶制的成功运动。今天,我们都必须帮助领导一场类似的反贫困运动。

《1998 年人类发展报告——为了明天的发展而改变今天的消费模式》

自 1990 年开始出版以来,每年的《人类发展报告》都把人类发展界定为扩大人们选择范围的过程。本年度的《人类发展报告》从人类发展的角度对于消费进行考察。报告认为尽管许多国家消费剧增,但总的情况并不令人满意:10 亿多人无法得到满足其大部分基本需求的消费。其他消费者却以环境上或社会上不能持续并且经常不利于我们自己福利的方式进行。这些消费者包括我,很有可能包括您以及我们所生活的社会。

人们常说:更多并不总是更好。20 世纪以来消费以前所未有的速度增加,1998 年达到约 24 万亿美元,但这种增长并不只是带来好处。我们好像处在消费膨胀的状态中。对于 10 多亿生活在边缘或接近边缘的人们来说,增加消费是必要的。对于那些处在上层的人们来说,更多地消费则成了一种生活方式。然而我们知道,正如本年度的报告所表明的,消费的某些方面正危害着人类全体可持续发展的前景。

在现代社会中,当消费耗尽了可再生资源、污染了当地乃至全球环境、迎合用于摆阔的生产需要、有损于生活的合法需要时，它就应受到关注。

那些因为环境或者其他原因呼吁改变消费方式的人们常被看作自我折磨的禁欲主义者，他们希望把一种节俭的生活方式强加于几十亿人身上，这些人不得不为几代过度消费者的浪费付出代价。主张严格限制消费的人们也面临着两难困境，对于世界上的 10 多亿穷人来说，增加消费是不可或缺的，并且是一项基本权利——免除贫困和匮乏的权利。但这同时还存在消费选择的伦理方面问题：怎么代表他人做出消费选择而又不被看作限制了他们选择的自由？

本报告提出了这些难题，认为需要的并不是更多或者更少的消费，而是一种不同的消费模式——适于人类发展的消费。本报告列举了环境的、发展的、技术的、道德的理由，对不利于人类发展的消费模式提出了批评，并且提出了行动纲领以创造适于人类发展的、可持续消费的有利环境。

穷人和穷国需要加速其消费的增长，但他们并不需要走富裕和高增长国家的老路。生产技术可以变得更有利于环境，环境破坏可以逆转，可以更公平地分担减轻环境破坏和发展不充分这两方面所造成的全球负担，危害社会、使不平等和贫困加剧的消费模式可以改变。最重要的是，我们必须下定决心，努力消除贫困，增进 10 多亿被排除在全球消费增长之外的赤贫者的消费。

本报告具有谨慎的乐观主义意味。人们对消费所带来的负面影响的认识增强了，同时要求消费适合人类发展的呼声与日俱增。贫困减轻了，有时候减轻的速度非常迅速。许多使消费更具可持续性所需要的方法和技术已被运用或在设计中——尽管它们需要得到更广泛的应用。问题是要加速这些行动，必须找到能对穷国提供更有力的国际援助并且减轻国家间和国家内日益扩大的不平等的途径。

《1999 年人类发展报告——与人相关的全球化》

很明显，今年的报告支持给经济和社会带来益处的全球化力量：资金的自由流动和自由贸易,以及与之匹配的、在新技术驱动之下的人们观念的解放和信息的释放。

　　然而与往年一样,这部报告支持将世界弱势群体,即那些被全球化排斥在外的群体纳入议事日程,并且倡议更加大胆的国家改革和全球改革议程,以实现富有人性的全球化。它提醒我们,全球化既能给人类带来好处,也能给人类带来惊人的危害,因而全球化太重要了,不能再像现在这样不加控制。我完全赞成这一观点。

　　全球社会的构成应有所改变。这部报告就如何改变提出了广泛的建议。我仅就其中两个方面加以评论。

　　第一是治理机制。我认为,新的、很不正规的全球治理结构正在出现。在这个治理结构中政府和民间团体,私营部门和其他部门正在跨越地理边界和传统的政治界限,组成功能上的联盟,以促使公共政策朝向满足全球公民这一愿望的方向转变。它们导致的一些运动,如反地雷运动和千禧年减债运动,已经促使了全球政策发生转变。这些联盟利用了联合国、布雷顿森林机构和其他一些国际组织的召集力及其在舆论塑造、标准制定和实施方面的作用。关键是,它们的力量比我们中的任何人都强大,而且它们能对联合国宪章的"我们,人民"("We, the peoples")赋予新的含义。我们绝对不能阻碍这些新机构带来的新的交往手段的发展,相反我们首先要设法适应它们并使之得到加强。

　　第二是市场。尽管市场对人们有着负面影响,但是重要的是,市场是全球经济生活中的中心组织原则,我们不能拒之于千里之外。市场需要由制度和规则进行调控,而现在市场常常还没有受到任何全球规则适当的控制。但国内和国际间竞争的放开已开创了繁荣和自由的新纪元。

　　我完全赞同作者们的地方是这种赋权的失衡——不断扩大的不公平竞争使一些国家、地区、民族和宗教团体、阶级和经济部门成为受害者。自 20世纪 80 年代以来,60 个国家逐渐变得愈来愈贫穷。因全球化导致的受害者包括一大批人和政治上被废弃的东西,他们的受害成为他们及其家人失望和悲剧的根源。市场虽然带来了显著进步,但同时也带来了混乱和痛苦。就像作者们所言,市场的失误及不周之处,既会促成,也会侵蚀今天的市场赢家的安全。

在未被引起注意的全球不平等中孕育而生的公共医疗性问题、迁移和难民问题、环境恶化问题以及更广泛的社会和政治崩溃问题,正在形成新的安全威胁。为了我们所有的人,我们需要团结起来,建立一种全新的全球性社会和经济架构,尊重差异,保护弱者和规范强者。要达到这一目的,我们必须要具有创新精神,反映我们社会中的新生力量以及保持市场的自由与公平。

《2000 年人类发展报告——人类发展与人权》

支持人权一直是联合国使命中不可或缺的组成部分,《联合国宪章》和《世界人权宣言》都体现了这一点。但是在冷战时期,对这一与发展有关的概念展开的严肃讨论,经常为政治争论所扭曲。作为公民和政治权利的一方和作为经济和社会权利的另一方,并不被视作一件事情的两个方面,而是被看作是对世界未来的互不相让的两种展望。

我们现已超越这种对抗性讨论,较为广泛地承认这两类权利密不可分。联合国人权事务高级专员玛丽·罗宾逊(Mary Robinson)经常提醒我们,大家的目标是实现人人享有一切人权——公民、文化、经济、政治和社会权利。获得基础教育、医疗、住房和就业对于人类自由的重要性不亚于政治和公民权利。因此,这份旨在描述人类发展和人权之间复杂关系的报告的发表正当其时。

同以往一样,答案毫无疑问是一份独立的、鼓动性的《人类发展报告》。但报告明确强调以下事实:如同人们有时争论的那样,人权不是发展带来的果实;相反,人权对于实现发展至关重要。只有在拥有政治自由时———一切男女平等地参与社会生活的权利——人民才能真正分享经济自由。实现政治自由所需要的那种经济增长的最重要步骤就是建立透明、负责任和有效力的机构体系和法律体系。只有当人们感到发展与他们休戚相关,他们也能就此表达自己的意愿时,他们自己才能全身心地投入到发展中去。权利使人类成为更好的经济行为者。

各国仅仅在理论上给予人民经济和社会权利显然不够。身体健康和体面的工作不能仅靠立法来实现,还需要强劲的经济来支持——为此目的,人民也要有经济上的参与。人民乐于工作是因为他们能享受劳动的果实:公平的工资、教育、全家人的医疗等等。他们愿意创造那种能给他们带来酬报的财富。如果他们付出的劳动一再得不到应有的回报,他们就会失去动力。因此,经济和社会权利两者既是强大的经济的推进器,又是强大的经济带来的回报。

这就是为什么要拓宽人权视野,以实现可持续人类发展的原因。若能在实践中和理论上加以坚持,这两种概念就能形成良性循环。近年来,许多国家在人权方面取得了长足进展。大多数已经批准关于政治、经济、社会和文化等权利的核心公约,并致力于执行这些公约。

然而法律方面的进展并不能说明全部真相:贫穷仍然意味着无权和脆弱。对发展中国家城市贫民区中的孩子、冲突中的难民、拒绝给予妇女平等权和自由的社会中的妇女这些每天面临肉体和心理威胁的人而言,生活仍然是一种折磨。每天生活费不足 1 美元的 12 亿人中,仍然有太多的人甚至缺乏最基本的人身安全。由此看来,冷战结束后,人权方面的进步标志着一个巨大突破,但是对这些人来说,它仍旧是楔子较细的一端,人权方面的进步尚未影响到他们的生活质量。

《2001 年人类发展报告——让新技术为人类发展服务》

技术和发展之间存在一种尴尬的关系:发展界对热衷于技术的人表示怀疑,因为他们常常无视发展现状而推广一些昂贵且不合时宜的东西。坚信技术是灵丹妙药,可以消除文盲、疾病和经济滑坡的想法,委实反映了这些人对真实贫困状况缺乏了解。

然而如果发展界反过来无视技术创新在食品、医药和信息产业的广泛应用,那么他们会面临自身被边缘化、使发展中国家丧失机遇的风险。事实上,如果技术利用得当,发展中国家是可以改善贫困人口的生活和获得发展契机的。

一般来说,拥有既得利益越少的人对未来变革的担心就越少,自然他们的政府也就不会对现有技术情有独钟而受羁绊。这些国家更愿意接受创新,譬如从传统的固定电话向移动电话甚至网络语音、图像和数据系统过渡;积极种植新型农作物,不会因为既有的补贴性农业模式而望而却步。

随着因特网、农业生物技术的发展和新型药物投放市场,现在是让技术和发展携手共进的时候了。《2001 年人类发展报告》旨在宣告这种伙伴关系的确立,同时它也在公共政策方面提出了警示性忠告,以确保技术不仅被用来为经济锦上添花,而要将其植根于面向贫困人口的发展战略中,以发挥其潜在的效益。换一个角度说,正如《人类发展报告》在过去 11 辑中所指出的,技术是用来武装人民的,它可以让人们在日常生活中有更多的选择机会。

在印度,对信息技术的利用正朝着两个方面发展。第一方面是开始让偏僻的乡村接入因特网——使村民获得重要的气象、卫生保健和农作物信息。第二方面是随着成功的新兴公司对技术的需求促使新的大学不断涌现以及大量辅助性服务行业的迅速拓展,发展以信息技术为依托的区域性经济群。换句话说,技术本身已成为经济增长的源泉。

不可否认的是,在富裕的发达国家令人目不暇接的许多高科技成就未必适用于贫困的不发达国家。同时也应该看到,针对贫困人口所面临的具体问题的研究与开发——从战胜疾病到远程教育——一次又一次证明了技术不仅是成功发展的产物,而且也是实现发展的重要工具。

在今天看来,这句话比以往任何时候都恰当。我们身处一个充满发现的时代——人类基因图谱的绘制,科研方式正在发生巨大的结构性变化,通信费用的降低带来了前所未有的网络化和知识共享的机会。与此同时,这也是一个争论日盛的年代,争论的话题从转基因作物可能带来的危害到使所有患者能获得救生药物。

我们现在所面临的问题是在这样一种日新月异的领域找出一条路径。它不是仅仅去平息有关技术进步是否会促进发展的争论,而是要帮助确认什么样的全球和国家政策制度能最大程度地增进技术进步所带来的福祉,同时审慎地防止随之而来的新的风险。

正如本报告所述,遍布发展中国家的各种新兴的典范中心已无可争辩地证明了利用先进的科技解决几百年来困扰人们的人类贫困问题的潜力。许多国家正在大力加强开发、应用和规范新技术的能力以满足需求。它们为维护自身利益而参与各种国际协议的谈判,根据自身需要制定全面的科技政策,利用网络时代的新机遇开展一系列重要的具有推动力的企业活动。

但报告同时表明,也有许多国家没有跟上时代的步伐。鉴于资源有限,如果这些国家希望弥合技术鸿沟和全面融入现代社会,那么其政府就必须注重其策略和选择。尤其不利的是,在这方面没有简单的模式可循。技术进步不是用适当的形式和合理的费用便可以向发展中国家推广的,确切地说,它应该是发展中国家进行知识创新和能力培养的过程。由于不同的国家和地区在自身需求、优先事项和局限性方面相差迥异,因此每个国家确定因地制宜的战略是非常重要的。

然而要想取得成功,最起码应满足以下基本条件:通畅的通信系统,对公共和私营部门研究与开发的持续支持,有助于培养掌握可靠技能以满足当地需要的群体的教育政策和投资,以及维系与管理上述活动的足够的监管能力。这些国内举措离不开富有远见的全球性举措和机构的支持——它们为培养发展中国家的能力而提供各种资源和支持。还需要更多地关注受忽视的领域,包括从治疗热带病到帮助发展中国家更好地参与全球知识体系并从中获益。

总之,世界面临的挑战是在全球和国家范围内使技术创新与政策创新的步伐保持一致。如果能够做好这一点,发展中国家实现去年具有历史意义的"联合国千年宣言"所确立目标的希望便会大大增加。我相信这份《人类发展报告》将帮助我们牢牢地把握正确的方向。

《2002 年人类发展报告——分裂中的世界的民主进程》

这份人类发展报告首先阐明了下述观点,即政治学对于成功的发展的重要性丝毫不亚于经济学。扶贫工作的持续固然需要平等的增长,但它也要求穷人拥有政治权力。要实现上述目的并符合人类发展目标,最好的办法就是在社会的各个层面建立起根深蒂固的民主治理形式。

关于这一主张目前仍有争议。许多批评者认为,特别是在发展中国家,民主往往会带来混乱、失控、易受操纵及权力滥用,因而难以提供持续的经济和社会改革所必需的稳定性和连续性。但是正如本报告所表明的那样,这种论调是错误的,原因主要有以下两点。

首先,一方面,显然存在着大量关于何种政策和做法最能保证经济增长的言之有理的生动的讨论,但另一方面,应当承认,民主政府在提高经济绩效方面绝不比其他任何政府形式差。不仅如此,民主政府在满足公民最为急迫的社会需要方面做得明显要更好一些,在影响到大多数人命运的危机时刻或时局变动时尤为如此。其次,同样重要的是,民主参与是人类发展的一个至关重要的目的,而不仅仅是实现人类发展的一种手段。

然而无论我们讨论的是在一个日益相互联系的世界中面对无数挑战的全球治理体系还是民族国家政府,有效的民主治理显然都还没有成为一种现实。民族国家力求在国家和全球生活都受到近几十年来发生的经济、技术和社会变迁冲击的情况下满足公民或公司和私人力量的种种需求。

正如本报告所表明的那样,按照目前的趋势,世界上有相当一部分国家不可能达到"千年发展目标",包括到 2015 年将极端贫困人口减半的核心目标。许多国家比 10 年、20 年甚至 30 年前甚至更穷。同样令人困扰的是,尽管在过去 15 年中许多国家出现了民主的一些基本特征,特别是多党制选举国家的数量已经猛增到 140 个,许多人目睹这一切而欣喜异常,但很快地这种欣喜之情就开始转变为挫折感和绝望。

……

此外,那些通过投票箱建立多数统治的国家,通常以牺牲少数人的权利为代价:缺少民主文化常常意味着那些败选的人要么受到获胜者的迫害,要么拒绝接受合法的选举结果。民主制不仅要求合法的政府,而且也要求合法的反对派。

在不得不采取更加谨小慎微的步骤迈向民主的一些国家和其他许多国家中,其结果是越来越多的人特别是年轻人日益疏远并感到愤怒。这种敌对状态正在引发一场反对现存政权和反对不以人的意志为转移的全球化力量的运动。在最为极端的例子中,激进的或原教旨主义的团体正在着手通过暴力方法来表达他们的不满,正如 2001 年 9 月 11 日的恐怖袭击悲剧所证明的那样。

从艾滋病到气候变化等各种跨国威胁日益增强并结合在一起,全球经济体系所采取的大多数措施仍然有利于工业化国家而进一步加剧了跨国威胁,结果是,在世界许多地方治理危机不断加深。从华盛顿州的西雅图到意大利热那亚的街头,以及到亚洲、非洲和拉丁美洲大部分地区的工厂和田间地头,世界各地的公民们对他们的政治领导人应对这些急迫挑战的能力和决心逐渐失去信心。

我们应当怎样作出反应?

近年来,人们常常听到政策制定者和发展专家说,善治是发展中国家成功的增长和经济改革之间的"缺失的环节"(missing link)。但是人们的注意力几乎压倒性地集中在经济过程和行政效率上。

……

这意味着制度和权力以这样一种方式被构建和分配,即赋予穷人以真正的发言权和活动空间,同时创建这样一种机制,通过这种机制无论是政治领导人、公司或其他有影响的行动者等有权势者都能对它们的行为负起责任来。

在国家层面上,深化这样一种民主要求将焦点放在强化那些民主国家的机构和制度上,后者成为实现任何范围更加广泛的目标的必要基础。在全球层面上,它强调锻造一种更加民主的公共领域的紧迫性,运作于其中的国际机构和跨国公司具有最高程度的透明性,并在做出影响发展中国家的决策时,既给后者提供席位,又使它们拥有重要的发言权。

《2003 年人类发展报告——千年发展目标:消除人类贫穷的全球公约》

这份报告表达了一个简单的观点——"千年发展目标"的时代已经到来了。

2000 年 9 月,189 个国家在联合国千年峰会上达成了历史性的《千年宣言》,从中产生了 8 个目标。这些目标涉及,到 2015 年将极端贫困减半、遏制HIV/艾滋病的传播以及让所有男孩和女童接受初等教育。它们正在推动发展的变革。各国政府、援助机构以及公民社会组织正围绕着这些目标重新调整工作方向。

然而尽管这些减少贫困及促进人类其他领域发展的承诺在原则上深受欢迎,但实际上,正如本报告明确指出的那样,世界所做的远远不够。有些目标正在世界上许多地方实现。但是当进步在一些地区、国家以及国家内部停止脚步的时候,事实清楚地表明,依然有大量的工作要做。在过去的 10 年中,有 50 多个国家变得更加贫困。许多国家由于 HIV/艾滋病的原因,预期寿命正在急剧下降。在一些情况最糟糕的国家(经常是冲突导致的),儿童入学率正在萎缩,基本卫生保健正在滑坡。而且几乎世界各地的环境都在恶化。

本报告的核心部分评估了最大问题所在,分析了需要通过什么方法来扭转这种倒退,并且对如何加快各地的发展,实现所有的目标提出了具体的建议,通过这些,报告富有说服力地回答了为什么甚至在最贫困的国家,依然有实现"千年发展目标"的希望。但是,虽然"千年发展目标"提供了一个新的、根据需要制定的和提高责任性的发展框架,但它们并不是一个纲领性工具。支撑任何实现"千年发展目标"努力的政治意愿和良好的政策理念要发挥作用,只能转化成由各国自主制定并推动的、有坚实的科学根基、良好的经济理论以及透明、负责的治理结构作指导的发展战略。

　　这正是本报告也制定了《千年发展公约》的原因所在。在 2002 年蒙特雷"为发展融资会议"上,各国领导承诺建立"发达国家和发展中国家之间新的伙伴关系",其目的就是执行《千年宣言》。在此基础上,《千年发展公约》提出了一个全面的框架,以使国家发展战略与来自捐助者、国际组织以及其他行为者提供的国际支持能更好地联系在一起,应对"千年发展目标"的挑战。而且,公约明确了双方的责任:穷国要采取勇敢的改革行动,援助国有义务进一步支持它们的努力。

　　……

　　但是"千年发展目标"的真正力量是政治意义的。这些目标提供了第一个这样的全球发展前景:对世界贫困人口的全球政治承诺有了明确的目标和直接解决的手段,而且目标和手段结合在一起。

　　穷人关心的是如何提高收入水平,子女能否入学接受教育,女儿在教育上是否受到歧视。他们极为关心慢性病和 HIV/艾滋病(正在非洲各国肆虐)这样的传染病环境,非常关心自己的环境,以及能否获得干净的饮用水和卫生设施。现在,随着民主在发展中世界的传播,穷人们最后能做到的不仅有关心,还有行动。

　　非常确切地说,"千年发展目标"是全世界普通公民的发展宣言。它们的时限性、可测量性以及对经济利益的关心使普通人容易理解。而且更重要的是,人们可以利用充分的数据来要求本国政府以至更大范围的国际社会为实现"千年发展目标"负责。

　　这一点是重要的。因为虽然《千年发展公约》主要关注的是前七个目标以及它们如何适用于发展中国家,但是毫不夸张地说,正在努力建设的新的全球伙伴关系的成败与否有赖于第八个目标的实现:它提出富裕国家要承诺帮助那些正在进行真实可信的良好的经济、政治和社会改革的贫穷国家。

　　本报告的一个关键结论是,在实现"千年发展目标"的过程中,虽然重新分配和动员更多的国内资源,加强治理结构和制度建设以及采取合理的社会经济政策都是必要的,但还远远不够。本报告用充分的事实说明,那些模范的改革者之所以依然没有取得强劲的增长,原因在于这些国家地理位置闭塞、环境恶劣或者受到其他因素的制约。要推动它们的发展,关键是提高目前的外部支持水平,并能保持下去。

　　不对全球贸易体制进行根本性重建,将饥饿和贫困减半的长期行动就会失败。尤其在农业领域,富国要取消补贴,降低关税,创造一个公平的环境。不为贫穷国家提供必要的、能承受的有效药品,抗击 HIV/艾滋病、疟疾以及其他疾病的斗争就会失败。没有更系统的、持续的债务减免,一些最贫穷国家就不可能制订稳定、长期的财政计划。最后,但绝不是最不重要的是,要记住,对于实现"千年发展目标"来说,额外增加 500 亿美元发展援助只是最低估计,而且要保证国内资源以及其他资金大规模重新配置,并确保接受者更好地获得。

　　如果"千年发展目标"是从穷人利益出发的、更好地管理全球化的手段,那么要实现这个根本前景,需要把"千年发展目标"看作不可分割的一揽子措施。它前所未有地承诺在世界范围内改善人类发展,而且所有国家也认同了这点。现在的挑战是要求各国实现自己的诺言,并且帮助它们实现"千年发展目标"。

《2004 年人类发展报告——多样化世界的文化自由》

　　适逢全球"文化碰撞"观念在世界各地引起了如此强烈——且令人忧虑——的震动之际,探索如何有效控制和缓解语言、宗教、文化和种族冲突这个老生常谈的问题被重新赋予了重要的意义。对发展工作者而言,这并不是一个抽象的问题。当今世界若要实现"千年发展目标"并最终根除贫困,首先必须成功地应对这样一个挑战,即:如何营造兼容并蓄、多元文化的社会。这是因为,这方面的成功不仅是各国将重心正确地导向经济增长及全民健康和教育等其他优先领域的优先条件,而且,让人们享有充分的文化表达权本身就是一项重要的发展目标。

人类发展的首要目的,就是让人们过上他们所选择的生活,并且向他们提供进行这种选择的手段和机会。近年来《人类发展报告》一直坚决主张,这既是一个经济学问题,也是一个从保护人权到深化民主的涉及面很广的政治问题。除非处在社会边缘的穷苦百姓——他们往往属于宗教或种族上的少数群体——能够对地方和国家的政治行为施加影响力,否则他们就不大可能平等享有就业、入学、就医、司法、安全和其他基本服务的机会。

根据上述分析,本年度的《报告》审视并否定了"文化差异必然导致社会、经济和政治冲突",或"固有的文化权利应该高于政治和经济权利"之类的主张。与此相反,《报告》提出了这样一个雄辩的论点,即:用戴斯蒙·图图大主教的话说,要想方设法让老百姓"为我们的差异而欢欣"。《报告》还就如何在实践中以符合人类发展基本原则的方式构建和管理身份和文化政治的问题发表了具体意见。

有时候这样做是比较容易的——譬如讲,一个女孩受教育的权利总是胜过她父亲以宗教或其他理由禁止她上学的文化权利主张。但问题也可能要复杂得多。以母语教育为例。一些令人信服的证据表明,用本民族语言接受教育的孩子比较容易达到预期的目标。然而人生某一时期的优势——也许是一生中身份认同不可或缺的基石——在其他方面却可能转化为劣势,譬如,如果不能熟练地掌握较广泛使用的本国语或国际语言,可能会严重妨碍个人的就业机会。本《报告》明确指出,关于营造有效运转的多元文化社会的最佳途径,从平权行动计划到媒体所能发挥的作用,都没有简便易行,或放之四海而皆准的规则可循。

不过,有一条教训显然至关重要:成功并非只是一个立法和政策改变与否的问题,尽管这方面的改革是必要的。旨在保护和保障少数民族、土著居民及其他群体利益的宪法和立法,为更广泛的自由奠定了极其重要的基础。

但是,除非政治文化也随之改变——除非公民按照真正符合他人需求和愿望的方式去思考、去感觉或者去行动,否则就不会有实实在在的改变。

……

这就是挑战。但也存在着切实的机遇。本《报告》传达的首要信息,就是突出展现了将文化问题纳入发展思想与实践的主流,以创造一个日益繁荣祥和的世界的巨大潜力。这并不是要取代,而是要补充并加强较为传统的、旨在维持人类生存的优先发展领域。国与国之间发展鸿沟的另一个侧面是:发展中国家往往比其北半球较为富足的邻国更能吸纳较为丰富、较为多样化的文化传统,而不论这些文化的载体是语言的、艺术的、音乐的、还是其他形式的。大众文化——从书本到影视——的全球化,显然对传统文化构成了某种威胁。但是它也开辟了多种机遇,其中既包括处在不利地位的群体——比如澳大利亚的土著居民或北极的因纽特人——开发全球文化市场的狭隘意义上的机遇,也包括建设更加生机勃勃、富有创造力、令人向往的社会的较广泛意义上的机遇。

《2005 年人类发展报告——处于十字路口的国际合作:不均衡世界中的援助、贸易与安全》

基于报告最初十年所奠定的坚实基础,后续的《人类发展报告》提出并丰富了人类发展这一观念,使《人类发展报告》的分量愈来愈重。从探讨怎样使新技术发挥最大的作用,以让人们不论贫富都能从中受益,到更强调加强人权和深化民主的极端重要性,再到保护和扶助弱势群体,《人类发展报告》为人类在新千年的发展拓宽了知识疆界。而这种变化已经在联合国开发计划署及其众多合作伙伴在所有这些关键领域的发展实践工作中体现出来。

简而言之,作为一种充满活力的独立而清晰的声音,《人类发展报告》在过去岁月以其卓越的表现理所当然地赢得了全球声誉,虽然其由联合国开发计划署赞助,但并不必然地反映联合国或联合国开发计划署的政策。《人类发展报告》在帮助构架和形成对当代关键的发展政策的争论所采取的具体的对策中扮演了不可或缺的催化剂角色。正如该报告所阐述的,当今发展中国家和地区——换言之全世界所面临的最大挑战,就是在 2015 年如期完成"千年发展目标"。

《2003 年人类发展报告》利用了许多联合国开发计划署资助的"联合国千年项目"的早期工作成果制订了详细的行动计划,以确保每一个千年目标都能达到。纵然许多国家的若干千年目标已取得了重大进展,但整体进展却仍差强人意。今年早些时候联合国秘书长在他自己《千年宣言》的五年回顾中着重利用"联合国千年项目"的最终报告就如何在《2002 年蒙特雷共识》的基础上完成该项目制订了内容广泛的议程。这份具有历史意义的协议的基础是由发展中国家做出的担负他们自身发展主要责任的承诺,而发达国家则要保证透明、可靠和成本恰当的国家发展战略能够得到所需的足够支持,以达到其"千年发展目标"。

但是,正如报告无可辩驳地指出的那样,如果我们在援助、贸易和冲突三大领域不采取断然措施,在进度和规模方面不排除目前阻碍今后十年进程的瓶颈的话,那么,那份议程只会是一纸空文。针对上述的每一个关键领域,报告都重新审视了既有事实并就如何去做和现在做什么提供了引人瞩目的全面分析。2005 年将作为抉择的一年而载入史册,这一年各国的首脑将有机会在"联合国九月峰会"上把誓言和承诺付诸于具体的行动以消除我们这个世界上的赤贫。如果我们要留给我们的孩子和子孙后代一个更安全、更稳定、更公平的世界的话,这样的机会不容错过。

《2006 年人类发展报告——透视贫水:权力、贫困与全球水危机》

所谓人类发展,首先,也是最重要的,就是要使人能过一种有价值的生活,使他们能够实现作为人的充分发展。人类发展应该包含什么样的内容,对这个问题的原则性的描述今天在"千年发展目标"的大视野里得到了体现。"千年发展目标"已为全世界所共同接受，它包含了一系列旨在减少极端贫穷、扩大两性平等和增进医疗与教育机会的目标，全世界都将在约定的时间内努力接近和实现这些目标。我们实现这些目标的进程，可以衡量我们有多大决心把承诺变为行动。不仅如此，"千年发展目标"也成为我们这个越来越相互依存的世界上人类共同繁荣和集体安全的前提条件。

今年的《人类发展报告》关注的是一个深刻地影响到人类实现"千年发展目标"的潜能和进程问题。历史上，人类发展所依赖的始终是：能够获得清洁的水源，以及社会能够利用水利，将其转化为生产资源。生活用水和生产用水，这是人类发展的两个基础。然而，世界上一大部分人仍然不具备这两个基础。

"危机"这个词有时被滥用，但是说到水的问题，人们却越来越意识到，全世界的确面临着严重的危机，如果不加以控制，其后果势必偏离我们实现"千年发展目标"的进程，阻碍人类发展。有人认为，所谓全球水危机，就是水资源供给在绝对意义上的缺乏。本报告不同意这种观点。《报告》认为，水危机的根源，是在于贫穷、不均衡以及不平等的权力关系，水资源管理上的失误，也使水资源的缺乏更加恶化。

生活用水的保障是人的基本需要，也是一项基本人权。然而，在我们这个日益繁荣的世界里，还有超过 10 亿的人口用不上清洁的水，26 亿人缺乏基本的卫生条件。这些刺眼的数字只反映了问题的一个侧面。不清洁的水源和恶劣的卫生条件引发痢疾和其它疾病，全世界每年有 180 万儿童因此死亡。在 21 世纪初，不清洁水源是导致儿童死亡的第二大原因。每天有数百万的妇女和女童不得不为全家人挑水，这更加重了男性和女性在就业和接受教育上的不平等。同时，由水和卫生设施不足引起的健康问题削弱了生产力并阻碍了经济增长，使目前全球化趋势所呈现的深度不均衡更加恶化，而处于经济劣势的家庭更因此陷入了贫穷的恶性循环。

《报告》指出，这些问题的根源虽然各国有所不同，但是也反映出相当多的共性。首先，很少数国家在决策上把水和卫生设施问题当作优先事项加以考虑。很多国家用于供水和卫生设施的财政预算都很有限,就可以说明这一点。第二,世界最贫穷人口在支付世界最高额的水费,这反映出在贫民区和非正式居民点,供水设施的普及程度还很有限。第三,国际社会在围绕"千年发展目标"建立的一系列发展伙伴关系中,还没有对水和卫生设施事业给予优先重视。这些问题的背后是这样一个事实:在水和卫生设施的危机中,受害最深的人群是穷人,尤其是穷人妇女,他们由于缺乏政治上的发言权,因而难以主张自己对于用水的权力。

本《报告》详细研究了包括上述问题在内的诸多问题。《报告》所反映出的困难是十分艰巨的,但我们并不是要宣传绝望。我们提供的事实也说明,我们能赢得这场战斗。在提供清洁水和良好的卫生设施方面,许多国家正在取得不同寻常的进步。在各发展中国家,生活在贫民区和农村的居民调动资源,解决问题,显示了他们的力量和创新精神,以实际行动为我们做出了榜样。进入 21 世纪,我们有资金、有技术、有能力把水和卫生设施问题彻底地变为历史,正如今天富裕国家在一个世纪之前已经做到的一样。现在需要的,就是统一的行动,通过精心设计、财政合理的国家计划,加上能够激发政治愿望和调动资源的全球计划作为支持,让所有人用上安全的水,享受到基本的卫生条件。

生产用水带来的是另一些问题。世界并不缺水,只是世界上几百万最贫穷人口生活的地区用水紧张状况日益严峻。约有 14 亿人口居住的江河流域,水的用量超过了水的补给。过度用水的后果非常明显且令人不安。河流干涸,地下水位下降,基于水的生态系统也迅速地遭到破坏。很显然,世界正在消耗它最宝贵的一种自然资源,给子孙后世背上了无法偿还的生态债。

面临气候变化对人类发展造成的威胁,我们应该做的还很多。本《报告》强调说,这并不是远在未来的威胁。全球变暖已经开始,有可能葬送很多国家几代人取得的人类发展的成果。很多地区水资源减少,出现持续的用水紧张,极端天气现象出现以及冰川消融,所有这些构成了笼罩着我们的威胁。面对这样的威胁,各国在公共政策的制定上有必要做出反应,采取多边行动,减少碳的排放,减轻环境变化的影响。此外,还应该集中精力,以支持适应战略。

今后几十年,围绕水的竞争会更加激烈,这已经是很清楚的事实。水资源有限,而人口膨胀、城市化、工农业发展对于水的需求却越来越多。同时,未来对水资源的使用应该把环境本身的需要考虑进去,人们已经日益认识到了这一点。这里存在着两种危险。首先,随着对水资源争夺的加剧,最弱势的群体——其中包括小农和妇女——他们对水资源的权利势必被更强势群体剥夺。其次,水是流动的易耗资源。河流、湖泊和含水层都可能跨越多国边境,在用水紧张的地区,这就有引发边境争端的可能。通过公共政策和国际合作,我们可以处理好或避免这两种威胁,但是这两方面都已经出现了显而易见的征兆。

《2007/2008 年人类发展报告——应对气候变化:分化世界中的人类团结》

气候变化现在已经是被科学所证明的事实。温室气体的确切影响很难预测,科学预测能力上也还有很多不确定因素。但是根据目前的研究,我们足以认定,巨大的风险确实存在,而且很可能是灾难性的风险,比如格陵兰岛和南极西部地区的冰盖融化(许多国家可能将因此被海水淹没)以及墨西哥湾暖流改道(可能带来剧烈的气候变化)。

出于对后世子孙前途的审慎和关怀,我们必须马上采取行动。这也是对可能发生的惨重损失的一种安全防范。我们并不知道这种损失发生的概率或者确切时间,但我们不能因此就不采取防范措施。温室气体排放所造成的损害在很长时间内是无法逆转的。如果我们现在还不及时采取行动,这种损害将来会越发严重。即使所有人享有相同的生活水准,以相同的方式受到气候变化的影响,我们仍然必须采取行动。假设世界是一个国家,这个国家的公民收入水平相差无几,都遭受差不多同样的气候变化后果,到本世纪末,全球变暖仍然会给人类福祉和繁荣造成巨大损害。

　　然而事实上,这个世界是由全然不同的部分组成的:人们的收入不等,财富不均,气候变化对各个地区的影响也大相径庭。这是我们迅速采取行动的最迫切原因。世界上有些最贫困、抵抗力最弱的社区已经开始遭受气候变化的影响。接下来的数十年里,世界平均气温将升高 3 摄氏度(与工业化之前的气温相比),某些地区的气温甚至可能升高 6 摄氏度。旱灾、极端天气情况、热带风暴加剧,海平面上升,我们在有生之年就会看到,这些灾害将给非洲广大地区、许多面积狭小的岛国和沿海地带带来越来越大的影响。短期内,它们对世界 GDP 总额影响不大,但是对于世界上某些最贫困的人们来说,这些后果可能犹如世界末日。

　　从长期来看,人类发展受到气候变化的巨大威胁,在某些地方,气候变化已经削弱了国际社会减少极端贫困的努力。

　　暴力冲突、资源匮乏、缺乏协调和政策乏力继续减缓发展的进程,在非洲情况尤其如此。不过很多国家已经取得了实实在在的进展。例如,越南已经能够将贫困人口减少一半,并且能够提前实现 2015 年普及初等教育的目标;莫桑比克除了降低儿童和孕产妇死亡率以外,还大大减少了贫困人口并增加了入学人数。

　　这种发展进程将逐渐受到气候变化的阻碍。所以我们必须认识到反贫困与应对气候变化后果是相互联系的,两者必须相辅相成。这需要开展大量适应气候变化的活动,因为即使立即大力减排,气候变化仍将大大影响最贫困的国家。各国需制定本国适应气候变化的计划,但国际社会须施以援手。

　　为了应对挑战,响应发展中国家——尤其是撒哈拉沙漠以南的非洲国家——领导人提出的迫切要求,2006 年 11 月召开的气候会议期间,联合国开发计划署(开发署)和联合国环境规划署(环境署)在内罗毕发起建立了伙伴关系。开发署和环境署承诺向发展中国家提供帮助,增强它们抵御气候变化影响的能力,以使它们能够在开发更清洁和可再生能源、气候防护和燃料转化计划等领域,更全面地从清洁发展机制中受惠。有些政府力图将气候变化的影响纳入投资决策考虑,通过这个伙伴关系,联合国系统能及时回应这些政府的需求。这个伙伴关系是联合国决心"齐心协力"应对气候变化挑战的生动证明。例如,我们可以帮助各国改善现有基础设施,使人们能够应付更频繁的洪灾和严酷的极端天气情况,还可以培育更多能抵御恶劣天气的作物。

适应气候变化的同时,我们必须着手减排并且采取其他措施,这样,已经出现的不可逆转的气候变化在今后几十年内才不会进一步加重。如果减排工作不能尽早开始,最贫困国家将无法承受今后 20 年或者 30 年之内适应气候变化的费用。

对全世界而言(包括最富裕国家在内),稳定温室气体排放量以限制气候变化是一项值得投入的安全保障战略,也是全面反贫困、实现千年发展目标的重要部分。鉴于这一双重目的,世界各地领导人应优先考虑气候政策。

但是确立了限制未来气候变化和帮助最脆弱者适应不可避免局面的需要之后,我们还需继续进一步明确那些帮助我们实现目标的政策的性质。有几件事情要首先说明。首先,考虑到当今世界发展的趋势,我们必须进行重大变革,制定目标远大的新政策。

其次,短期成本不菲。我们必须在限制气候变化方面投资。随着时间的推移,这些投资将产生巨大的净收益,但是就像每一笔投资那样,在开始阶段,我们必须心甘情愿地负担成本。民主治理也会面临挑战:为了收获长期利益,政治制度必须为初期的成本买单。各国领导人应具有远见卓识,不能只追求个人政绩。

我们并不过于悲观。很久以前,通货膨胀率远远超过现在。在解决通货膨胀的过程中,民主国家抵制了求助于印钞机的短期诱惑,构想出了一些能够使通货膨胀大幅度降低的制度,例如更加独立自主的中央银行和政策预先承诺。解决气候和环境问题也须如此:社会必须先承诺并且舍弃短期利益,以换取长期的福祉。

我们还希望指出,虽然向无污染能源和生活方式过渡需付出短期成本,但因此带来的不只是稳定气温,还可能产生经济效益。这些效益很有可能通过凯恩斯和熊彼特构思的机制得以实现,这种机制通过大规模投资来刺激总需求,或者通过创造性毁灭在众多部门引起创新和生产力飞越。这些效果还不能从数量上预测,不过把它们纳入考虑范畴才能全面衡量气候政策的利弊。

制定良好的政策须注意避免过度依赖官僚机构。虽然政府领导将在改善气候变化这个具有巨大外差因素的问题上起极为重要的作用,但是市场和价格机制必须发挥作用,以便使私营部门的决策能够更有效地提高投资和生产决策的效率。

对碳和其他温室气体定价,必须反映出它们的真实社会成本。这应当成为减排政策的核心内容。当今世界已经花费数十年时间——决不仅仅是在外贸领域——消除许多领域的数量限制。现在还不是由于气候变化而重新采取大量配额和官僚系统管理制度的时候。排放量目标和能源效率目标起着重要的作用,但是价格机制能使我们更容易地实现目标。这就需要经济学家、气候科学研究人员和环境保护人士之间进行对话,这种对话要比我们迄今所看到的对话更加深入。我们希望这份《人类发展报告》会促成这样的对话。

最艰难的政策挑战是制定分配方面的政策。虽然每个人都可能遭遇灾难性风险,但是成本和效益的短期和中期分配还远远没有统一。由于那些在很大程度上造成气候变化的国家——富裕国家——并不会在短期遭受最严重的影响,这就使分配方面的任务尤为艰巨。那些过去没有,现在仍然不会显著增加温室气体排放的最贫困国家却最容易遭受气候变化的影响。很多中等收入国家的排放总量方面日益上升逐渐成为重要的排放者。但这些国家的碳排放量并不像富裕国家积累的那样多,在人均排放量方面它们仍然属于低排放国。我们必须找到一条在道义和政治上都可以接受的道路,这条道路使我们能够开始——并继续前进,尽管在长期分摊负担和收益方面仍然存在很大分歧。分配分歧不能阻止我们前进的道路,因为我们无法等到完全确定气候变化可能采取的确切发展轨迹之后才开始行动。

《2009 年人类发展报告——跨越障碍:人员流动与发展》

本报告开拓了一个新领域,即把人类发展视角应用于迁移研究中。在报告中讨论了谁迁移;从到哪里来又到哪里去;为什么要迁移等问题。报告中分析迁移的多重影响。这些影响不仅涉及迁移者本人,而且涉及那些不迁移的人。

本报告的研究结果使人们对一些常见的错误观念有了新的认识。例如,从发展中国家到发达国家的迁移仅占人类流动的一小部分;从一个发展中国家到另一个发展中国家的迁移更普遍;大多数的移民根本就不是向国外迁移,而仅仅是在国内流动。

其次,大多数移民绝非是迁移的受害者,在他们离开原地之前以及到达一个新的居住地之后,他们往往都是成功者。在人类发展的所有方面——不仅仅是收入,还有教育、卫生,总的来说迁移的成果尤其显著,特别是那些来自最贫困地方的人,他们从国家迁移中所获收益最大。

通过回顾大量的文献,本报告发现,关于移民会抢占当地人的工作、降低他们的收入、给当地服务部门增加负担,以及花费纳税人的钱等种种担忧,通常都是言过其实的。当移民的技能与当地人的技能形成互补时,双方都受益。从整体来看,社会也在许多方面受益:从技术革新水平的提高到日益增加的饮食多样性,移民都做出了非凡的贡献。

报告认为,对于迁移的政策回应是不能令人满意的。许多政府建立了越来越强的入境限制制度;对于雇主侵犯移民的健康、安全等问题熟视无睹;或者忽视其在教育公众认识到移民的益处方面应起的带头作用。

从扩大人类的自由而不是从控制或限制人员流动的角度出发,通过研究相关政策,本报告提出了一组大胆的改革设想。报告认为,与各国的具体情况相结合,这些改革措施应能扩大人类流动已经对人类发展所做的贡献。

　　本报告提出的最主要的改革措施包括六个方面，每个方面都能为促进人类发展做出重要的、互补性的贡献。这六方面包括：开放现有的入境渠道，让更多的个人能够流向国外；确保移民的基本权利；降低移民的交易成本；寻找既有利于目的地社区又有利于移民的办法；使迁移者在国内流动更容易；把迁移纳入国家发展战略中。

　　本报告认为，虽然大多数改革比最初想象的更加可行，但这些革新措施的推进需要政治勇气。当经济持续低迷时，政府迅速转变政策方向的能力也会受到影响。

《2010 年人类发展报告——国家的真正财富：人类发展进程》

　　1990 年联合国开发计划署发表了第一部《人类发展报告》，使用了新设计的人类发展指数。在那时被认为是过激的假定前提，实际上非常精炼：国家发展不能简单地用国民收入来测量（实际中曾长期采用的测量方法），预期寿命和识字率也应该作为衡量指标。

　　正如人类发展报告的作者所承担，人类发展指数有其不足之处：依靠国家平均水平（而平均水平掩盖了偏态分布），而且缺乏"对人类自由的定量测度"。然而，它还是成功地提出了该报告的中心论点，其开宗名义地陈述："人是国家的真正财富"。

　　20 年后，人类发展指数概念本身的光辉和具有原创性的人类发展报告之间的一致性仍毋庸置疑。现在大家普遍接受的观点是，一个国家的成就或个人的福利水平不能单纯地用金钱来衡量。当然，收入是至关重要的：没有资金就难以发展。然而，我们也必须要判断人们是否会有健康长寿的生活，是否有接受教育的机会，是否可以自由地利用自己的知识和才能来塑造自身的命运。

　　这是《人类发展报告》的创始人——来自巴基斯坦的马赫布卜·乌·哈克以及他的亲密朋友和合作者——来自印度的阿马蒂亚·森的远见卓识和伟大贡献。与他们共同奋斗的还有其他杰出的发展思想家。他们的理念不仅引领全球性的《人类发展报告》走过了 20 年的历程，而且也影响了由各国研究、撰写、出版的 600 多种国别人类发展报告，以及许多由联合国开发计划署各区域局支持的富有挑战性的区域性研究报告。

也许最重要的是，人类发展理念深深地影响了世界上整整一代的政策制定者和发展学家，包括联合国开发计划署以及联合国其他机构的数千名工作人员。

在人类发展报告 20 周年这一里程碑的时刻，我们迎来了一次难得的机遇，我们可以从全球和国别的角度系统地回顾人类发展所取的成就和面临的挑战——这是自第一部《人类发展报告》问世以来一直没有尝试的一项工作——并分析这些成就和挑战对政策制定和今后研究的启示。

在这个重要时刻，一个清晰又难以抗拒的事实摆在我们面前：即使是在逆境中仍有许多国家能够改善人们的生活质量。众多国家尽管其收入保持温和增势，但在健康和教育方面却取得了巨大成就。而一些在过去几十年里取得巨大经济绩效的国家，却并没有在预期寿命、教育和整体生活水平的提高方面做出类似的、显著的进步。这些改善永不会自动到来，他们有赖于推动发展的政治愿望、勇敢的领导阶层和国际社会的持续参与。

过去 40 年的数据还揭示出，人类发展成就的取得方式表现出巨大的多样性，并不存在单一或万能的成功药方。

本报告表明，大多数地区的大多数国家都取得了显著的进步，最贫穷的国家往往获得的收益最大。或许统计学家对此并不感到好奇，但这与 40 年前普遍设想的情景却有天壤之别：大多数低收入国家都向前迈出了重要的一步。正如我们现在看到的，这些国家在健康、教育，以及（较小程度上的）收入方面都出现了进步。

当然我们很清楚并非所有的发展趋势都是积极乐观的。令人可悲的是，自 1990 年《人类发展报告》诞生以来，一些国家在所有的人类发展指数上都呈倒退的趋势。总结这些国家的失败教训，其主要原因是冲突的破坏性影响、艾滋病的泛滥、经济管理和政治管理不善。其中多数国家都承受着一种以上的磨难。

尤其令我欣慰的是《人类发展报告》始终在测量方法上不断创新。今年的《人类发展报告》选取了三种新的测量角度:测量多维不平等、性别不平等和极端剥夺。其所采用的三种测量指数——不平等调整后人类发展指数、性别不平等指数和多维贫困指数是建立在创新、理论和数据发展的基础之上,这三种指数已经被世界上大多数国家采用,并且提出了一些重要的新见解。

这些新的测量工具强化了最初人类发展设想的持续有效性。展望未来,今后的人类发展报告将不得不设法解决更艰难的问题,包括可持续发展日益关键的领域、不公平以及更广范围的赋权理念。我们今天仍然难以回避《1990 年人类发展报告》所遇到的分析和统计方面的挑战。

《2011 年人类发展报告——可持续性与平等:共享美好未来》

2012 年 6 月各国首脑将汇聚里约热内卢寻求全球合作行动的新共识,以保卫地球的未来,维护子孙后代享有健康和充实生活的权利。这是 21 世纪发展的巨大挑战。

2011 年人类发展报告对围绕这一挑战所进行的全球对话提出了重要的新观点,论述了可持续发展与平等的根本问题(即公平和社会公正以及享有高质量生活的更好途径)有着千丝万缕的联系。正如本报告所有力论证的,可持续发展并非只是或主要是环境问题。最重要的是我们选择如何生活,并意识到我们的所作所为将对当今的 70 亿人民和未来的子子孙孙产生怎样的后果。

理解环境的可持续发展与平等的关系对我们扩展当代和子孙后代的自由十分重要。人类发展报告记述了过去几十年来人类发展取得的巨大进步,但是如果我们不采取全球范围的有力措施减少环境危机和不平等状况,人类的进步将难以继续。本报告试图找出可以遵循的途径让人民、社区、国家和国际社会各个层面以相得益彰的方式推动环境的可持续发展和平等。

　　在联合国开发计划署日常运营的 176 个国家和地区里,很多弱势群体同时承受着资源被剥夺的双重负担。由于弱势群体面临更加严重的压力和更不足的应对工具,使他们更容易受到环境恶化的广泛影响。他们还要面对室内空气污染、不洁净的水和未改善的卫生设施等直接的环境威胁。预测表明,由于日趋严重的环境风险迟迟不能降低,以及不平等威胁的继续加深,使得占世界人口多数的贫困人口将减缓人类数十年来持续进步的脚步——甚至使人类发展逐渐一致的趋势发生逆转。

　　这种局面正是由权力的巨大差异造成的。报告中新的分析表明国家层面的权力失衡和性别不平等如何与洁净水匮乏、卫生设施简陋、土地退化、空气污染导致的疾病和死亡,以及收入差距影响的扩大相互关联。性别不平等也与环境问题相互影响,而且使情况变得更糟。全球层面上的治理措施也经常削弱发展中国家的话语权,并将边缘群体排除在外。

　　其实,除了不平等和不可持续发展,我们还有其他的选择。从人类发展更广泛的意义来讲,由消费化石燃料而驱动的增长不是人类追求广义美好生活的先决条件。对增进平等的投资——例如在获取再生能源、水和卫生设施以及生殖健康方面的投资——可以同时促进可持续性和人类的发展。更有利的问责制和民主化进程,加上公民社会和媒体的积极参与,也有利于改善现状。成功的方法依赖于社区管理,特别关注弱势群体的包容性制度,以及能够在政府机构和发展伙伴间协调预算和机制的交叉方法。

　　除了千年发展目标,世界还需要 2015 年之后的发展框架——能够体现平等和可持续性发展理念的框架;里约＋20 峰会为各国就如何向前发展达成共识提供了重要机遇。本报告提出将平等纳入政策和计划、赋予人民在法律和政治舞台做出变革权力的方法大有希望。越来越多国家的经验证明了这些方法对创造和实现积极协同效果所具有的巨大潜力。

　　发展(包括保护环境和社会)所需的资金将远远超过现有的官方发展援助。例如对低碳能源的现有投入只是估计所需最低投入的 1.6%,而适应和减少气候变化的投入则只有估计所需投入的 11%。希望寄托于新的应对气候变化的资金。虽然市场机制和私营资金十分重要,但是必须得到积极主动的公共投资的支持和撬动。缩小资金缺口需要创新思维,这正是本报告所论述的。

除了增加新的资金来源以平等解决迫切的环境威胁,报告还倡导通过改革推动平等和话语权。我们需要投入大量资金来应对不可持续发展和不平等的严峻挑战——而不是扩大现有的差距。

人类发展的核心目标是为全人类所有人提供平等的机会和选择权。对于当今以及将来世界的弱势群体而言,我们不仅负有共同责任,而且我们还负有道德义务——确保现在不会成为将来的敌人。本报告将帮助我们认清前进的道路。

《2013 年人类发展报告——南方的崛起:多元化世界中的人类进步》

《2013 年人类发展报告——南方的崛起:多元化世界中的人类进步》研究了当今时代不断演变的地缘政治、各种新出现的问题和趋势以及正在改变当今世界发展格局的新兴力量。

该报告指出,目前许多发展中国家在不断增强经济活力和提高政治影响力的同时,对人类发展进步也带来重要影响。

该报告还指出,以人类发展指数(HDI)为衡量依据,过去十年间所有国家在教育、健康和收入方面的进步均有所加快,并且在可提供相关数据的国家中,没有一个国家的 2012 年人类发展指数比 2000 年低。尽管较低人类发展指数国家在这段时期的进步相对较快,各地区内部和地区之间的进步程度也存在一定差异,但全球整体人类发展水平的进步趋势依然十分明显。

该报告通过对 1990 到 2012 年间人类发展指数的收入和非收入维度均取得显著进步的国家的数据分析,具体考察了帮助这些国家取得如此优异表现的相关战略。就这点而言,这份 2013 年报告通过介绍发展转型的推动因素以及建议有助于保持该发展势头的未来政策重点为拓宽发展思路做出了重要贡献。

据该报告预测,到 2020 年,三大领先的发展中经济体(巴西、中国、印度)的经济总产出将超过加拿大、法国、德国、意大利、英国和美国这六个国家的总和。同样如该报告所述,在南方国家相互之间新建立起来的贸易和技术合作伙伴关系是推动该增长的主要因素。

然而 2013 年人类发展报告和历年报告一样包含了一条关键信息:经济增长本身并不能自动转化为人类发展进步。只有凭借重点关注教育、营养、健康和工作技能等方面的扶贫政策和旨在提高民众能力的大量投资,才能扩大民众获得体面工作的机会和确保人类持续进步。

2013 年报告确定出对于保持发展势头具有重要作用的四个具体方面:促进公平(包括性别平等)、加强包括青年在内的公民话语权和参与权、应对环境压力和应对人口变化。

该报告建议,随着全球面临的发展挑战日益错综复杂而且跨境限制越来越多,世界各国应就一些最为紧迫的问题(无论是消除贫困、气候变化还是和平与安全问题)展开协同行动,这一点至关重要。同时,由于世界各国通过贸易、移民和信息与通信技术等途径的联系越来越密切,因此一个地方的政策决定给其他地方带来重大影响的现象也毫不奇怪。近几年当中发生的一些令无数人的生活备受煎熬的危机(如粮食、金融和气候危机)均证明了这一点,并突显出努力减轻冲击和灾害避免对民众造成伤害的重要性。

为了充分利用南方国家在知识、技术和发展思路等方面的宝贵财富,该报告呼吁成立有助于推动区域一体化和南南合作的新机构。目前,一些来自发展中国家的新兴力量已经成为创新型社会与经济政策的重要源泉,也成为其他发展中国家在贸易、投资和发展方面的重要合作伙伴。

许多其他南方国家也取得了快速发展,其发展经验和南南合作经验对制定发展政策方面也起到了同样重要的启发作用。联合国开发计划署不仅能够在促进各国政府、公民社会和跨国公司之间的知识经验分享与合作方面发挥重要作用,我们还可以在促进相互学习与借鉴以及能力建设方面发挥关键作用。该报告则为我们今后参与南南合作提供了非常宝贵的见解。

最后,该报告还提倡以批判的视角来看待国际治理机构,以帮助建立一个更加公平和平等的世界。报告指出,当今陈旧的国际治理体系不能反映新的经济和地缘政治形势,因此建议考虑建立新的合作体系。同时,报告还提倡加强透明度和问责制,并强调全球公民社会在拥护该倡议以及为全球弱势群体争取更多决策权等方面的作用。

《2014 年人类发展报告——促进人类持续进步:降低脆弱性,增强抗逆力》

《2014 年人类发展报告——促进人类持续进步:降低脆弱性,增强抗逆力》探讨了两个相辅相成的概念,它们对保障人类发展进步至关重要。

自联合国开发计划署的第一本全球《人类发展报告》于 1990 年问世以来,大多数国家的人类发展水平进步显著。今年的报告显示,全球总体发展趋势十分乐观,未来还将蒸蒸日上。然而,大自然和人为因素造成的灾害与危机正在吞噬着我们的生命并成为影响人类生活与发展的绊脚石。

这些挫折并非在所难免。虽然每个国家在风险面前都会有脆弱的一面,但有些国家却能迎难而上,有效规避和抵御风险,并能迅速从冲击中恢复元气。

作为一本面向全球读者的出版物,该报告旨在探寻其中的奥秘,并且第一次从人类发展的角度探讨脆弱性和抗逆力。当前许多关于人类脆弱性的研究都侧重于人们在特定领域所承受的特定风险。而 2014 年人类发展报告则采用一种更加全面且截然不同的研究方法。该报告首先考虑人类发展进程中的风险因素,然后探讨如何加强抗逆力来抵御不断变化的风险。

对于联系日益紧密的当今世界而言,这种研究方法尤为重要。全球化虽然为我们带来了许多裨益,但它也引起新的关注,有时甚至因局部事件而很快引发全球反应。要让人民减低脆弱性而创造更好的未来,就意味着要加强社会及国家的内在应对能力。该报告的问世为此奠定了坚实的基础。

　　2014 年人类发展报告秉承以人为本的理念,这与人类发展模式相辅相成。该报告尤为关注国家之间以及国家内部存在的悬殊差距,并将那些因个人经历或遭受社会不平等待遇而比其他人更加脆弱的人们列为"结构性脆弱"人群。这种脆弱性的形成历时漫长,与性别、种族、血缘和地理位置等因素息息相关,且一旦形成会持续很长时间。许多弱势人群在应对挫折时常常会面临纷繁复杂的制约。例如,经济拮据的少数民族人群或身患残疾的女性在生活中会面临多重障碍,而这些障碍之间的相互叠加会使本已处于劣势的状况雪上加霜。

　　2014 年人类发展报告将采用"生命周期方法"探讨如何在人生中改变其脆弱性。与静态模式不同,这种分析方法认为,人类在儿童、青少年及老年等人生不同阶段会面临不同的风险,需要采取不同的应对方式。人生的某些阶段至关重要:例如,婴儿出生后的前 1000 天、毕业生从校园步入职场,以及离开职场迈入退休阶段。在这些人生关键阶段面临的挫折将尤其难以克服,并可能产生深远影响。

　　该报告基于对现有依据的深入分析,提供了若干宝贵建议,旨在帮助全球社会消除脆弱性,增强抗逆能力,以抵御未来人类发展面临的冲击。该报告呼吁各界人士重视基本的社会服务,尤其要重视医疗与教育行业;提供强有力的社会保障(包括落实失业保险和养老金);履行充分就业的承诺,并认识到就业创造的价值要远远高于其获得的收入。此外,该报告还审视了公平有效的制度以及社会凝聚力对构建社会层面的抵御能力和减少潜在冲突爆发所具有的重要性。

　　报告指出,在努力减小固有的脆弱性方面,再有效的政策也无法彻底根除危机的出现及其可能造成的破坏。因此,培养社会的灾难防备和灾后恢复能力至关重要,因为只有这样才能使社会更好地应对危机,并顺利走出危机的阴霾。从全球层面而言,鉴于跨国跨境风险急切需要国际集体行动,因此该报告呼吁履行全球承诺,改善国际治理。这些建议十分必要和及时。由于联合国成员国正准备举行 2015 年以后全球发展议程谈判和制定一套可持续发展目标,因此该报告收集和分析的证据及人类发展视角都极具价值。例如,消除贫困将成为本次新议程的核心目标,然而,正如该报告所述,如果人们因结构性因素和旷日持久的脆弱性而面临重新陷入贫困的风险,那么人类发展的进程也将岌岌可危。因此,消除贫困不仅要"将贫困指数降至零",还要一直保持下去。

如果要实现联合国开发计划署的愿景——即在帮助各国消除贫困的同时显著减少社会中的不平等和排斥现象,并促进人类可持续发展,这就需要人们深入理解脆弱性和抗逆力的概念。只有并且直到脆弱性问题得到了有效的解决,而且所有人能有平等的机会分享人类进步的成果,人类的发展才将是公平和可持续的。

该报告旨在帮助决策者和相关当局通过制定降低脆弱性和增强抗逆力的政策,保住发展取得的成果。我建议所有渴望人类实现可持续发展、特别是那些渴望帮助世界上最脆弱群体的人们能够抽出时间阅读该报告,并从中获益。

《2015 年人类发展报告——从实践活动与工作透视人类发展》

二十五年前,于 1990 年发布的第一份人类发展报告开宗明义地提出以下观点:人类发展是一个不断扩大人的选择权的过程,它全面关注如何丰富人们的生活,而并非仅仅关注经济上的富裕。工作是实现经济富裕和生活富足的一个重要基础,但人们往往将其视为经济范畴的一个概念,很少从人类发展的角度对其进行审视。2015 年人类发展报告突破了上述认知惯例,将工作与丰富人们的生活直接联系起来。

报告开篇就提出了这样一个根本性问题:即工作如何促进人类发展?本报告从广义的角度对工作进行审视,综合考虑了无偿看护工作、志愿工作和创造性劳动等有助于丰富人们生活的实践活动,并非仅仅局限于"职业"这个狭义上的工作。

本报告向我们呈现了过去二十五年全世界取得的令人瞩目的人类发展

成就,今天,人们的寿命更长,儿童入学率更高,可以获得清洁饮用水和基本卫生设施的人也越来越多,随着全球人均收入的增加和贫困人口的减少,许多人的生活水平正在逐步提高,如今,数字革命将全球各个国家和社区的人联系在一起。人们通过工作促进自身的能力发展,从而对人类发展取得上述成就起到重要作用。体面的工作不仅给人们带来尊严,还带来全面参与社会活动的机会。

但我们仍面临许多严峻挑战,例如持续贫困和不平等现象、气候变化和环境可持续性,以及冲突和局势不稳定。这些因素都会给人们从事体面工作造成障碍,从而导致大量人力资源得不到充分利用。青年、妇女、残疾人士和其他可能被边缘化的群体受到的影响尤为严重。本报告提出:如果能通过适当的战略和政策让所有人的潜力均得到充分释放,那么人类发展的进程将进一步加快,人类发展存在的问题也将进一步减少。

本报告同时也提醒我们,工作和人类发展并非总是正相关。工作的质量是确保工作能够促进人类发展的一个重要因素。但诸如歧视和暴力等问题依然存在,并阻碍工作对人类发展产生积极推动作用。还有一些工作和劳动形式对人类发展危害极大,并严重侵犯人权,例如童工、强迫劳动和贩卖劳工等。在许多情况下,在危险条件下工作的工人还面临遭受虐待、无安全保障、丧失自由和自主权等严重风险。

在全球化和技术革命的推动下,工作格局正在发生飞速变化,这让解决上述问题变得更加迫在眉睫。全球化的结果是有人欢喜有人忧。数字革命创造了新的机遇,但也带来了新的挑战,例如不合规合同和短期工等问题在高技术工人和非技术工人之间分布不均。

本报告还有力地证明,在工作世界中,无论是有偿工作还是无偿工作,女性都处于弱势地位。在有偿工作领域,女性的就业率、薪酬、工作稳定性及出任高级管理和决策职位的机会均低于男性。而在无偿工作领域,女性却又承担了大部分家务和看护工作。

本报告认为,可持续的工作能够在促进人类发展的同时,减少和消除负面影响和不利后果,因此它是可持续发展的一个重要组成部分。此类工作既能为当代人创造更多机会,又不会牺牲子孙后代的利益。

报告还认为,要想通过工作促进人类发展,则需要在以下三个大的方面制定相应政策和战略:创造工作机会、保障工人的福祉和采取有针对性的行动。第一个方面侧重于制定国家就业战略和在不断变化的工作格局中抓住机遇;第二方面则涵盖保障工人的权利和福祉、扩大社会保障范围、消除不平等现象等重要问题;有针对性的行动应着眼于促进可持续工作,消除有偿和无偿工作领域中存在的不平等现象,并为青年、残疾人士等特定人群采取干预措施。最重要的是,需要提出相关议程并付诸行动,争取早日实现新的社会契约、全球协议和体面工作议程。

今年的报告在联合国可持续发展峰会召开后不久发布。恰逢其时。本次峰会通过了新的可持续发展目标,其中第八个目标便明确强调了工作的重要性:促进持久、包容、可持续的经济增长;实现充分和生产性就业。确保人人有体面工作。

《2016 年人类发展报告——人类发展为人人》

人类发展与人类自由密切相关:即让现在和将来的每一个人都拥有充分发挥个人潜能的自由,不是少数人,也不是大多数人,而是生活在世界各个角落的所有人。正是这种普惠主义才让人类发展方式具有独特之处。

然而普惠性原则是一回事,将其变为现实却是另一回事。过去二十五年间,人类发展在许多方面取得显著成就,例如,人口寿命增加,极端贫困和营养不良人口减少。人类发展让人们的生活更加充实。但遗憾的是,这些发展成果分布不均,更糟糕的是,并非所有人都能享受到上述成果。

因此,世界各国的领导人在 2015 年承诺,将确保人类发展不会遗漏任何一个人,并将其作为《2030 年议程》的重要前提,此举并非出于偶然,而是经过深思熟虑之后的慎重选择。为了响应世界各国人民的这一普遍愿望,2016 年人类发展报告以"人类发展为人人"作为主题正当其时。

报告首先从宏观视角描绘了全世界面临的挑战,以及对人类发展未来的美好希望。在这些挑战中,有的继续存在(如剥夺),有的不断加剧(如不平等),有的初现苗头(如暴力极端主义),但大多数挑战都呈现出相互加强之势。无论这些挑战具有何种性质,影响范围如何,它们都将对当代人和子孙后代的福祉产生影响。

但报告同时还提醒我们,在过去二十五年间取得的人类发展成就让我们相信,我们可以做出许多根本性改变。我们可以进一步巩固现有成就,探索战胜挑战的新机遇,并实现曾经看起来遥不可及的目标。希望就在眼前,而且一定能够实现。

在这个大背景下,报告接下来提出了两个根本性问题:在人类发展进程中,有哪些人被遗漏;他们是如何被遗漏的,为什么?报告强调,包括少数民族、土著人民、难民和移民在内的贫困、边缘化和弱势人群是最容易被遗漏的群体。实现普惠性人类发展面临的障碍包括剥夺和不平等,歧视和排斥,不良的社会规范和价值观,以及偏见和不包容行为。报告还明确指出了一些相互掣肘的性别障碍因素,这些因素剥夺了许多女性充分发挥个人潜能所必需的机会和权利。

报告认为,为确保人类发展惠及人人,仅仅确定出被遗漏群体所遭受剥夺的性质和原因还远远不够。还必须对人类发展分析框架和评估方法的某些方面给予重点关注,以解决阻碍普惠性人类发展的问题。例如,对于目前被人类发展遗漏的群体而言,人权和人身安全、话语权和自主权、集体能力及选择的相互依存性都至关重要。此外,在评估人类发展成果时,还须突破传统平均值和分列统计数据(尤其是按性别分列数据)的限制,将人类发展成果的质量而不仅仅是数量纳入考虑,以确保人类发展惠及每一个人。

报告强有力地提出,关心被人类发展遗漏的群体必须在国家层面采取一种四管齐下战略:利用普惠性政策(例如包容性增长,而不仅仅是增长)惠及被遗漏群体;针对有特殊需求的群体(例如残疾人士)采取有针对性措施;增强人类发展的抗逆力;以及赋权给被遗漏群体。

报告还正确地认识到,国家政策需要辅以全球层面的行动。这就要解决与全球性机构的授权、治理结构和运行等有关的问题,并提请我们注意,虽然我们已经逐渐习惯了在国家、区域和全球各层面陷入僵局的激烈争论,但在这些喧嚣之下,也出现了就全球性挑战达成的一致意见,以确保为子孙后代留下一个可持续发展的世界。具有标志性意义的气候变化《巴黎协定》即是证明,该协定已于近期开始生效。我们必须证明,一些曾经被视为不可想象的事情现在已经变得不可阻挡。

报告还分享了普惠主义原则,并集中精力于消除极端贫困、消除饥饿和凸显可持续发展面临的核心问题等基础领域,以此作为《2030 年议程》的有益补充。人类发展方式和《2030 年议程》可以相辅相成,例如,通过相互引用、相互完善,探索人类发展指标和可持续发展目标指标的相互补充方式,以及彼此成为另一方的有力支持平台。

我们有充分的理由期待,人类发展可能出现转机。今天的挑战可能在明天迎刃而解。我们只有不到十五年时间来实现"不会落下任何人"这项宏伟目标。我们必须消除人类发展差距,并确保子孙后代享有与当代人一样,甚至比当代人更好的发展机会。人类发展必须持续进行,而且可持续性地丰富每一个人的生活,确保世界上所有人都能享受到和平与繁荣。

——以上中文版联合国开发计划署历年《人类发展报告》前言部分均来源于联合国网站(中、英文版),http://hdr. undp. org/en/global‐reports。

≫ 链接 3:联合国人类发展报告历年(1990—2016 年)主题

1990 年:《人类发展的概念与衡量》(*Concept and Measurement of Human Development*)

1991 年:《资助人类发展》(*Financing Human Development*)

1992 年:《全球的人类发展》(*Global Dimensions of Human Development*)

1993 年:《人们的参与》(*People's Participation*)

1994 年:《人类安全新的方面》(*New Dimension's of Human Security*)

1995 年:《女性与人类发展》(*Gender and Human Development*)

1996 年:《经济增长与人类发展》(*Economic Growth and Human Development*)

1997 年:《人类发展,消除贫困》(*Human development to eradicate poverty*)

1998 年:《为了明天的发展而改变今天的消费模式》(*Changing today's consumption patterns for tomorrow's human development*)

1999 年:《与人相关的全球化》(*Globalization with a human face*)

2000 年:《人类发展与人权》(*Human Development and Human Rights*)

2001 年:《让新技术为人类发展服务》(*Make New Technologies Work for Human Development*)

2002 年:《分裂中的世界的民主进程》(*Deepening democracy in a fragmented world*)

2003 年:《千年发展目标:消除人类贫穷的全球公约》(*Millennium development goals: A compact among nations to end human poverty*)

2004 年:《当今多样化世界中的文化自由》(*Cultural liberty in today's diverse world*)

2005 年:《处于十字路口的国际合作:不均衡世界中的援助、贸易与安全》(*International cooperation at a crossroads: Aid, trade and security in an unequal world*)

2006 年:《透视贫水:权力、贫困与全球水危机》(*Beyond scarcity: Power, poverty and the global water crisis*)

2007/2008 年:《应对气候变化:分化世界中的人类团结》(*Fighting climate change: Human solidarity in a divided world*)

2009 年:《跨越障碍:人员流动与发展》(*Overcoming barriers: Human mobility and development*)

2010 年:《国家的真正财富:人类发展进程》(*The Real Wealth of Nations: Pathways to Human Development*)

2011 年:《可持续性与平等:共享美好未来》(*Sustainability and Equity*: *A Better Future for All*)

2013 年:《南方的崛起:多元化世界中的人类进步》(*The Rise of the South*: *Human Progress in a Diverse World*)

2014 年:《促进人类持续进步:降低脆弱性,增强抗逆力》(*Sustaining Human Progress*: *Reducing Vulnerabilities and Building Resilience*)

2015 年:《从实践活动与工作透视人类发展》(*Work for Human Development*)

2016 年:《人类发展为人人》(*Human Development for Everyone*)

四

千年计划及2030议程

1.《联合国千年宣言》

价值和原则

（1）我们各国元首和政府首脑，在新的千年开始之际，于 2000 年 9 月 6 日至 8 日聚集于联合国纽约总部，重申我们对联合国的信心，并重申《联合国宪章》是创建一个更加和平、繁荣和公正的世界所必不可少的依据。

（2）我们认识到，除了我们对各自社会分别要承担的责任外，我们还有在全球维护人的尊严、平等与公平原则的集体责任。因此，作为领导人，我们对世界所有人民，特别易受伤害的人，尤其是拥有未来的全球儿童，负有责任。

（3）我们重申对《联合国宪章》各项宗旨和原则的承诺，它们已证实是永不过时的，是普遍适用的。事实上，随着国家和人民之间的相互联系和相互依赖日益增加，它们的现实意义和感召能力业已加强。

（4）我们决心根据《宪章》的宗旨和原则，在全世界建立公正持久的和平。我们再次申明矢志支持一切为维护各国主权平等的努力，尊重其领土完整和政治独立，以和平手段并按照正义与国际法原则解决争端，给予仍处于殖民统治和外国占领下的人民以自决权，不干涉各国内政，尊重人权和基本自由，尊重所有人的平等权利，不分种族、性别、语言或宗教，进行国际合作以解决经济、社会、文化或人道性质的问题。

（5）我们深信，我们今天面临的主要挑战是确保全球化成为一股有利于全世界所有人民的积极力量。因为尽管全球化带来了巨大机遇,但它所产生的惠益目前分配非常不均,各方付出的代价也不公平。我们认识到发展中国家和转型期经济国家为应付这一主要挑战而面临特殊的困难。因此,只有以我们人类共有的多样性为基础,通过广泛和持续的努力创造共同的未来,才能使全球化充分做到兼容并蓄,公平合理。这些努力还必须包括顾及发展中国家和转型期经济体的需要、并由这两者有效参与制订和执行的全球性政策和措施。

(6)我们认为某些基本价值对二十一世纪的国际关系是必不可少的。这包括:

●自由。人们不分男女,有权在享有尊严、免于饥饿和不担心暴力、压迫或不公正对待的情况下过自己的生活,养育自己的儿女。以民心为本的参与性民主施政是这些权利的最佳保障。

●平等。不得剥夺任何个人和任何国家得益于发展的权利。必须保障男女享有平等的权利和机会。

●团结。必须根据公平和社会正义的基本原则,以公平承担有关代价和负担的方式处理各种全球挑战。遭受不利影响或得益最少的人有权得到得益最多者的帮助。

●容忍。人类有不同的信仰、文化和语言,人与人之间必须相互尊重。不应害怕也不应压制各个社会内部和社会之间的差异,而应将其作为人类宝贵资产来加以爱护。应积极促进所有文明之间的和平与对话文化。

●尊重大自然。必须根据可持续发展的规律,在对所有生物和自然资源进行管理时谨慎行事。只有这样,才能保护大自然给我们的无穷财富并把它们交给我们的子孙。为了我们今后的利益和我们后代的福祉,必须改变目前不可持续的生产和消费方式。

●共同承担责任。世界各国必须共同承担责任来管理全球经济和社会发展以及国际和平与安全面临的威胁,并应以多边方式履行这一职责。联合国作为世界上最具普遍性和代表性的组织,必须发挥核心作用。

（7）为了把这些共同价值变为行动,兹将我们特别重视的一些关键目标列举于后。

和平、安全与裁军

（8）我们将竭尽全力,使我们的人民免于战祸,不受国内战争和国家间战争之害,在过去十年,有五百多万人在这些战争中丧生。我们还将力求消除大规模毁灭性武器造成的危险。

（9）因此,我们决心:

• 在国际和国家事务中加强尊重法制,特别是确保会员国在涉及它们的任何案件中依照《联合国宪章》遵守国际法院的判决。

• 加强联合国维护和平与安全的效力,为它提供预防冲突、和平解决争端、维持和平及冲突后建设和平与重建所需要的资源和工具。在这方面,我们注意到联合国和平行动问题小组的报告,并请大会迅速审议它的各项建议。

• 按照《宪章》第八章的规定,加强联合国同各区域组织之间的合作。

• 确保诸如军备控制和裁军等领域的各项条约以及国际人道法和人权法得到缔约国的执行,并吁请所有国家考虑签署和批准《国际刑事法院罗马规约》。

• 采取协调行动打击国际恐怖主义,并尽快加入所有相关的国际公约。

• 加倍努力履行我们关于反击世界毒品问题的承诺。

• 加强努力打击所有方面的跨国犯罪,包括贩卖和偷运人口以及洗钱行为。

• 尽量减少联合国经济制裁对无辜百姓的不利影响,定期审查制裁制度,以及消除制裁对第三方的不利影响。

• 努力消除大规模毁灭性武器,特别是核武器,灵活选择实现这个目标的一切办法,包括可能召开一次国际会议,以确定消除核危险的方式。

• 采取协调行动,特别是考虑到即将召开的联合国小武器和轻武器非法贸易问题会议的所有建议,增加武器转让的透明度和支持区域裁军措施,制止小武器和轻武器的非法贩运。

• 吁请所有国家考虑加入《关于禁止使用、储存、生产和转让杀伤人员地雷及销毁此种地雷的公约》以及常规武器公约的地雷问题修正议定书。

(10)我们促请会员国从今以后个别及集体遵守奥林匹克休战,并支持国际奥林匹克委员会努力通过体育和奥林匹克理想促进和平及人与人之间的相互谅解。

发展与消除贫穷

(11)我们将不遗余力地帮助我们十亿多男女老少同胞摆脱目前凄苦可怜和毫无尊严的极端贫穷状况。我们决心使每一个人实现发展权,并使全人类免于匮乏。

(12)因此,我们决心在国家一级及全球一级创造一种有助于发展和消除贫穷的环境。

(13)上述目标能否成功实现,除其他外,取决于每个国家内部施行善政。这也取决于国际一级的善政,并取决于金融、货币和贸易体制的透明度。我们承诺建立一个开放的、公平的、有章可循的、可预测的和非歧视性的多边贸易和金融体制。

(14)我们对发展中国家在筹集资助其持续发展所需的资源时面临各种障碍表示关切。因此我们将竭尽全力确保订于 2001 年举行的发展融资问题高级别国际和政府间活动圆满成功。

(15)我们还承诺设法满足最不发达国家的特殊需要。在这方面,我们欢迎在 2001 年 5 月举行第三次联合国最不发达国家问题会议,并努力确保会议圆满成功。我们吁请工业化国家:

• 最好在此次会议召开之前,通过一项允许最不发达国家基本上所有出口产品免税和免配额进口的政策;

• 不再拖延地实施增加优惠的重债穷国减免债务方案,并同意取消已作出明显减贫承诺的国家的一切官方双边债务；

•给予更慷慨的发展援助，特别是援助那些真正努力将其资源用于减贫的国家。

（16）我们还决心以全面有效的方式解决中低收入发展中国家的债务问题，采取各种国家和国际措施使其债务可以长期持续承受。

（17）我们还决心设法满足小岛屿发展中国家的特殊需要，迅速全面执行《巴巴多斯行动纲领》以及大会第二十二届特别会议的结果。我们促请国际社会在制订脆弱性指数时考虑到小岛屿发展中国家的特殊需要。

（18）我们认识到内陆发展中国家的特殊需要和问题，并促请双边和多边捐助者增加对这组国家的财政和技术援助，以满足其特殊发展需要，并通过改善其过境运输系统，帮助其克服地理障碍。

（19）我们还决心：

•在 2015 年年底前，使世界上每日收入低于一美元的人口比例和挨饿人口比例降低一半，并在同一日期之前，使无法得到或负担不起安全饮用水的人口比例降低一半。

•确保在同一日期之前，使世界各地的儿童，不论男女，都能上完小学全部课程，男女儿童都享有平等的机会，接受所有各级教育。

•在同一日期之前，将目前产妇死亡率降低四分之三，将目前五岁以下儿童死亡率减少三分之二。

•届时制止并开始扭转艾滋病毒/艾滋病的蔓延、消灭疟疾及其他折磨人类的主要疾病的祸害。

•向艾滋病毒/艾滋病孤儿提供特别援助。

•到 2020 年年底前，根据"无贫民窟城市"倡议，使至少一亿贫民窟居民的生活得到重大改善。

（20）我们也决心：

•促进性别平等和赋予妇女权能，以此作为战胜贫穷、饥饿和疾病及刺激真正可持续发展的有效途径。

● 制订并实施各种战略,让世界各地青年人有机会找到从事生产的正当工作。

● 鼓励制药行业让发展中国家所有有此需要的人更容易买到价格相宜的必要药品。

● 在谋求发展和消除贫穷过程中,与私营部门和民间社会组织建立稳固的伙伴关系。

● 依照《经社理事会 2000 年部长宣言》所载建议,确保人人均可享受新技术、特别是信息和通信技术的好处。

保护我们的共同环境

(21)我们必须不遗余力,使全人类,尤其是我们的子孙后代不致生活在一个被人类活动造成不可挽回的破坏、资源已不足以满足他们的需要的地球。

(22)我们重申支持联合国环境与发展会议商定的可持续发展原则,包括列于《21 世纪议程》的各项原则。

(23)因此,我们决心在我们一切有关环境的行动中,采取新的养护与管理的道德标准,作为第一步,我们决心:

● 竭尽全力确保《京都议定书》生效,最好在 2002 年联合国环境与发展会议十周年之前生效,并开始按规定减少温室气体的排放。

● 加紧进行集体努力,以管理、保护和可持续地开发所有各类森林。

● 推动全面执行《生物多样性公约》和《在发生严重干旱和/或荒漠化的国家特别是在非洲防治荒漠化公约》。

● 通过在区域、国家和地方各级拟订促进公平获取用水和充分供水的水管理战略,制止不可持续地滥用水资源。

● 加紧合作以减少自然灾害和人为灾害的次数及其影响。

● 确保自由获取有关人类基因组序列的资料。

人权、民主和善政

(24)我们将不遗余力,促进民主和加强法治,并尊重一切国际公认的人权和基本自由,包括发展权。

(25)因此,我们决心:

● 全面遵守和维护《世界人权宣言》。

● 力争在我们所有国家充分保护和促进所有人的公民、政治、经济、社会和文化权利。

● 加强我们所有国家的能力,以履行民主的原则与实践,尊重包括少数人权利在内的各项人权。

● 打击一切形式的对妇女的暴力行为,并执行《消除对妇女一切形式歧视公约》。

● 采取措施以确保尊重和保护移徙者、移民工人及其家属的人权,消除许多社会中日益增加的种族主义行为和排外行动,并增进所有社会中人与人之间的和谐与容忍。

● 作出集体努力,以促进更具包容性的政治进程,让我们所有国家的全体公民都能够真正参与。

● 确保新闻媒体有发挥其重要作用的自由,也确保公众有获取信息的权利。

保护易受伤害者

(26)我们将不遗余力,确保遭受自然灾害、种族灭绝、武装冲突和其他人道紧急状态的影响特别严重的儿童和所有平民均能得到一切援助和保护,使他们尽快恢复正常生活。

因此,我们决心:

● 依照国际人道法,扩大和加强保护处于复杂紧急状态下的平民。

● 加强国际合作,包括分担责任及协调对难民收容国的人道援助;协助所有难民和流离失所者自愿地、有尊严地安全返回其家园,并顺利重新融入其社会。

- 鼓励批准和全面执行《儿童权利公约》及其关于儿童卷入武装冲突问题的任择议定书和关于买卖儿童、儿童卖淫和儿童色情制品的任择议定书。

满足非洲的特殊需要

(27)我们支持巩固非洲的民主,并帮助非洲人为实现持久和平、消除贫穷和促进可持续发展而斗争,从而将非洲纳入世界经济的主流。

(28)因此,我们决心:

- 全力支持非洲新兴民主政体的政治和体制结构。
- 鼓励建立和维持防止冲突和促进政治稳定的区域和分区域机制,并确保非洲大陆的维持和平行动获得可靠的资源流入量。
- 采取特别措施来应付非洲消除贫穷和促进可持续发展的挑战,包括取消债务,改善市场准入条件,增加官方发展援助,增加外国直接投资的流入量以及转让技术。
- 帮助非洲建立应付艾滋病毒/艾滋病和其他传染病蔓延的能力。

加强联合国

(29)我们将不遗余力使联合国成为致力实现以下所有优先事项的更有效工具:努力使全世界所有人民实现发展,战胜贫穷、无知和疾病;维护正义;打击暴力、恐怖和犯罪;以及防止我们的共同家园出现退化和受到破坏。

(30)因此,我们决心:

- 重申大会作为联合国主要的议事、决策和代表机构的核心地位,并使它能有效发挥这一作用。
- 加紧努力全面改革安全理事会的所有方面。
- 在经济及社会理事会最近成就的基础上,进一步加强经济及社会理事会,帮助它发挥《宪章》为其规定的作用。

- 加强国际法院,在国际事务中确保正义与法制。
- 鼓励联合国各主要机构在履行其职责时定期进行磋商和协调。
- 确保以可预期的方式及时为联合国提供其完成任务所需的资源。
- 促请秘书处根据大会商定的明确规则和程序,通过采用现有的最佳管理办法和技术,以及集中力量开展反映会员国商定优先事项的那些工作,为所有会员国的利益,尽量使这些资源得到最佳利用。
- 促进遵守《联合国人员和有关人员安全公约》。
- 确保联合国、其机构、布雷顿森林机构和世界贸易组织以及其他多边机构之间的政策更加协调一致,并进行更好的合作,以期对和平与发展问题采取全面协调的对策。
- 通过各国议会的世界组织各国议会联盟,进一步加强联合国同各国议会在和平与安全、经济和社会发展、国际法和人权、民主及性别问题等各个领域的合作。
- 使私营部门、非政府组织和广大民间社会有更多的机会协助实现联合国的目标和方案。

(31)我们请大会定期审查实施本宣言各项规定的进展情况,并请秘书长印发定期报告,供大会审议,并作为采取进一步行动的依据。

(32)在此具有历史意义的盛会,我们庄严重申,联合国是整个人类大家庭不可或缺的共同殿堂,我们将通过联合国努力实现我们全人类谋求和平、合作与发展的普遍愿望。因此,我们庄严承诺毫无保留地支持这些共同目标,并决心实现这些共同目标。

——《联合国千年宣言》,联合国网站,http://www.un.org/zh/documents/treaty/files/A – RES – 55 – 2. shtml。

2.《变革我们的世界:2030 年可持续发展议程》
（节选）

序言

本议程是为人类、地球与繁荣制订的行动计划。它还旨在加强世界和平与自由。我们认识到,消除一切形式和表现的贫困,包括消除极端贫困,是世界最大的挑战,也是实现可持续发展必不可少的要求。

所有国家和所有利益攸关方将携手合作,共同执行这一计划。我们决心让人类摆脱贫困和匮乏,让地球治愈创伤并得到保护。我们决心大胆采取迫切需要的变革步骤,让世界走上可持续且具有恢复力的道路。在踏上这一共同征途时,我们保证,绝不让任何一个人掉队。

我们今天宣布的 17 个可持续发展目标和 169 个具体目标展现了这个新全球议程的规模和雄心。这些目标寻求巩固发展千年发展目标,完成千年发展目标尚未完成的事业。它们要让所有人享有人权,实现性别平等,增强所有妇女和女童的权能。它们是整体的,不可分割的,并兼顾了可持续发展的三个方面:经济、社会和环境。

这些目标和具体目标将促使人们在今后 15 年内,在那些对人类和地球至关重要的领域中采取行动。

人类

我们决心消除一切形式和表现的贫困与饥饿,让所有人平等和有尊严地在一个健康的环境中充分发挥自己的潜能。

地球

我们决心阻止地球的退化,包括以可持续的方式进行消费和生产,管理地球的自然资源,在气候变化问题上立即采取行动,使地球能够满足今世后代的需求。

繁荣

我们决心让所有的人都过上繁荣和充实的生活,在与自然和谐相处的同时实现经济、社会和技术进步。

和平

我们决心推动创建没有恐惧与暴力的和平、公正和包容的社会。没有和平,就没有可持续发展;没有可持续发展,就没有和平。

伙伴关系

我们决心动用必要的手段来执行这一议程,本着加强全球团结的精神,在所有国家、所有利益攸关方和全体人民参与的情况下,恢复全球可持续发展伙伴关系的活力,尤其注重满足最贫困最脆弱群体的需求。

各项可持续发展目标是相互关联和相辅相成的,对于实现新议程的宗旨至关重要。如果能在议程述及的所有领域中实现我们的雄心,所有人的生活都会得到很大改善,我们的世界会变得更加美好。

宣言

导言

(1)我们在联合国成立七十周年之际于 2015 年 9 月 25 日至 27 日会聚在纽约联合国总部的各国的国家元首、政府首脑和高级别代表,于今日制定了新的全球可持续发展目标。

(2)我们代表我们为之服务的各国人民,就一套全面、意义深远和以人为中心的具有普遍性和变革性的目标和具体目标,做出了一项历史性决定。

我们承诺做出不懈努力,使这一议程在 2030 年前得到全面执行。我们认识到,消除一切形式和表现的贫困,包括消除极端贫困,是世界的最大挑战,对实现可持续发展必不可少。我们决心采用统筹兼顾的方式,从经济、社会和环境这三个方面实现可持续发展。我们还将在巩固实施千年发展目标成果的基础上,争取完成它们尚未完成的事业。

(3)我们决心在现在到 2030 年的这一段时间内,在世界各地消除贫困与饥饿;消除各个国家内和各个国家之间的不平等;建立和平、公正和包容的社会;保护人权和促进性别平等,增强妇女和女童的权能;永久保护地球及其自然资源。我们还决心创造条件,实现可持续、包容和持久的经济增长,让所有人分享繁荣并拥有体面工作,同时顾及各国不同的发展程度和能力。

(4)在踏上这一共同征途时,我们保证,绝不让任何一个人掉队。我们认识到,人必须有自己的尊严,我们希望实现为所有国家、所有人民和所有社会阶层制定的目标和具体目标。我们将首先尽力帮助落在最后面的人。

(5)这是一个规模和意义都前所未有的议程。它顾及各国不同的国情、能力和发展程度,尊重各国的政策和优先事项,因而得到所有国家的认可,并适用于所有国家。这些目标既是普遍性的,也是具体的,涉及每一个国家,无论它是发达国家还是发展中国家。它们是整体的,不可分割的,兼顾了可持续发展的三个方面。

(6)这些目标和具体目标是在同世界各地的民间社会和其他利益攸关方进行长达两年的密集公开磋商和意见交流,尤其是倾听最贫困最弱势群体的意见后提出的。磋商也参考借鉴了联合国大会可持续发展目标开放工作组和联合国开展的重要工作。联合国秘书长于 2014 年 12 月就此提交了一份总结报告。

愿景

(7)我们通过这些目标和具体目标提出了一个雄心勃勃的变革愿景。我们要创建一个没有贫困、饥饿、疾病、匮乏并适于万物生存的世界。一个没有恐惧与暴力的世界。一个人人都识字的世界。一个人人平等享有优质大中小学教育、卫生保健和社会保障以及心身健康和社会福利的世界。一个我们重申我们对享有安全饮用水和环境卫生的人权的承诺和卫生条件得到改善的世界。一个有充足、安全、价格低廉和营养丰富的粮食的世界。一个有安全、充满活力和可持续的人类居住地的世界和一个人人可以获得价廉、可靠和可持续能源的世界。

（8）我们要创建一个普遍尊重人权和人的尊严、法治、公正、平等和非歧视，尊重种族、民族和文化多样性，尊重机会均等以充分发挥人的潜能和促进共同繁荣的世界。一个注重对儿童投资和让每个儿童在没有暴力和剥削的环境中成长的世界。一个每个妇女和女童都充分享有性别平等和一切阻碍女性权能的法律、社会和经济障碍都被消除的世界。一个公正、公平、容忍、开放、有社会包容性和最弱势群体的需求得到满足的世界。

（9）我们要创建一个每个国家都实现持久、包容和可持续的经济增长和每个人都有体面工作的世界。一个以可持续的方式进行生产、消费和使用从空气到土地、从河流、湖泊和地下含水层到海洋的各种自然资源的世界。一个有可持续发展、包括持久的包容性经济增长、社会发展、环境保护和消除贫困与饥饿所需要的民主、良政和法治，并有有利的国内和国际环境的世界。一个技术研发和应用顾及对气候的影响、维护生物多样性和有复原力的世界。一个人类与大自然和谐共处，野生动植物和其他物种得到保护的世界。

共同原则和承诺

（10）新议程依循《联合国宪章》的宗旨和原则，充分尊重国际法。它以《世界人权宣言》、国际人权条约、《联合国千年宣言》和 2005 年世界首脑会议成果文件为依据，并参照了《发展权利宣言》等其他文书。

（11）我们重申联合国所有重大会议和首脑会议的成果，因为它们为可持续发展奠定了坚实基础，帮助勾画这一新议程。这些会议和成果包括《关于环境与发展的里约宣言》、可持续发展问题世界首脑会议、社会发展问题世界首脑会议、《国际人口与发展会议行动纲领》《北京行动纲要》和联合国可持续发展大会。我们还重申这些会议的后续行动,包括以下会议的成果:第四次联合国最不发达国家问题会议、第三次小岛屿发展中国家问题国际会议、第二次联合国内陆发展中国家问题会议和第三次联合国世界减灾大会。

(12)我们重申《关于环境与发展的里约宣言》的各项原则,特别是宣言原则 7 提出的共同但有区别的责任原则。

(13)这些重大会议和首脑会议提出的挑战和承诺是相互关联的,需要有统筹解决办法。要有新的方法来有效处理这些挑战。在实现可持续发展方面,消除一切形式和表现的贫困,消除国家内和国家间的不平等,保护地球,实现持久、包容和可持续的经济增长和促进社会包容,是相互关联和相辅相成的。

……

新议程

(18)我们今天宣布 17 个可持续发展目标以及 169 个相关具体目标,这些目标是一个整体,不可分割。世界各国领导人此前从未承诺为如此广泛和普遍的政策议程共同采取行动和做出努力。我们正共同走上可持续发展道路,集体努力谋求全球发展,开展为世界所有国家和所有地区带来巨大好处的"双赢"合作。我们重申,每个国家永远对其财富、自然资源和经济活动充分拥有永久主权,并应该自由行使这一主权。我们将执行这一议程,全面造福今世后代所有人。在此过程中,我们重申将维护国际法,并强调,将采用信守国际法为各国规定的权利和义务的方式来执行本议程。

(19)我们重申《世界人权宣言》以及其他涉及人权和国际法的国际文书的重要性。我们强调,所有国家都有责任根据《联合国宪章》尊重、保护和促进所有人的人权和基本自由,不分其种族、肤色、性别、语言、宗教、政治或其他见解、国籍或社会出身、财产、出生、残疾或其他身份等任何区别。

(20)实现性别平等和增强妇女和女童权能将大大促进我们实现所有目

标和具体目标。如果人类中有一半人仍然不能充分享有人权和机会，就无法充分发挥人的潜能和实现可持续发展。妇女和女童必须能平等地接受优质教育，获得经济资源和参政机会，并能在就业、担任各级领导和参与决策方面，享有与男子和男童相同的机会。我们将努力争取为缩小两性差距大幅增加投入，在性别平等和增强妇女权能方面，在全球、区域和国家各级进一步为各机构提供支持。将消除对妇女和女童的一切形式歧视和暴力，包括通过让男子和男童参与。在执行本议程过程中，必须有系统地顾及性别平等因素。

（21）新的目标和具体目标将在 2016 年 1 月 1 日生效，是我们在今后十五年内决策的指南。我们会在考虑到本国实际情况、能力和发展程度的同时，依照本国的政策和优先事项，努力在国家、区域和全球各级执行本议程。我们将在继续依循相关国际规则和承诺的同时，保留国家政策空间，以促进持久、包容和可持续的经济增长，特别是发展中国家的增长。我们同时承认区域和次区域因素、区域经济一体化和区域经济关联性在可持续发展过程中的重要性。区域和次区域框架有助于把可持续发展政策切实变为各国的具体行动。

（22）每个国家在寻求可持续发展过程中都面临具体的挑战。尤其需要关注最脆弱国家，特别是非洲国家、最不发达国家、内陆发展中国家和小岛屿发展中国家，也要关注冲突中和冲突后国家。许多中等收入国家也面临重大挑战。

（23）必须增强弱势群体的权能。其需求被列入本议程的人包括所有的儿童、青年、残疾人（他们有 80% 的人生活在贫困中）、艾滋病毒/艾滋病感染者、老人、土著居民、难民和境内流离失所者以及移民。我们决心根据国际法进一步采取有效措施和行动，消除障碍和取消限制，进一步提供支持，满足生活在有复杂的人道主义紧急情况地区和受恐怖主义影响地区人民的需求。

（24）我们承诺消除一切形式和表现的贫困，包括到 2030 年时消除极端贫困。必须让所有人的生活达到基本标准,包括通过社会保障体系做到这一点。我们决心优先消除饥饿,实现粮食安全,并决心消除一切形式的营养不良。我们为此重申世界粮食安全委员会需各方参与并发挥重要作用,欢迎《营养问题罗马宣言》和《行动框架》。我们将把资源用于发展中国家的农村地区和可持续农业与渔业,支持发展中国家、特别是最不发达国家的小户农民(特别是女性农民)、牧民和渔民。

(25)我们承诺在各级提供包容和平等的优质教育——幼儿教育、小学、中学和大学教育、技术和职业培训。所有人,特别是处境困难者,无论性别、年龄、种族、族裔为何,无论是残疾人、移民还是土著居民,无论是儿童还是青年,都应有机会终身获得教育,掌握必要知识和技能,充分融入社会。我们将努力为儿童和青年提供一个有利于成长的环境,让他们充分享有权利和发挥能力,帮助各国享受人口红利,包括保障学校安全,维护社区和家庭的和谐。

(26)为了促进身心健康,延长所有人的寿命,我们必须实现全民健康保险,让人们获得优质医疗服务,不遗漏任何人。我们承诺加快迄今在减少新生儿、儿童和孕产妇死亡率方面的进展,到2030年时将所有可以预防的死亡减至零。我们承诺让所有人获得性保健和生殖保健服务,包括计划生育服务,提供信息和教育。我们还会同样加快在消除疟疾、艾滋病毒/艾滋病、肺结核、肝炎、埃博拉和其他传染疾病和流行病方面的进展,包括处理抗生素耐药性不断增加的问题和在发展中国家肆虐的疾病得不到关注的问题。我们承诺预防和治疗非传染性疾病,包括行为、发育和神经系统疾病,因为它们是对可持续发展的一个重大挑战。

(27)我们将争取为所有国家建立坚实的经济基础。实现繁荣必须有持久、包容和可持续的经济增长。只有实现财富分享,消除收入不平等,才能有经济增长。我们将努力创建有活力、可持续、创新和以人为中心的经济,促进青年就业和增强妇女经济权能,特别是让所有人都有体面工作。我们将消灭强迫劳动和人口贩卖,消灭一切形式的童工。劳工队伍身体健康,受过良好教育,拥有从事让人身心愉快的生产性工作的必要知识和技能,并充分融入社会,将会使所有国家受益。我们将加强所有最不发达国家所有行业的生产能力,包括进行结构改革。我们将采取政策提高生产能力、生产力和生产性就业;为贫困和低收入者提供资金;发展可持续农业、牧业和渔业;实现可持续工业发展;让所有人获得价廉、可靠、可持续的现代能源服务;建立可持续交通系统,建立质量高和复原能力强的基础设施。

(28)我们承诺从根本上改变我们的社会生产和消费商品及服务的方式。各国政府、国际组织、企业界和其他非国家行为体和个人必须协助改变不可持续的生产和消费模式,包括推动利用所有来源提供财务和技术援助,加强发展中国家的科学技术能力和创新能力,以便采用更可持续的生产和消费模式。我们鼓励执行《可持续消费和生产模式方案十年框架》。所有国家都要采取行动,发达国家要发挥带头作用,同时要考虑到发展中国家的发展水平和能力。

(29)我们认识到,移民对包容性增长和可持续发展做出了积极贡献。我们还认识到,跨国移民实际上涉及多种因素,对于原籍国、过境国和目的地国的发展具有重大影响,需要有统一和全面的对策。我们将在国际上开展合作,确保安全、有序的定期移民,充分尊重人权,不论移民状况如何都人道地对待移民,并人道地对待难民和流离失所者。这种合作应能加强收容难民的社区、特别是发展中国家收容社区的活力。我们强调移民有权返回自己的原籍国,并忆及各国必须以适当方式接受回返的本国国民。

(30)我们强烈敦促各国不颁布和实行任何不符合国际法和《联合国宪章》,阻碍各国、特别是发展中国家全面实现经济和社会发展的单方面经济、金融或贸易措施。

(31)我们确认《联合国气候变化框架公约》是谈判确定全球气候变化对策的首要国际政府间论坛。我们决心果断应对气候变化和环境退化带来的威胁。气候变化是全球性的,要开展最广泛的国际合作来加速解决全球温室气体减排和适应问题以应对气候变化的不利影响。我们非常关切地注意到,《公约》缔约方就到 2020 年全球每年温室气体排放量作出的减缓承诺的总体效果与可能将全球平均温升控制在比实现工业化前高 2 或 1.5 摄氏度之内而需要达到的整体排放路径相比,仍有巨大的差距。

(32)展望将于巴黎举行的第二十一次缔约方大会,我们特别指出,所有国家都承诺努力达成一项有雄心的、普遍适用的气候协定。我们重申,《公约》之下对所有缔约方适用的议定书、另一份法律文书或有某种法律约束力的议定结果,应平衡减缓、适应、资金、技术开发与转让、能力建设以及行动和支持的透明度等问题。

(33)我们确认,社会和经济发展离不开对地球自然资源的可持续管理。因此,我们决心保护和可持续利用海洋、淡水资源以及森林、山地和旱地,保护生物多样性、生态系统和野生动植物。我们还决心促进可持续旅游,解决缺水和水污染问题,加强在荒漠化、沙尘暴、土地退化和干旱问题上的合作,加强灾后恢复能力和减少灾害风险。在这方面,我们对预定 2016 年在墨西哥举行的生物多样性公约第十三次缔约方会议充满期待。

(34)我们确认,可持续的城市发展和管理对于我们人民的生活质量至关重要。我们将同地方当局和社区合作,规划我们的城市和人类住区,重新焕发它们的活力,以促进社区凝聚力和人身安全,推动创新和就业。我们将减少由城市活动和危害人类健康和环境的化学品所产生的不利影响,包括以对环境无害的方式管理和安全使用化学品,减少废物,回收废物和提高水和能源的使用效率。我们将努力把城市对全球气候系统的影响降到最低限度。我们还会在我们的国家、农村和城市发展战略与政策中考虑到人口趋势和人口预测。我们对即将在基多举行的第三次联合国住房与可持续城市发展会议充满期待。

(35)没有和平与安全,可持续发展无法实现;没有可持续发展,和平与安全也将面临风险。新议程确认,需要建立和平、公正和包容的社会,在这一社会中,所有人都能平等诉诸法律,人权(包括发展权)得到尊重,在各级实行有效的法治和良政,并有透明、有效和负责的机构。本议程论及各种导致暴力、不安全与不公正的因素,例如不平等、腐败、治理不善以及非法的资金和武器流动。我们必须加倍努力,解决或防止冲突,向冲突后国家提供支持,包括确保妇女在建设和平和国家建设过程中发挥作用。我们呼吁依照国际法进一步采取有效的措施和行动,消除处于殖民统治和外国占领下的人民充分行使自决权的障碍,因为这些障碍影响到他们的经济和社会发展,以及他们的环境。

(36)我们承诺促进不同文化间的理解、容忍、相互尊重,确立全球公民道德和责任共担。我们承认自然和文化多样性,认识到所有文化与文明都能推动可持续发展,是可持续发展的重要推动力。

(37)体育也是可持续发展的一个重要推动力。我们确认,体育对实现发展与和平的贡献越来越大,因为体育促进容忍和尊重,增强妇女和青年、个人和社区的权能,有助于实现健康、教育和社会包容方面的目标。

(38)我们根据《联合国宪章》重申尊重各国的领土完整和政治独立的必要性。

……

——《变革我们的世界——2030 年可持续发展议程》,联合国网站,http://www.un.org/zh/documents/treaty/files/A – RES – 70 – 1. shtml。

3.《中国实施千年发展目标报告（2000—2015）》（节选）

总论

中国始终高度重视落实千年发展目标。15 年来，在中国政府坚持不懈的努力下，在社会各界的广泛参与下，在国际社会的大力支持下，中国在消除贫困与饥饿、普及初等教育、促进性别平等、保障妇幼健康、疾病防控、环境保护等许多方面取得了巨大进展，千年发展目标落实成绩显著。中国作为一个负责任的发展中大国，15 年来为其他发展中国家实现千年发展目标积极提供支持和帮助。在推动实现千年发展目标的进程中，中国政府和人民立足国情，积极探索，勇于实践，积累了丰富的发展经验，走出了一条具有中国特色的发展道路。

当前，国际社会正在制定 2015 年后发展议程，这不仅是千年发展目标的继承和升级，更是全人类为彻底摆脱贫困与饥馑，促进全球公平发展、包容发展和可持续发展的重大战略决策。面向未来，中国政府将坚持从本国国情出发，将落实 2015 年后发展议程与本国发展战略有机结合，为实现"两个一百年"奋斗目标、实现中华民族伟大复兴的中国梦奋发努力。中国政府愿进一步扩大和深化国际发展合作，更加积极地开展南南合作，为各国共同实现繁荣与发展做出贡献。

中国落实千年发展目标的总体进展

（1）经济快速发展，农业综合生产能力稳步提升，在消除贫困与饥饿领域取得巨大成就

15 年来，中国经济保持平稳较快发展。国内生产总值从 2000 年的 10.0 万亿元增加到 2014 年的 63.6 万亿元，跃升至世界第二位。经济的快速发展有力支撑了城乡居民收入增长和脱贫进程。2014 年，中国城镇居民人均可支配收入和农村居民人均纯收入分别 28844 元和 9892 元，比 2000 年分别增加了 3.59 倍和 3.39 倍。中国贫困人口从 1990 年的 6.89 亿下降到 2011 年的 2.5 亿，减少了 4.39 亿，为全球减贫事业做出了重大贡献。

作为世界上人口最多的发展中国家，中国的粮食生产能力一直备受全球关注。15 年来，中国持续加强农业综合生产能力建设，粮食、蔬菜、肉类等主要农产品产量稳定增长，尤其是粮食产量实现了自 2004 年以来的连续 11 年增长，2014 年，中国人均粮食占有量达 445 公斤。中国以占世界不足 10% 的耕地，养活了占世界近 20% 的人口。中国营养不良人口占人口总量的比重由 1990—1992 年的 23.9% 下降至 2012—2014 年的 10.6%；中国 5 岁以下儿童低体重率由 1990 年的 19.1% 下降至 2013 年的 1.37%。在食物能量水平不断提高的同时，中国人民的膳食结构也在不断优化。

中国高度重视社会救助，逐步建立起了由政府主导、社会力量参与，共包括最低生活保障、特困人员供养、受灾人员救助、医疗救助、教育救助、住房救助、就业救助和临时救助共 8 种类型较为健全的社会救助制度体系。2000—2014 年，中国政府投入的城市低保资金从 26.5 亿元增加到 737.2 亿元。2007—2014 年，中国政府投入的农村低保资金从 109.1 亿元增加到 872.4 亿元。2000—2014 年，城乡低保对象人数从 402.6 万人增加到 7089.2 万人，2014 年占全国总人口的 5.2%。

（2）九年免费义务教育全面普及，就业稳定增长，基本实现了教育与就

业中的性别平等

中国把教育作为立国之本,全面实行城乡九年免费义务教育制度。2008 年以来,男、女小学学龄儿童净入学率均维持在 99% 以上。中国的人口素质进一步提升,文盲率由 2000 年的 6.7% 下降到 2014 年的 4.1%;青壮年文盲率由 2000 年的 2.8% 下降到 2014 年的 1.0%;男女平均受教育年限差距从 2000 年的 1.3 年缩小到 2014 年的 0.8 年。

15 年来,中国在促进包括妇女和青年人在内的全体劳动者就业创业方面取得积极进展。2003—2014 年,全国城镇新增就业累计达 1.37 亿人,城镇登记失业率一直维持在 4.3% 以下。中国妇女就业范围和种类不断扩大。目前中国女科技工作者达到 2100 多万,约占全国科技工作者总数的 40%。中国妇女参政状况不断改善。第十二届全国人民代表大会(2013 年)中女性代表比例达 23.4%,比第十届(2003 年)提高了 3.2%。

(3)医疗卫生服务体系不断健全,儿童与孕产妇死亡率显著下降,在遏制艾滋病、肺结核等传染性疾病蔓延方面取得积极进展

15 年来,中国医疗卫生服务资源总量持续增加。与 2000 年相比,2014 年每千人卫生技术人员数由 3.63 人增加到 5.40 人,医疗卫生机构床位数由 2.38 张增加到 4.77 张。农村三级医疗卫生服务体系不断健全,设卫生室的村数占行政村数的比重从 2000 年的 89.8% 增加到 2013 年的 93.0%。5 岁以下儿童死亡率从 1991 年的 61% 降至 2013 年的 12.0%,城乡儿童死亡率之比由 1:3.4 减小为 1:2.4。孕产妇死亡率从 1990 年的 88.8/10 万下降到 2013 年的 23.2/10 万,城乡孕产妇死亡率之比由 1:2.2 缩小为 1:1.1。

中国为遏制艾滋病、肺结核等传染性疾病蔓延做出了不懈努力。在艾滋病防治方面,2014 年新报告艾滋病感染者和病人 10.4 万例,疫情总体上控制在低流行水平,接受抗病毒治疗的患者比例不断上升,患者病死率显著下降。在肺结核防治方面,2010 年肺涂阳结核患病率为 66/10 万,肺结核死亡率为 3.9/10 万,分别较 1990 年下降了 51% 和 79.5%,疫情上升势头得到有效遏制。在疟疾防治方面,发病人数由 20 世纪 90 年代初的每年 10 万例

左右降至 2013 年的每年 3000 例左右,新增病例主要为输入性病例,中国正在从遏制疟疾蔓延向彻底消除疟疾的目标迈进。

(4)扭转了环境资源持续流失的趋势,获得安全饮水的人口增加 5 亿多人,保障性安居工程全面启动

15 年来,中国以对人类、对未来高度负责的精神,持续开展生态建设工程,取得了举世瞩目的成就。2000—2013 年,中国共完成人工造林面积 6089 万公顷。根据第八次(2009—2013 年)全国森林资源清查数据,中国森林面积由第六次清查(1999—2003 年)期间的 1.75 亿公顷增加到 2.08 亿公顷,森林覆盖率由 18.21% 增加到 21.63%,森林蓄积量由 124.56 亿立方米增加到 151.37 亿立方米。中国卓有成效的造林行动,为减缓全球森林资源流失做出了重要贡献。2005—2009 年,中国荒漠化土地面积减少 1.25 万平方千米,年均减少 2491 平方千米,提前实现了荒漠化土地“零增长”。

2000 年以来,中国持续加强城镇供水、污水治理设施建设。截至 2013 年年底,城镇供水服务人口 7.06 亿,91.93% 的城镇人口享受到了集中统一的供水服务。中国政府从 2005 年开始实施农村饮水安全工程,农村供水工作实现了从“饮水解困”到“饮水安全”的阶段性转变。截至 2014 年底,中国累计解决了 4.67 亿农村居民和 4056 万在校师生的饮水安全问题。全国农村集中式供水人口比例由 2004 年的 38% 增加到 2014 年的 78%。2008 年起,中国开始实施大规模保障性安居工程。截至 2014 年底,通过中央财政补贴的方式累计帮助 4000 多万户城镇家庭和 1565.4 万户贫困农户解决了住房困难问题。

(5)在南南合作框架下,为 120 多个发展中国家实现千年发展目标提供力所能及的支持和帮助

作为一个负责任的发展中大国,中国在力所能及的范围内,不断加大对外援助力度,尤其是加大对最不发达国家和其他低收入国家的援助力度。援助方式包括援建成套项目,提供一般物资,开展技术合作和人力资源开发合作,派遣援外医疗队和志愿者,提供紧急人道主义援助,以及减免受援国

债务等。60 多年来,中国共向 166 个国家和国际组织提供了近 4000 亿人民币的援助,培训了 1200 多万受援国各类人才。

为满足最不发达国家的特殊需要,中国自 2015 年 1 月 1 日正式实施给予与中国建交的最不发达国家 97% 税目产品零关税待遇措施。中国先后 6 次宣布无条件免除重债穷国和最不发达国家对华到期政府无息贷款债务,金额共计 300 亿元人民币。

中国落实千年发展目标的主要做法

(1)坚持发展是第一要务,立足国情不断创新发展理念

中国政府把发展作为解决中国所有问题的关键,坚持将发展作为第一要务。15 年来,中国政府和人民围绕世情国情,不断深化对发展内涵的认识,提出了科学发展观以及全面建成小康社会、建设生态文明等新的发展理念。近年来,中国把生态文明建设纳入中国特色社会主义事业五位一体总体布局,大力推进生态文明建设,努力建设美丽中国。

(2)制订并实施中长期国家发展战略规划,将千年发展目标作为约束性指标全面融入国家规划

中国政府根据不同时期经济社会发展需要,明确目标及任务,持续制定以五年为周期的国民经济与社会发展规划纲要,调动各种资源推动规划的落实,并把规划的落实情况作为各级政府绩效考核的重要依据。结合千年发展目标和国内发展需求,中国还制订了一系列专项发展规划,如《中国农村扶贫开发纲要》《国家粮食安全中长期规划纲要》《国家中长期科学和技术发展规划纲要》《国家中长期教育改革和发展规划纲要》《中国妇女发展纲要》《中国卫生事业发展规划》《中国林业发展规划》《全国农村饮水安全工程规划》等,有力推动了相关领域的发展事业。

(3)建立健全法律和制度体系,调动社会各界广泛参与

中国政府按照落实千年发展目标和其他国家重大发展战略需要,相继颁布实施或修订了包括《义务教育法》《妇女权益保障法》《劳动合同法》《传

染病防治法》《环境保护法》在内的数十部相关的法律、法规,制定了一系列政策措施。中国政府通过主动引导、多方合作、舆论宣传等途径,形成了政府主导、社会各界广泛参与的推进机制。"希望工程""春蕾计划"等公益行动为中国实现千年发展目标发挥了积极的推进作用。

(4)大力加强能力建设,积极开展实验示范

中国政府高度重视依靠科技创新及其推广应用来实现千年发展目标。15 年来,中国政府有针对性地部署了"国家粮食丰产科技工程""重大新药创制""水体污染控制与治理"等国家科技发展计划,同时还开展了"科技惠民专项行动""科技特派员""农技 110"等科技推广应用专门行动。中国政府根据实现可持续发展和千年发展目标需要,组织开展可持续发展实验区建设工作,探索出了一系列适合不同类型地区的经济、社会和环境协调发展的模式,为实现千年发展目标提供了积极的实验与示范作用。

(5)加强对外发展合作,促进发展经验互鉴

中国政府始终以开放的姿态落实千年发展目标。15 年来,通过加强与国外政府机构、国际组织、企业、研究咨询机构、民间社会团体等的深层次、宽领域、多方式的交流与合作,共享各方的经验与教训,共同推动实现千年发展目标。

中国面向未来的发展战略思路

中国在实施千年发展目标方面取得的进展举世瞩目,但中国与发达国家存在的差距也不容忽视。中国人均国内生产总值仍低于全球平均水平,不及发达国家平均水平的 1/5。按照世界银行每天 2 美元的标准测算,2011 年中国仍有 2.5 亿贫困人口,消除贫困的任务依然艰巨。中国仍处于工业化、城镇化快速发展阶段,发展仍不全面,区域与城乡之间不平衡、不协调的问题依然突出。总体来看,中国仍然属于发展中国家,在中长期内这一基本属性不会改变。

面向未来,中国政府将继续从本国国情出发,积极适应和引领经济发展

新常态,围绕全面深化改革、全面建成小康社会的宏伟目标,为实现国家富强、民族振兴、人民幸福的中国梦不懈努力。中国政府将在力所能及的范围内,进一步扩大和深化国际发展合作,为各国共同落实 2015 年后发展议程发挥积极和建设性作用。在未来一定时期内,中国将坚持以下发展战略思路:

(1)加快完善社会主义市场经济体制,促进包容性增长

坚持和完善公有制为主体,多种所有制经济共同发展的基本经济制度,加快完善现代市场体系、宏观调控体系、开放型经济体系,使市场在资源配置中起决定性作用和更好发挥政府作用。

坚持走中国特色新型工业化、信息化、城镇化、农业现代化道路,促进工业化、信息化、城镇化、农业现代化同步发展。实施创新驱动发展战略,以全球视野谋划和推动创新。以改善需求结构、优化产业结构、促进区域协调发展、推进城镇化为重点,努力解决制约经济持续健康发展的重大结构性问题。加大统筹城乡发展力度,促进城乡共同繁荣。

(2)创新社会治理体制,促进社会和谐发展

加快形成政府主导、覆盖城乡、可持续的基本公共服务体系;加快形成政社分开、权责明确、依法自治的现代社会组织体制;加快形成源头治理、动态管理、应急处置相结合的社会管理机制。

大力促进教育公平,实施就业优先战略和更加积极的就业政策。提高劳动报酬在初次分配中的比重。完善慈善捐助减免税制度,支持慈善事业发展。加快建立社会养老服务体系和发展老年服务产业,积极应对老龄化。健全农村留守儿童、妇女、老年人关爱服务体系,健全残疾人权益保障、困境儿童分类保障制度。中国政府正在全面建成覆盖城乡居民的社会保障体系和医保体系,今后将继续加大推进力度,统筹协调,提高社保水平,拓宽覆盖范围。同时,中国政府将进一步加强在教育、就业领域针对性别平等问题的数据收集和分析,解决就业、劳动力市场的性别平等问题。

(3)加快生态文明制度建设,努力建设美丽中国

加快建立系统完善的生态文明制度体系,实行最严格的源头保护制度、

损害赔偿制度、责任追究制度,完善环境治理和生态修复制度。加快实施国家主体功能区战略,建立资源环境承载能力监测预警机制,划定生态保护红线。加快自然资源及其产品价格改革,建立反映资源稀缺程度、体现生态价值的资源有偿使用制度和生态补偿制度。发展环保市场,推行节能量、碳排放权、排污权、水权交易制度,建立吸引社会资本投入生态环境保护的市场化机制。建立和完善严格监管所有污染物排放的环境保护管理制度,独立进行环境监管和行政执法。

(4)加强国际发展合作,与世界共同应对挑战,共享发展机遇、发展成果和发展经验

与国际社会密切合作,共同维护自由、开放、非歧视的全球贸易体系,推动多哈回合谈判,推动建设公平公正、包容有序的国际金融体系。同国际社会一道,积极应对大规模流行性疾病、恐怖主义、自然灾害、气候变化等全球性挑战,深化反腐败国际合作。在南南合作框架下,通过建设丝绸之路经济带和 21 世纪海上丝绸之路、亚洲基础设施投资银行、丝路基金等途径,为发展中国家落实 2015 年后发展议程提供支持。

——《中国实施千年发展目标报告(2000—2015 年)》,联合国计划开发署网站,http://www. cn. undp. org/content/china/zh/home/library/mdg/mdgs – report – 2015 – /。

4.《落实 2030 年可持续发展议程中方立场文件》

2015 年 9 月,联合国发展峰会成功举行。峰会展示了各国追求合作共赢、实现共同发展的美好愿景,通过了 2030 年可持续发展议程,为未来 15 年各国发展和国际发展合作指明了方向,成为全球发展进程中的里程碑事件。

落实 2030 年可持续发展议程是发展领域的核心工作。当前世界经济复苏乏力,南北发展差距拉大,国际发展合作动力不足,难民危机、恐怖主义、公共卫生、气候变化等问题困扰国际社会。各国要携手将领导人的承诺转化为实际行动,认真推进落实 2030 年可持续发展议程。通过发展,应对各种全球性挑战,助力各国经济转型升级,携手走上公平、开放、全面、创新的可持续发展之路,共同提高全人类的福祉。

总体原则

——和平发展原则。各国应秉持联合国宪章的宗旨和原则,坚持和平共处,共同构建以合作共赢为核心的新型国际关系,努力为全球的发展事业和可持续发展议程的落实营造和平、稳定、和谐的地区和国际环境。

——合作共赢原则。牢固树立利益共同体意识,建立全方位的伙伴关系,支持各国政府、私营部门、民间社会和国际组织广泛参与全球发展合作,实现协同增效。各国平等参与全球发展,共商发展规则,共享发展成果。

——全面协调原则。坚持发展为民和以人为本,优先消除贫困、保障民生,维护社会公平正义。牢固树立和贯彻可持续发展理念,协调推进经济、社会、环境三大领域发展，实现人与社会、人与自然和谐相处。

　　——包容开放原则。致力于实现包容性经济增长，构建包容性社会，推动人人共享发展成果，不让任何一个人掉队。共同构建开放型世界经济，提高发展中国家在国际经济治理体系中的代表性和话语权。

　　——自主自愿原则。重申各国对本国发展和落实 2030 年可持续发展议程享有充分主权。支持各国根据自身特点和本国国情制定发展战略，采取落实 2030 年可持续发展议程的措施。尊重彼此的发展选择，相互借鉴发展经验。

　　——"共同但有区别的责任"原则。鼓励各国以落实 2030 年可持续发展议程为共同目标，根据"共同但有区别的责任"原则、各自国情和各自能力开展落实工作，为全球落实进程做出各自贡献。

重点领域和优先方向

　　——消除贫困和饥饿。贫困是当前国际社会面临的首要挑战和实现可持续发展的主要障碍。要把消除贫困摆在更加突出位置，积极开展精准扶贫、精准脱贫。提高农业生产水平和粮食安全保障水平，为消除贫困打下基础。

　　——保持经济增长。经济增长是消除贫困、改善民生的根本出路。要制定适合本国国情的经济政策，调整优化经济结构，着力改变不可持续的消费和生产模式。实施创新驱动发展战略，加强科技创新和技术升级，拓展发展动力新空间，推动经济持续、健康、稳定增长。

　　——推动工业化进程。统筹推进包容和可持续工业化和信息化、城镇化、农业现代化建设，为城乡区域协调发展、经济社会协调发展注入动力。在改造提升传统产业的基础上，培育壮大先进制造业和新兴产业。

　　——完善社会保障和服务。健全就业、教育、社保、医疗等公共服务体系，稳步提高基本公共服务均等化水平。实施更积极的就业政策，完善创业扶持政策，鼓励以创业带动就业。保障弱势群体在内的每个人的受教育权利,提高教育质量,保障全民享有终身学习机会。实施最低社会保护,扩大社会保障覆盖面。完善基本医疗服务制度,促进基本医疗卫生服务的公平性和可及性,维护每个人的生存尊严。

——维护公平正义。把增进民众福祉、促进人的全面发展作为发展的出发点和落脚点。坚持以人为本,消除机会不平等、分配不平等和体制不平等,让发展成果更多、更公平惠及全体人民。促进性别平等,推动妇女全面发展,切实加强妇女、未成年人、残疾人等社会群体权益保护。

——加强环境保护。树立尊重自然、顺应自然、保护自然的生态文明理念。加大环境治理力度,以提高环境质量为核心,推进大气、水、土壤污染综合防治,形成政府、企业、公众共治的环境治理体系。推进自然生态系统保护与修复,保护生物多样性,可持续管理森林,加强海洋环境保护,筑牢生态安全屏障。

——积极应对气候变化。坚持共同但有区别的责任原则、公平原则和各自能力原则,加强应对气候变化行动,推动建立公平合理、合作共赢的全球气候治理体系。把应对气候变化纳入国家经济社会发展战略,坚持减缓与适应并重,增强适应气候变化能力,深化气候变化多双边对话交流与务实合作。

——有效利用能源资源。全面推动能源节约,开发、推广节能技术和产品,建立健全资源高效利用机制,大幅提高资源利用综合效益。建设清洁低碳、安全高效的现代能源体系,促进可持续能源发展。大力发展循环经济,培养绿色消费意识,倡导勤俭节约的生活方式。建设节水型社会,实施雨洪资源利用、再生水利用、海水淡化。

——改进国家治理。全面推进依法治国,把经济社会发展纳入法治轨道。促进国家治理体系和治理能力现代化。创新政府治理理念,强化法治意识和服务意识。改进政府治理方式,充分运用现代科技改进社会治理手段。加强社会治理基础制度建设,构建全民共建共商共享的社会治理格局。

落实途径

——增强各国发展能力。实现发展归根到底要靠一国自身的努力。各国政府应当承担首要责任,将落实 2030 年可持续发展议程与本国发展战略有机结合,相互促进,形成合力。要以促进发展为政策导向,完善体制机制,加大公共资源投入,加快科技创新,带动各界共同参与发展事业,增强本国发展的内生动力。联合国及其专门机构应帮助成员国提高落实 2030 年可持续发展议程的能力。

——改善国际发展环境。各国要坚持走和平发展道路,共同维护地区稳定与世界和平安全。推动多边贸易体制均衡、共赢、包容发展,形成公正、合理、透明的国际经贸、投资规则体系,促进生产要素有序流动、资源高效配置、市场深度融合。推动完善国际经济治理体系改革,支持发展中国家平等参与全球经济治理,切实提高其代表性和发言权,积极参与全球供应链、产业链、价值链,实现可持续的经济增长。

——优化发展伙伴关系。推动建立更加平等均衡的全球发展伙伴关系,坚持南北合作主渠道,发达国家应及时、足额履行官方发展援助承诺,加大对发展中国家特别是非洲和最不发达国家、小岛屿发展中国家资金、技术和能力建设等方面的支持,要充分发挥技术促进机制的作用,促进发展中国家科技开发以及向其转让、传播和推广环境友好型的技术。应进一步加强南南合作,稳妥开展三方合作,鼓励私营部门、民间社会、慈善团体等利益攸关方发挥更大作用。加强基础设施互联互通建设和国际产能合作,实现优势互补。

——健全发展协调机制。将发展问题纳入全球宏观经济政策协调范畴,推动经济、金融、贸易、投资等各项政策服务发展事业,确保发展中国家深度参与全球经济,共享发展红利。加快区域一体化进程,提升区域整体竞争力。充分发挥联合国的政策指导和统筹协调作用,更好地统筹经济、社会、环境三大领域工作,支持联合国发展系统、专门机构、基金和方案发挥各自优势,根据授权积极推动落实 2030 年可持续发展议程,增加发展资源,推进国际发展合作。支持二十国集团(G20)制定一个有意义、可执行的 G20 落实发展议程整体行动计划,发挥 G20 在落实发展议程中的表率作用,并同联合国进程有机统一。

——完善后续评估体系。充分发挥联合国可持续发展高级别政治论坛在后续评估中的核心作用,定期开展全球落实进程评估工作。应加强国际层面执行手段的监督,全面审议发展筹资、技术转让、能力建设等承诺的落实进展,重点审议官方发展援助承诺落实情况。鼓励加强区域合作,欢迎区域、次区域委员会和组织发挥积极作用。国别层次评估应赋予各国充分政策空间和灵活性,由各国根据本国国情,按自愿原则对落实情况进行评估。可持续发展目标指标框架制定应坚持"共同但有区别的责任"等原则,帮助发展中国家加强统计能力建设,提高数据的质量和及时性。

中国的政策

中国是世界上最大的发展中国家,始终坚持发展是第一要务。未来一段时间,中国将以创新、协调、绿色、开放、共享的发展理念为指导,统筹推进经济建设、政治建设、文化建设、社会建设和生态文明建设,确保如期全面建成小康社会。中国将坚持创新发展,实施创新驱动发展战略,着力提高发展的质量和效益。坚持协调发展,推进区域协同、城乡一体、物质文明精神文明并重、经济建设国防建设融合,着力形成平衡发展结构。坚持绿色发展,推动形成绿色低碳发展方式和生活方式,积极应对气候变化,着力改善生态环境。坚持开放发展,努力提高对外开放水平,协同推进战略互信、经贸合作、人文交流,着力实现合作共赢。坚持共享发展,注重机会公平,保障基本民生,着力增进人民福祉。

中国高度重视 2030 年可持续发展议程,各项落实工作已经全面展开。今年 3 月,第十二届全国人民代表大会第四次会议审议通过了"十三五"规划纲要,实现了 2030 年可持续发展议程与国家中长期发展规划的有机结合。

中国将加强 2030 年可持续发展议程的普及和宣传,积极动员全社会力量参与落实工作,提升国内民众的认知,营造有利的社会环境。中国将以促进和服务可持续发展为标准,加强跨领域政策协调,调整完善相关法律法规,为落实工作提供政策和法治保障。中国已经建立了落实工作国内协调机制,43 家政府部门将各司其职,保障各项工作顺利推进。今后 5 年,中国将帮助现有标准下 5575 万农村贫困人口全部脱贫,这是中国落实 2030 年可持续发展议程的重要一步,也是中国下定决心必须争取实现的早期收获。

中国始终秉持开放、包容的态度推进落实工作,愿同各方加强沟通协调,携手加快全球落实进程。中国将制定落实 2030 年可持续发展议程的国别方案,并适时对外发布。中国将参加今年 4 月举行的实现可持续发展目标联大高级别主题辩论会。中国还将参加今年 7 月联合国可持续发展高级别政治论坛的国别自愿陈述,介绍落实进展情况,交流发展经验,听取各方建设性意见和建议。

中国利用主办 2016 年二十国集团(G20)杭州峰会的契机,将包容和联动式发展列为峰会的 4 个重点议题之一,重点讨论落实 2030 年可持续发展议程等问题,首次将发展问题全面纳入领导人级别的全球宏观经济政策协调框架,并摆在突出位置。中国将同其他 G20 成员一道,优化 G20 发展领域政策协调,将落实发展议程纳入各个工作机制的全年计划。我们正在共同起草 G20 落实 2030 年可持续发展议程行动计划,倡导 G20 成员把本国落实工作同全球进程更好结合起来。我们还提出支持非洲及其他最不发达国家工业化议题,推动 G20 主动回应发展中国家特别是非洲国家诉求。在此过程中,我们将同联合国保持密切沟通,将 G20 落实工作与联合国主导进程有机统一。中国还将积极开展外围对话,充分听取非 G20 国家尤其是发展中国家的意见,确保 G20 的行动能满足各国发展的切实需要。中国期待通过世界主要经济体的集体行动,为落实发展议程提供政治推动力和有力保障。

中国是一个负责任的发展中大国,在做好自身发展工作的同时,将继续积极参与全球发展合作,并做出力所能及的贡献。中国向 120 多个发展中国家落实千年发展目标提供了支持和帮助，为推动全球发展发挥了重要作用。未来，中国将不断深化南南合作，帮助其他发展中国家做好2030年可持续发展议程的落实工作。中国将认真落实习近平主席出席联合国成立70周年系列峰会期间宣布的各项务实举措，从资金、技术、能力建设等多个方面为发展中国家提供自愿支持，为全球发展事业提供更多有益的公共产品。中国正在筹建南南合作援助基金，并将争取早日启动运行。南南合作与发展学院将在2016年内正式挂牌成立，并启动招生工作，面向发展中国家提供博士、硕士学位教育和短期培训名额，交流和分享发展经验，为各国发展事业提供智力支持。中国已经同联合国签署了"中国－联合国和平与发展基金"协议，基金将在2016年投入运营，为和平与发展领域的相关项目提供资金支持。中国还将继续大力推进"一带一路"建设，推动亚洲基础设施投资银行和金砖国家新开发银行发挥更大作用，为全球发展做出应有的贡献。

展望未来，中国将继续坚持以落实2030年可持续发展议程为己任，坚持走互利共赢、共同发展的道路。中国愿与世界各国携手并肩，合力打造人类命运共同体，为实现各国人民的美好梦想而不懈努力。

——《落实2030年可持续发展议程中方立场文件》，外交部网站，http://www.fmprc.gov.cn/web/wjb_673085/zzjg_673183/gjjjs_674249/xgxw_674251/t1356278.shtml。

5.《中国落实 2030 年可持续发展议程国别方案》

中国落实 2030 年可持续发展议程的机遇与挑战

作为全球最大的发展中国家,中国在落实 2030 年可持续发展议程的过程中,既面临难得的机遇,也面临艰巨的挑战。

从国际层面看,和平与发展仍然是时代的主题,各国相互联系、相互依存日益加深,休戚与共的人类命运共同体意识不断增强。世界新一轮科技革命和产业变革孕育兴起,一大批引领性、颠覆性新技术、新工具、新材料的涌现,有力推动着新经济成长和传统产业升级。南北合作和南南合作进入新阶段,以中国等新兴市场国家为代表的发展中国家整体实力不断增强,对国际事务的影响力显著提升,全面参与全球治理和国际发展合作面临新机遇。

与此同时,国际关系更加复杂,地缘政治因素日益凸显,难民危机、恐怖主义、公共卫生等非传统安全挑战频发,为国际社会落实可持续发展议程投下阴影。国际金融危机深层次影响仍在发酵,世界经济复苏缓慢,缺乏有力的新增长点。世界贸易组织主导的多边贸易自由化进程严重受阻,各种形式的贸易投资保护主义进一步抬头。全球治理体系仍需完善,发展中国家的代表性和话语权有待进一步提升。

从国内层面看,中国政治稳定,国家治理能力不断提升。"十三五"规划中明确提出以人民为中心的发展思想和创新、协调、绿色、开放、共享的发展理念,为中国落实 2030 年可持续发展议程、推进可持续发展提供了理论指引。中国经济保持中高速增长,新型工业化、信息化、城镇化、农业现代化深入发展,为落实可持续发展议程打下扎实基础。中国着力推进供给侧结构性改革,逐步加大重点领域和关键环节市场化改革力度,深化简政放权、放管结合、优化服务改革,由此带来的改革红利以及自主创新红利将为落实可持续发展议程提供强大动力。中国政府已将可持续发展议程与国家中长期发展规划有效对接,建立了国内落实工作的协调机制,将为落实可持续发展议程提供有力的制度保障。

与此同时,中国经济进入"新常态",面临经济增速换挡、结构调整、新旧动能转换等多重挑战,保持经济持续、稳定、健康增长仍有不小压力,在脱贫攻坚、解决城乡和区域发展不平衡、补齐生态环境短板等方面有大量工作要做。如何消除贫困、改善民生、化解社会矛盾、实现共同富裕、完善国家治理体系、提高治理能力,以及实现各地区、各层次、各领域间的协同发展仍是中国实现可持续发展议程面临的最大挑战。

中国落实 2030 年可持续发展议程指导思想及总体原则

(1)指导思想

统筹国内国际两个大局,坚持全面建成小康社会、全面深化改革、全面依法治国、全面从严治党的战略布局,以创新、协调、绿色、开放、共享的发展理念为指导,统筹推进经济建设、政治建设、文化建设、社会建设、生态文明建设和党的建设。通过落实 2030 年可持续发展议程,为如期全面建成小康社会、实现"两个一百年"奋斗目标和中华民族伟大复兴的中国梦提供坚实保障,为推进国际发展合作、提升全球整体发展水平注入强劲动力。

——坚持创新发展。实施创新驱动发展战略,不断推进理论创新、制度创新、科技创新、文化创新等各方面创新,着力提高发展的质量和效益。

——坚持协调发展。推进区域协同、城乡一体、物质文明精神文明并重、经济建设国防建设融合,新型工业化、信息化、城镇化、农业现代化同步发展,着力形成平衡发展结构,不断增强发展整体性。

——坚持绿色发展。坚持节约资源和保护环境的基本国策,坚定走生产发展、生活富裕、生态良好的文明发展道路,推动形成绿色低碳发展方式和生活方式,积极应对气候变化,着力改善生态环境。

——坚持开放发展。奉行互利共赢的开放战略,努力提高对外开放水平,发展更高层次的开放型经济,协同推进战略互信、经贸合作、人文交流,着力实现合作共赢。

——坚持共享发展。按照人人参与、人人尽力、人人享有的要求,注重机会公平,保障基本民生,着力增进人民福祉,使全体人民在共建共享发展中有更多获得感。

中国政府提出的创新、协调、绿色、开放、共享五大发展理念,顺应了可持续发展的时代潮流,与 2030 年可持续发展议程提出的人类、地球、繁荣、和平、伙伴的五大理念相融相通。这是中国立足本国国情和发展经验,对经济社会发展普遍规律的进一步拓展和深化,将有力指导中国落实 2030 年可持续发展议程的整体进程。

(2)总体原则

中国落实 2030 年可持续发展议程将坚持以下原则:

——和平发展原则。秉持联合国宪章的宗旨和原则,坚持和平共处,共同构建以合作共赢为核心的新型国际关系,努力为全球的发展事业和可持续发展议程的落实营造和平、稳定、和谐的地区和国际环境。

——合作共赢原则。牢固树立利益共同体意识,建立全方位的伙伴关系,支持各国政府、私营部门、民间社会和国际组织广泛参与全球发展合作,实现协同增效。坚持各国平等参与全球发展,共商发展规则,共享发展成果。

——全面协调原则。坚持发展为民和以人为本,优先消除贫困、保障民生,维护社会公平正义。牢固树立和贯彻可持续发展理念,协调推进经济、社会、环境三大领域发展,实现人与社会、人与自然和谐相处。

　　——包容开放原则。致力于实现包容性经济增长,构建包容性社会,推动人人共享发展成果,不让任何一个人掉队。共同构建开放型世界经济,推动国际经济治理体系改革完善,提高发展中国家的代表性和话语权,促进国际经济秩序朝着平等、公平、合作共赢的方向发展。

　　——自主自愿原则。重申各国对本国发展和落实 2030 年可持续发展议程享有充分主权。支持各国根据自身特点和本国国情制定发展战略,采取落实 2030 年可持续发展议程的措施。尊重彼此的发展选择,相互借鉴发展经验。

　　——"共同但有区别的责任"原则。鼓励各国以落实 2030 年可持续发展议程为共同目标,根据"共同但有区别的责任"原则、各自国情和各自能力开展落实工作,为全球落实进程做出各自贡献。

中国落实 2030 年可持续发展议程的总体路径

　　中国政府将从战略对接、制度保障、社会动员、资源投入、风险防控、国际合作、监督评估等七个方面入手,分步骤、分阶段推进落实 2030 年可持续发展议程。

　　(1)战略对接

　　战略对接旨在将 2030 年可持续发展议程与中国国内中长期发展规划有机结合,在落实国际议程和国内战略进程中相互促进,形成合力。战略对接的重点包括以下三个方面:

　　一是将 17 项可持续发展目标和 169 个具体目标纳入国家发展总体规划,并在专项规划中予以细化、统筹和衔接。"十三五"规划纲要提出"积极落实 2030 年可持续发展议程",实现了可持续发展议程与国家中长期发展规划的有效对接。各政府部门围绕"十三五"规划重要内容,将可持续发展目标转化为经济、社会、环境等领域的具体任务。比如经济领域制定了《国家创新驱动发展战略纲要》《全国农业可持续发展规划(2015—2030 年)》《国家信息化发展战略纲要》。社会领域出台了《中共中央国务院关于打赢脱贫攻坚战的决定》《"健康中国 2030"规划纲要》。环境领域编制了《中国生物多样性保护战略与行动计划(2011—2030 年)》《国家应对气候变化规划(2014—2020 年)》等。

二是推动省市地区做好发展战略目标与国家落实 2030 年可持续发展议程整体规划的衔接。按照国家"十三五"规划纲要的总体要求,中国大陆地区 31 个省、自治区和直辖市已完成制定各自的"十三五"规划,各市、县等制定实施行动路线图和年度计划,落实各项具体工作。各地区通过制定并落实本地区"十三五"规划,切实贯彻国家可持续发展统一部署,实现了中央与地方在落实 2030 年可持续发展议程行动上的有效对接。

三是推动多边机制制定落实 2030 年可持续发展议程的行动计划,提升国际协同效应。中国积极推动二十国集团(G20)制定落实可持续发展议程的行动计划,推动"一带一路"建设与沿线国家落实可持续发展议程紧密对接、相互促进,支持联合国各区域经济委员会和各专门机构为落实各自区域、各自领域的相关目标制定规划。

(2)制度保障

制度保障旨在为落实 2030 年可持续发展议程提供机制体制和方针政策等方面的支撑,重点包括以下四个方面:

一是推进相关改革,建立完善落实 2030 年可持续发展议程的体制保障。中国政府将按照完善和发展中国特色社会主义制度、推进国家治理体系和治理能力现代化的总目标,健全使市场在资源配置中起决定性作用和更好发挥政府作用的制度体系,加快完善各方面体制机制,破除一切不利于科学发展的制度障碍,为落实可持续发展议程提供持续的制度动力。推动建立落实可持续发展议程创新示范区,为落实工作积累经验。

二是完善法制建设,为落实 2030 年可持续发展议程提供有力法律保障。中国政府将加快推进完善社会主义市场经济体制,发展社会主义民主政治,建设社会主义先进文化,创新社会治理,保障公民权利和改善民生,维护国家安全,保护生态环境和加强政府自身建设等领域的政府立法,着力构建系统完备、科学规范、运行有效的依法行政制度体系。

三是科学制定政策,为落实2030年可持续发展议程提供政策保障。中国政府将根据可持续发展议程的具体目标,着力在消除贫困和饥饿、保持经济增长、推动工业化进程、完善社会保障和服务、维护公平正义、加强环境保护、积极应对气候变化、有效利用能源资源、改进国家治理、促进国际合作等十大方面,形成以国家总体政策为统领,专项政策和地方政策为支撑的政策保障体系。

四是明确政府职责,要求各级政府承担起主体责任。既要加强横向的跨领域、跨部门协调,又要确保政策纵向落地,形成"中央-地方-基层"的有效落实机制。中国政府根据2030年可持续发展议程的任务要求,已经建立了落实可持续发展议程部际协调机制,43家政府部门将各司其职,保障各项工作顺利推进。地方政府也将建立相应工作机制,推进开展落实工作。

(3)社会动员

公众对2030年可持续发展议程的理解、认同和参与,是持续、有效推进落实工作的关键。社会动员的重点包括以下三个方面:

一是提高公众参与落实的责任意识。中国将坚持以人为本原则,按照人人参与、人人尽力、人人享有的要求推动落实工作,帮助公众更好地认同2030年可持续发展议程,认识落实工作同个人和社会利益密切相关,提高自身参与落实工作的主动性和责任感。

二是广泛使用传媒进行社会动员。依托报刊、广播、电视以及互联网等多种传播媒介,通过制作2030年可持续发展议程专题片,开展可持续发展宣传周,组织新闻采访、专家解读、学习竞赛等多种形式,对可持续发展议程和具体目标进行全方位解读,为落实可持续发展议程营造良好社会环境。

三是积极推进参与性社会动员。发挥民间团体、私营部门、个人尤其是青少年的作用,通过各行为体亲身参与落实可持续发展目标的培训、社交、管理等活动,帮助其认识到经济、社会、环境综合协调发展的重要性,进而就落实2030年可持续发展议程形成广泛共识。各级政府将充分发挥统筹、协调、动员、实施、监督等职能,形成全社会共同推进落实工作的合力。

(4)资源投入

资源投入旨在充分利用国内外两个市场、两种资源并发挥体制、市场等方面的优势,为落实 2030 年可持续发展议程提供资源保障。资源投入的重点包括以下三个方面:

一是聚焦财税体制改革、金融体制改革等,合理安排和保障落实发展议程的财政投入。健全商业性金融、开发性金融、政策性金融、合作性金融,形成分工合理、相互补充的金融机构体系,引导金融行业服务向可持续发展领域倾斜,发展普惠金融。

二是创新合作模式,积极推动政府和社会资本合作,通过完善法律法规、实施政策优惠、优化政府服务、加强宣传指导等方式,动员和引导全社会资源投向可持续发展领域。

三是加强与国际社会的交流合作,秉持开放、包容的态度,积极引入国际先进理念、技术经验和优质发展资源,服务国内可持续发展事业。

(5)风险防控

中国已经成为全球第二大经济体,但人均国民收入水平仍不高,区域、城乡发展很不平衡,仍然面临繁重的发展任务。落实 2030 年可持续发展议程将是一项长期、艰巨的任务,需要不断完善风险应对机制,加强风险防控能力建设,重点要做好以下四个方面工作:

一是保持经济增长。坚持稳中求进工作总基调,全面深化改革和扩大开放,坚定不移推进供给侧结构性改革,深入实施创新驱动发展战略,大力推动大众创业、万众创新,积极培育新动能,推动经济持续、健康、稳定增长,为落实 2030 年可持续发展议程提供强大的经济支撑。

二是全面提高人民生活水平和质量。推进精准扶贫、精准脱贫,支持贫困地区加快发展。推动实现更高质量的就业、提高公共就业创业服务能力。有效增加公共产品和服务供给,健全就业、教育、社保、医疗等公共服务体系。完善收入分配制度,让可持续发展议程成果公平惠及全体人民。

三是着力解决好经济增长、社会进步、环境保护等三大领域平衡发展的问题。树立尊重自然、顺应自然、保护自然的生态文明理念，加大环境治理力度，以提高环境质量为核心，实施最严格的环境保护制度，深入实施大气、水、土壤污染防治行动计划，形成政府、企业、公众共治的环境治理体系，实现环境质量总体改善。推进自然生态系统保护与修复，筑牢生态安全屏障。

四是加强国家治理体系和治理能力现代化建设，努力形成各领域基础性制度体系，人民民主更加健全，法治政府基本建成，司法公信力明显提高。人权得到切实保障，产权得到有效保护。开放型经济新体制基本形成。中国特色现代军事体系更加完善。党的建设制度化水平显著提高。

（6）国际合作

2030年可持续发展议程最大程度兼顾了国际社会的共同利益，适用于所有国家。中国将与国际社会一道，不断深化国际发展合作，为落实可持续发展议程提供保障。重点包括以下四个方面：

一是承认自然、文化、国情多样性，尊重各国走独立的发展道路的权利，推动各国政府、社会组织以及各利益攸关方在落实2030年可持续发展议程中加强交流互鉴，取长补短，根据"共同但有区别的责任"原则推动可持续发展目标的落实。

二是推动建立更加平等均衡的全球发展伙伴关系。坚持南北合作主渠道，推动发达国家及时、足额履行官方发展援助承诺，加大对发展中国家的支持力度。充分发挥技术促进机制的作用，包括采取建立技术银行等方式，帮助发展中国家科技开发以及向其转让、传播和推广环境友好型的技术。

三是进一步积极参与南南合作。积极履行国际责任，为全球发展贡献更多公共产品，推动南南合作援助基金、中国—联合国和平与发展基金、应对气候变化南南合作基金、亚洲基础设施投资银行、金砖国家新开发银行等为帮助其他发展中国家落实2030年可持续发展议程发挥更大作用。继续推进"一带一路"建设和国际产能合作，实现优势互补。

四是稳妥开展三方合作。在尊重受援国意愿的前提下，与其他多双边援助方一道稳妥推进优势互补的三方合作,丰富援助方式,提升援助效果。鼓励私营部门、民间社会、慈善团体等利益攸关方发挥更大作用。

(7)监督评估

监督评估旨在推进落实 2030 年可持续发展议程中,准确定位各项工作的成绩、挑战和不足,优化政策选择,形成最佳实践。重点工作包括以下三个方面:

一是结合对落实"十三五"规划纲要及各专门领域的工作规划开展的年度评估,同步开展可持续发展议程落实评估工作。跨部门协调机制对可持续发展议程的 169 项具体目标进行了具体分工部署,确保各项评估工作落实到人。

二是积极参与国际和区域层面的后续评估工作。支持联合国可持续发展高级别政治论坛发挥核心作用,配合其定期开展全球落实进程评估工作,借助这一平台与各国加强经验交流,听取意见和建议。鼓励加强区域合作,欢迎联合国区域经济委员会和专门机构发挥积极作用。

三是加强与联合国驻华系统等国际组织和机构的合作,通过举办研讨会、定期编写并发布中国落实 2030 年可持续发展议程报告等方式,全面评估国内各项可持续发展目标的落实进展。

——《中国落实 2030 年可持续发展议程国别方案》,外交部网站,http://www.fmprc.gov.cn/web/zyxw/t1405173.shtml。

6.习近平在联合国发展峰会上的讲话

主席先生,各位同事:

很高兴出席今天的峰会。在联合国成立 70 周年之际,各国领导人齐聚纽约,共商发展大计,具有重要意义。

对各国人民而言,发展寄托着生存和希望,象征着尊严和权利。正是带着这个愿望,15 年前,我们制定了千年发展目标,希望帮助亿万人民过上更好生活。

回首过去,我们经历了全球经济持续增长,也承受了国际金融危机严重冲击。我们见证了发展中国家的崛起,也面对着南北发展失衡的现实。我们既为 11 亿人民脱贫而深受鼓舞,也为 8 亿多人仍在挨饿而深为担忧。

环顾世界,和平与发展仍然是当今时代两大主题。要解决好各种全球性挑战,包括最近发生在欧洲的难民危机,根本出路在于谋求和平、实现发展。面对重重挑战和道道难关,我们必须攥紧发展这把钥匙。唯有发展,才能消除冲突的根源。唯有发展,才能保障人民的基本权利。唯有发展,才能满足人民对美好生活的热切向往。

主席先生、各位同事!

本次峰会通过的 2015 年后发展议程,为全球发展描绘了新愿景,为国际发展合作提供了新机遇。我们应该以此为新起点,共同走出一条公平、开放、全面、创新的发展之路,努力实现各国共同发展。

——我们要争取公平的发展,让发展机会更加均等。各国都应成为全球发展的参与者、贡献者、受益者。不能一个国家发展、其他国家不发展，一部分国家发展、另一部分国家不发展。各国能力和水平有差异，在同一目标下，应该承担共同但有区别的责任。要完善全球经济治理，提高发展中国家代表性和发言权，赋予各国平等参与规则制定的权利。

——我们要坚持开放的发展，让发展成果惠及各方。在经济全球化时代，各国要打开大门搞建设，促进生产要素在全球范围更加自由便捷地流动。各国要共同维护多边贸易体制，构建开放型经济，实现共商、共建、共享。要尊重彼此的发展选择，相互借鉴发展经验，让不同发展道路交汇在成功的彼岸，让发展成果为各国人民共享。

——我们要追求全面的发展，让发展基础更加坚实。发展的最终目的是为了人民。在消除贫困、保障民生的同时，要维护社会公平正义，保证人人享有发展机遇、享有发展成果。要努力实现经济、社会、环境协调发展，实现人与社会、人与自然和谐相处。

——我们要促进创新的发展，让发展潜力充分释放。创新带来生机，创新产生动力。发展中的问题只有通过发展才能解决。各国要以改革创新激发发展潜力、增强增长动力，培育新的核心竞争力。

主席先生、各位同事！

2015 年后发展议程是一份高标准的任务单，也是一份沉甸甸的承诺书。"一分部署，九分落实。"我倡议，国际社会加强合作，共同落实 2015 年后发展议程，努力实现合作共赢。

第一，增强各国发展能力。发展归根到底要靠本国自身努力。中国人讲："量腹而受，量身而衣。"各国要根据自身禀赋特点，制定适合本国国情的发展战略。国际社会要帮助发展中国家加强能力建设，根据他们的实际需求，有针对性地提供支持和帮助。

第二，改善国际发展环境。和平与发展相辅相成。各国要共同维护国际和平，以和平促进发展，以发展巩固和平。发展还需要良好外部制度环境，国际金融机构要加快治理改革，多边开发机构要增加发展资源。

第三，优化发展伙伴关系。发达国家应该及时兑现承诺、履行义务，国际社会应该坚持南北合作主渠道地位，深化南南合作和三方合作，支持私营部门等利益攸关方在伙伴关系中发挥更大作用。

第四，健全发展协调机制。各国要加强宏观经济政策协调，避免负面溢出效应。区域组织要加快一体化进程，通过域内优势互补提升整体竞争力。联合国要继续发挥领导作用。

主席先生、各位同事！

改革开放30多年来，中国立足自身国情，走出了一条中国特色发展道路。中国基本实现了千年发展目标，贫困人口减少了4.39亿，在教育、卫生、妇女等领域取得显著成就。中国发展不仅增进了13亿多中国人的福祉，也有力促进了全球发展事业。

60多年来，中国积极参与国际发展合作，共向166个国家和国际组织提供了近4000亿元人民币援助，派遣60多万援助人员，其中700多名中国好儿女为他国发展献出了宝贵生命。

面向未来，中国将继续秉持义利相兼、以义为先的原则，同各国一道为实现2015年后发展议程作出努力。为此，我宣布：

——中国将设立"南南合作援助基金"，首期提供20亿美元，支持发展中国家落实2015年后发展议程。

——中国将继续增加对最不发达国家投资，力争2030年达到120亿美元。

——中国将免除对有关最不发达国家、内陆发展中国家、小岛屿发展中国家截至2015年底到期未还的政府间无息贷款债务。

——中国将设立国际发展知识中心，同各国一道研究和交流适合各自国情的发展理论和发展实践。

——中国倡议探讨构建全球能源互联网，推动以清洁和绿色方式满足全球电力需求。

中国也愿意同有关各方一道，继续推进"一带一路"建设，推动亚洲基础设施投资银行和金砖国家新开发银行早日投入运营、发挥作用，为发展中国家经济增长和民生改善贡献力量。

主席先生、各位同事!

中国郑重承诺,以落实 2015 年后发展议程为己任,团结协作,推动全球发展事业不断向前!

谢谢大家。

——习近平:《谋共同永续发展 做合作共赢伙伴——在联合国发展峰会的讲话》,《人民日报》,2015 年 9 月 27 日。

≫ 链接 4:中国的新发展理念

《中共中央关于制定国民经济和社会发展第十三个五年规划的建议》提出要坚持创新、协调、绿色、开放、共享的发展理念。这五大发展理念是在深刻总结国内外发展经验教训的基础上形成的,也是在深刻分析国内外发展大势的基础上形成的,集中反映了我们党对经济社会发展规律认识的深化,也是针对我国发展中的突出矛盾和问题提出来的。

创新发展注重的是解决发展动力问题。我国创新能力不强,科技发展水平总体不高,科技对经济社会发展的支撑能力不足,科技对经济增长的贡献率远低于发达国家水平,这是我国这个经济大个头的"阿喀琉斯之踵"。新一轮科技革命带来的是更加激烈的科技竞争,如果科技创新搞不上去,发展动力就不可能实现转换,我们在全球经济竞争中就会处于下风。为此,我们必须把创新作为引领发展的第一动力,把人才作为支撑发展的第一资源,把创新摆在国家发展全局的核心位置,不断推进理论创新、制度创新、科技创新、文化创新等各方面创新,让创新贯穿党和国家一切工作,让创新在全社会蔚然成风。

协调发展注重的是解决发展不平衡问题。我国发展不协调是一个长期存在的问题,突出表现在区域、城乡、经济和社会、物质文明和精神文明、经济建设和国防建设等关系上。在经济发展水平落后的情况下,一段时间的主要任务是要跑得快,但跑过一定路程后,就要注意调整关系,注重发展的整体效能,否则"木桶效应"就会愈加显现,一系列社会矛盾会不断加深。为此,我们必须牢牢把握中国特色社会主义事业总体布局,正确处理发展中的重大关系,不断增强发展整体性。

绿色发展注重的是解决人与自然和谐问题。绿色循环低碳发展,是当今时代科技革命和产业变革的方向,是最有前途的发展领域,我国在这方面的潜力相当大,可以形成很多新的经济增长点。我国资源约束趋紧、环境污染严重、生态系统退化的问题十分严峻,人民群众对清新空气、干净饮水、安全食品、优美环境的要求越来越强烈。为此,我们必须坚持节约资源和保护环境的基本国策,坚定走生产发展、生活富裕、生态良好的文明发展道路,加快建设资源节约型、环境友好型社会,推进美丽中国建设,为全球生态安全做出新贡献。

开放发展注重的是解决发展内外联动问题。国际经济合作和竞争局面正在发生深刻变化,全球经济治理体系和规则正在面临重大调整,现在的问题不是要不要对外开放,而是如何提高对外开放的质量和发展的内外联动性。我国对外开放水平总体上还不够高,用好国际国内两个市场、两种资源的能力还不够强,应对国际经贸摩擦、争取国际经济话语权的能力还比较弱,运用国际经贸规则的本领也不够强,需要加快弥补。为此,我们必须坚持对外开放的基本国策,奉行互利共赢的开放战略,深化人文交流,完善对外开放区域布局、对外贸易布局、投资布局,形成对外开放新体制,发展更高层次的开放型经济,以扩大开放带动创新、推动改革、促进发展。

共享发展注重的是解决社会公平正义问题。"治天下也,必先公,公则天下平矣。"让广大人民群众共享改革发展成果,是社会主义的本质要求,是社会主义制度优越性的集中体现,是我们党坚持全心全意为人民服务根本宗旨的重要体现。这方面问题解决好了,全体人民推动发展的积极性、主动性、创造性就能充分调动起来,国家发展也才能具有最深厚的伟力。我国经济发展的"蛋糕"不断做大,但分配不公问题比较突出,收入差距、城乡区域公共服务水平差距较大。在共享改革发展成果上,无论是实际情况还是制度设计,都还有不完善的地方。为此,我们必须坚持发展为了人民、发展依靠人民、发展成果由人民共享,作出更有效的制度安排,使全体人民朝着共同富裕方向稳步前进,绝不能出现"富者累巨万,而贫者食糟糠"的现象。

坚持创新发展、协调发展、绿色发展、开放发展、共享发展,是关系我国发展全局的一场深刻变革。这五大发展理念相互贯通、相互促进,是具有内在联系的集合体,要统一贯彻,不能顾此失彼,也不能相互替代。哪一个发展理念贯彻不到位,发展进程都会受到影响。全党同志一定要提高统一贯彻五大发展理念的能力和水平,不断开拓发展新境界。

第一,着力实施创新驱动发展战略。把创新摆在第一位,是因为创新是引领发展的第一动力。发展动力决定发展速度、效能、可持续性。对我国这么大体量的经济体来讲,如果动力问题解决不好,要实现经济持续健康发展和"两个翻番"是难以做到的。当然,协调发展、绿色发展、开放发展、共享发展都有利于增强发展动力,但核心在创新。抓住了创新,就抓住了牵动经济社会发展全局的"牛鼻子"。坚持创新发展,既要坚持全面系统的观点,又要抓住关键,以重要领域和关键环节的突破带动全局。要超前谋划、超前部署,紧紧围绕经济竞争力的核心关键、社会发展的瓶颈制约、国家安全的重大挑战,强化事关发展全局的基础研究和共性关键技术研究,全面提高自主创新能力,在科技创新上取得重大突破,力争实现我国科技水平由跟跑并跑向并跑领跑转变。要以重大科技创新为引领,加快科技创新成果向现实生产力转化,加快构建产业新体系,做到人有我有、人有我强、人强我优,增强我国经济整体素质和国际竞争力。要深化科技体制改革,推进人才发展体制和政策创新,突出"高精尖缺"导向,实施更开放的创新人才引进政策,聚天下英才而用之。

第二,着力增强发展的整体性协调性。"有上则有下,有此则有彼。"唯物辩证法认为,事物是普遍联系的,事物及事物各要素相互影响、相互制约,整个世界是相互联系的整体,也是相互作用的系统。坚持唯物辩证法,就要从客观事物的内在联系去把握事物,去认识问题、处理问题。马克思主义经典作家十分重视并善于运用唯物辩证法来认识和探索人类社会发展中的矛盾运动规律。比如,马克思提出,社会再生产分为生产资料生产和消费资料生产两大部类,两大部类必须保持一定比例关系才能保证社会再生产顺利实现。协调发展,就要找出短板,在补齐短板上多用力,通过补齐短板挖掘发展潜力、增强发展后劲。下好"十三五"时期发展的全国一盘棋,协调发展是制胜要诀。我们要学会运用辩证法,善于"弹钢琴",处理好局部和全局、当前和长远、重点和非重点的关系,在权衡利弊中趋利避害、作出最为有利的战略抉择。从当前我国发展中不平衡、不协调、不可持续的突出问题出发,我们要着力推动区域协调发展、城乡协调发展、物质文明和精神文明协调发展,推动经济建设和国防建设融合发展。

第三,着力推进人与自然和谐共生。绿色发展,就其要义来讲,是要解决好人与自然和谐共生问题。人类发展活动必须尊重自然、顺应自然、保护自然,否则就会遭到大自然的报复,这个规律谁也无法抗拒。人因自然而生,人与自然是一种共生关系,对自然的伤害最终会伤及人类自身。只有尊重自然规律,才能有效防止在开发利用自然上走弯路。这个道理要铭记于心、落实于行。必须看到,我们也积累了大量生态环境问题,成为明显的短板,成为人民群众反映强烈的突出问题。各类环境污染呈高发态势,成为民生之患、民心之痛。各级领导干部对保护生态环境务必坚定信念,坚决摒弃损害甚至破坏生态环境的发展模式和做法,决不能再以牺牲生态环境为代价换取一时一地的经济增长。要坚定推进绿色发展,推动自然资本大量增值,让良好生态环境成为人民生活的增长点、成为展现我国良好形象的发力点,让老百姓呼吸上新鲜的空气、喝上干净的水、吃上放心的食物、生活在宜居的环境中、切实感受到经济发展带来的实实在在的环境效益,让中华大地天更蓝、山更绿、水更清、环境更优美,走向生态文明新时代。

第四,着力形成对外开放新体制。一是国际力量对比正在发生前所未有的积极变化,但争夺全球治理和国际规则制定主导权的较量十分激烈,西方发达国家在经济、科技、政治、军事上的优势地位尚未改变,更加公正合理的国际政治经济秩序的形成依然任重道远。二是世界经济逐渐走出国际金融危机阴影,西方国家通过再工业化总体保持复苏势头,国际产业分工格局发生新变化,但国际范围内保护主义严重,国际经贸规则制定出现政治化、碎片化苗头,不少新兴市场国家和发展中国家经济持续低迷,世界经济还没有找到全面复苏的新引擎。三是我国在世界经济和全球治理中的分量迅速上升,但我国经济大而不强问题依然突出,人均收入和人民生活水平更是同发达国家不可同日而语,我国经济实力转化为国际制度性权力依然需要付出艰苦努力。四是我国对外开放进入引进来和走出去更加均衡的阶段,我国对外开放从早期引进来为主转为大进大出新格局,但与之相应的法律、咨询、金融、人才、风险管控、安全保障等都难以满足现实需要,支撑高水平开放和大规模走出去的体制和力量仍显薄弱。

第五,着力践行以人民为中心的发展思想。这体现了我们党全心全意为人民服务的根本宗旨,体现了人民是推动发展的根本力量的唯物史观。要坚持人民主体地位,顺应人民群众对美好生活的向往,不断实现好、维护好、发展好最广大人民根本利益,做到发展为了人民、发展依靠人民、发展成果由人民共享。要通过深化改革、创新驱动,提高经济发展质量和效益,生产出更多更好的物质精神产品,不断满足人民日益增长的物质文化需要。要全面调动人的积极性、主动性、创造性,为各行业各方面的劳动者、企业家、创新人才、各级干部创造发挥作用的舞台和环境。要坚持社会主义基本经济制度和分配制度,调整收入分配格局,完善以税收、社会保障、转移支付等为主要手段的再分配调节机制,维护社会公平正义,解决好收入差距问题,使发展成果更多更公平惠及全体人民。落实共享发展理念,一是充分调动人民群众的积极性、主动性、创造性,举全民之力推进中国特色社会主义事业,不断把"蛋糕"做大。二是把不断做大的"蛋糕"分好,让社会主义制度的优越性得到更充分体现,让人民群众有更多获得感。①

---

① 有关新发展理念的内容选编自习近平:《以新的发展理念引领发展》《深入理解新发展理念》,《习近平谈治国理政》(第2卷),外文出版社,2017年,第197~200页、第201~218页。

版权说明

1. 本系列丛书所有选编内容,均已明确标明文献来源;

2. 由于本系列丛书选编所涉及的版权所有者非常多,我们虽尽力联系,但不能完全联系上并取得授权;

3. 如版权所有者有版权要求,欢迎联系我们,并敬请谅解。

本丛书编委会

(复旦大学马克思主义学院,上海,邮编200433)

2020 年春